李敬 等◎著

成渝地区双城经济圈

与 RCEP 成员国贸易关系研究

经济日报出版社

图书在版编目（CIP）数据

成渝地区双城经济圈与RCEP成员国贸易关系研究 / 李敬等著. -- 北京：经济日报出版社，2022.1
ISBN 978-7-5196-0773-9

Ⅰ. ①成… Ⅱ. ①李… Ⅲ. ①区域经济发展-研究-成都②区域经济发展-研究-重庆③农产品贸易-经济贸易关系-研究-世界 Ⅳ. ①F127.711②F127.719③F746.2

中国版本图书馆CIP数据核字（2021）第017757号

成渝地区双城经济圈与RCEP成员国贸易关系研究

作　　者	李敬 等
责任编辑	黄芳芳
助理编辑	姜楠　丁叶欣
责任校对	王浩宇
出版发行	经济日报出版社
地　　址	北京市西城区白纸坊东街2号A座综合楼710（邮政编码：100054）
电　　话	010-63567684（总编室）
	010-63584556（财经编辑部）
	010-63567687（企业与企业家史编辑部）
	010-63567683（经济与管理学术编辑部）
	010-63538621　63567692（发行部）
网　　址	www.edpbook.com.cn
E - mail	edpbook@126.com
经　　销	全国新华书店
印　　刷	北京建宏印刷有限公司
开　　本	710毫米×1000毫米　1/16
印　　张	22.5
字　　数	370千字
版　　次	2022年1月第1版
印　　次	2022年1月第1次印刷
书　　号	ISBN 978-7-5196-0773-9
定　　价	52.00元

本书主要作者

李　敬

林　黎　雷　俐　陈　容

肖伶俐　刘　洋　杨立卓

郑　强　成　肖　王丽纳

张　莉　覃乔亦　张闰斯

刘楚扬　李扬杰　张崇雯

周慧绮　云梦丽　吴　明

前 言

2020年11月15日，世界最大的自由贸易安排《区域全面经济伙伴关系协定》（RCEP）以视频方式共同签署。2021年11月2日，RCEP保管机构东盟秘书处发布通知，宣布文莱、柬埔寨、老挝、新加坡、泰国、越南等6个东盟成员国和中国、日本、新西兰、澳大利亚等4个非东盟成员国已向东盟秘书长正式提交核准书，达到协定生效门槛。根据协定规定，RCEP将于2022年1月1日对上述十国开始生效。

RCEP旨在通过削减关税及非关税壁垒，达成开放、包容、基于规则的贸易投资安排，建立统一市场的自由贸易协定。RCEP由东盟10国发起，邀请中国、日本、韩国、新加坡和印度参加，2012年11月正式启动谈判，不仅涵盖中小企业、投资、经济技术合作、货物和服务贸易等议题，也涉及知识产权、数字贸易、金融、电信等新议题，还纳入了电子商务等新的贸易形式。目标是达成一个现代、全面、高质量、互惠的新的自贸协定，推动贸易投资自由化和便利化。RCEP的签署，标志着世界上人口数量最多、成员结构最多元、发展潜力最大的东亚自贸区建设成功启动。在逆全球化现象和世界经济持续低迷的趋势下，RCEP的签署为世界经济增长提供了新的动力和信心；对未来全球经贸规则的制定以及亚洲经济一体化具有重要意义。

中国对RCEP协定覆盖成员国的货物贸易约占中国全球贸易总额的三分之一。因此，对中国而言，RCEP的签署在稳外贸、稳外资，发展健康、可持续、平稳的对外贸易和投资关系上意义重大。RCEP的达成将有助于中国持续扩大出口市场空间，满足国内进口消费需求，同时加强区域产业链供应链，为形成以国内大循环为主体、国内国际双循环相互促进的新发展格局提供有效支撑。

中共中央政治局于2020年10月16日召开会议，审议了《成渝地区双城经济圈建设规划纲要》。2021年10月20日，中共中央、国务院印发的《成渝地区双城经济圈建设规划纲要》。《纲要》指出，当前我国发展的国内国际环境继续发生深刻复杂变化，推动成渝地区双城经济圈建设，有利于形成优势互补、高质量发展的区域经济布局，有利于拓展市场空间、优化和稳定产业链供应链，是构建以国内大循环为主体、国内国际双循环相互促进的新发展格局的一项重大举措。要全面落实党中央决策部署，突出重庆、成都两个中心城市的协同带动，注重体现区域优势和特色，使成渝地区成为具有全国影响力的重要经济中心、科技创新中心、改革开放新高地、高品质生活宜居地，打造带动全国高质量发展的重要增长极和新的动力源。

RCEP 的签署对成渝地区双城经济圈建设将迎来重大发展机遇。重庆工商大学应用经济学博士后团队、教育部人文社科重点研究基地长江上游经济研究中心、教育部区域与国别研究中心东南亚研究中心、成渝地区双城经济圈协同发展中心基于联合国贸易发展组织、中国海关总署、重庆市商委等部门数据，结合《区域全面经济伙伴关系协定》（RCEP）文本，通过大数据分析，较全面地揭示了成渝地区双城经济圈与 RCEP 贸易关系。本研究由重庆工商大学副校长领衔开展，主要参与撰写的有：林黎（菲律宾部分）、雷俐（印度部分）、陈容和肖伶俐（第 0 章内容）、杨立卓（印尼部分）、郑强（老挝部分）、成肖（越南部分）、刘洋（缅甸部分）、王丽纳（新西兰部分）、张莉（文莱部分）、覃乔亦（泰国部分）、张闰斯（澳大利亚部分）、刘楚扬（新加坡部分）、李扬杰（马来西亚部分）、张崇雯和周慧绮（柬埔寨部分）、云梦丽（韩国部分）、吴明（日本部分）等。

目　录
CONTENTS

0　总体情况

0.1 RCEP 相关国家基本情况

当前签署 RCEP 协议的有 15 个国家，分别为新加坡、老挝、柬埔寨、缅甸、泰国、菲律宾、马来西亚、文莱、印度尼西亚、越南、韩国、日本、新西兰、澳大利亚、中国。15 个国家人口、GDP、进出口总量均约占全球 30%。2019 年，RCEP 国家总人口约 22.60 亿，占世界总人口 29.76%；RCEP 国家 GDP 总量达 25.83 万亿美元，占全球 GDP 总量的 29.32%；RCEP 货物贸易总额约 103913.23 亿美元，约占全球贸易总额的 28.46%（其中，进口约 49287.19 亿美元，占全球进口总额的 26.85%，出口约 54626.04 亿美元，占全球出口总额的 30.10%，处于贸易顺差状态）（见表 1，表 2 和图 1）。近十年，RCEP 成员国贸易活动十分活跃。与 2011 年相比，2019 年 RCEP15 国的货物贸易总额增长 10.48%，其中进口增长 8.04%，出口增长 12.78%；分别快于全球增速 9.32、6.50 和 12.01 个百分点。

表 1　2019 年 RCEP 国家基本情况表

国家	国土面积（万平方公里）	人口（万）	GDP（亿美元）	人均 GDP（美元）	贸易总额（亿美元）
新加坡	0.072	570	3720.63	65233.3	7493.06
老挝	23.68	723	181.74	2543.9	116.07
柬埔寨	18	1600	270.89	1643.1	351.04
缅甸	6.77	5458	760.86	1407.8	365.75
泰国	51.3	6900	5436.5	7808.2	4504.79
菲律宾	29.97	10800	3767.96	3485.1	1881.74
马来西亚	33	3268	3647.02	11414.8	4429.95
文莱	0.06	45.95	134.69	31086.8	121.42
印度尼西亚	19.14	26200	11191.91	4135.6	3377.30
越南	3.3	9620	2619.21	2715.3	5180.52
韩国	10.33	5200	16423.83	31762	10454.35
日本	37.8	12616	50817.7	40246.9	14265.35
新西兰	27	495	2069.29	42084.4	818.11

续表

国家	国土面积（万平方公里）	人口（万）	GDP（亿美元）	人均 GDP（美元）	贸易总额（亿美元）
澳大利亚	769.2	2562	13926.81	54907.1	4878.59
中国	960	140000	143429.03	10261.7	45675.20

数据来源：根据中国外交部网站、世界银行、海关总署资料整理

表 2 RCEP15 国货物贸易情况

单位：亿美元

	出口	进口	进出口
2011 年	48436.43	45617.37	94053.79
2019 年	54626.04	49287.19	103913.23

数据来源：根据中国海关总署资料整理

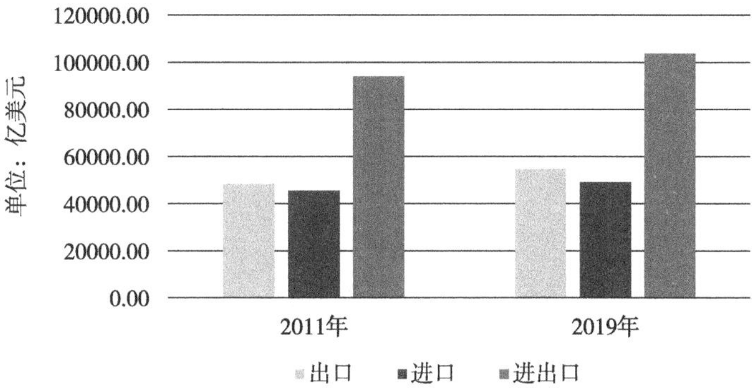

图 1 RCEP15 国货物贸易情况

数据来源：根据中国海关总署资料整理

0.2 中国与 RCEP 相关国家的贸易情况

0.2.1 总体贸易情况分析

RCEP 成员均是中国重要的经贸伙伴。中国对 RCEP 协定覆盖成员国的货物贸易约占中国全球贸易总额的三分之一。2019 年，中国与 RCEP 成员之间的货物贸易总额达 14271.48 亿美元，约占中国对外贸易总额的 31.25%（见图 2）。其中，进口约 7588.49 亿美元，占中国向全球进口总额的 36.68%；出口约

6683.00 亿美元，占中国对全球出口总额的 26.75%，处于贸易逆差状态。中国为 RCEP 其他国家提供了约 900 亿美元的净市场空间。近十年，中国与 RCEP 国家贸易十分活跃。与 2011 年相比，2019 年中国与 RCEP 成员各国的货物贸易总额增长了 32.53%，其中，进口增长约 18.95%，出口增长约 52.26%。

表 3　中国对 RCEP 其他国家（除中国外的 14 国）货物贸易情况

单位：亿美元

	出口	进口	进出口
2011 年	4389.11	6379.54	10768.65
2019 年	6683.00	7588.49	14271.48

数据来源：根据中国海关总署资料整理

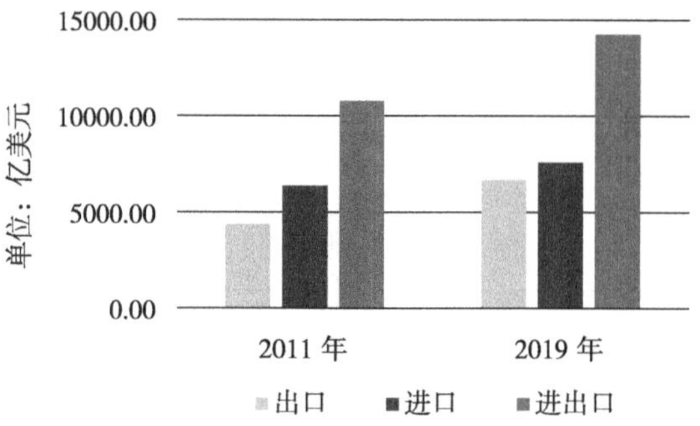

图 2　中国对 RCEP 其他国家（除中国外的 14 国）货物贸易情况

数据来源：根据中国海关总署资料整理

0.2.2 RCEP 相关国家贸易竞争互补情况

0.2.2.1 RCEP 成员间贸易竞争互补情况

RCEP 成员间两两贸易关系紧密，其中贸易互补关系明显大于贸易竞争关系（见图 3- 图 6）。2019 年，RCEP 各成员国两两间的贸易互补指数均大于 0.2，说明各国货物贸易具有明显的互补性。2019 年，除文莱、柬埔寨、缅甸和老挝四国外，RCEP 其他各成员国两两间的贸易互补指数均大于 0.3，说明各国间的货物贸易具有很强的互补性。

贸易竞争指数越高，则表明两国之间的货物贸易结构越相似，竞争越激烈。RCEP 成员国中，缅甸、老挝、文莱与其他各国不具有明显的贸易竞争关系。其余各国的贸易竞争指数大于 0.2，说明其余 12 国之间具有较强的贸易竞争关系。但具有激烈贸易竞争关系的（CS ≥ 0.3）国家仅 8 个。澳大利亚、柬埔寨、印尼、新西兰 4 国与其他 RCEP 国家虽具有明显的贸易竞争关系，但竞争关系并不激烈。从整体上看，RCEP 各国的贸易互补关系网络明显大于竞争关系网络，说明 RCEP 各国的贸易潜力巨大。

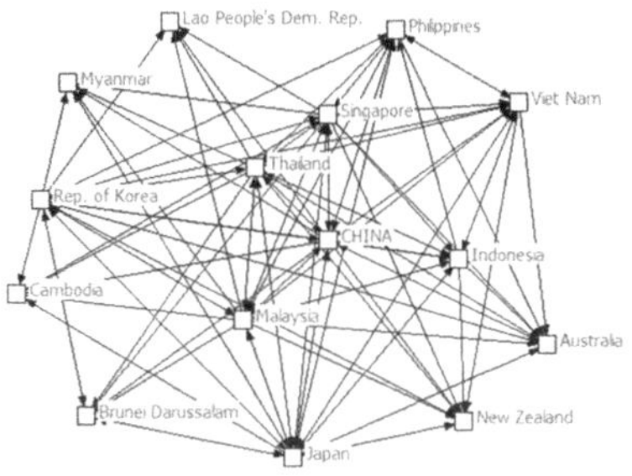

图 3　2019 年 TCI ≥ 0.2 网络

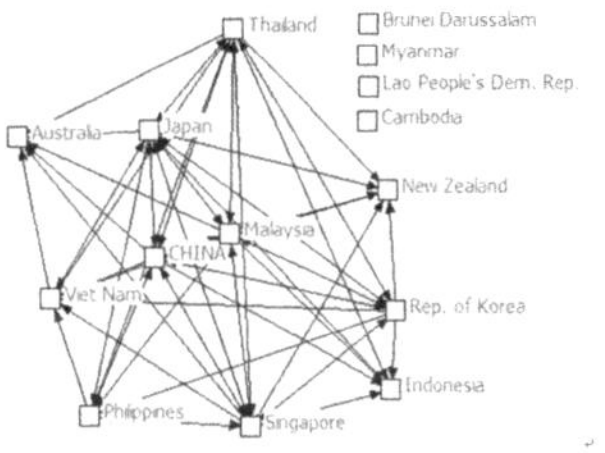

图 4　2019 年 TCI ≥ 0.3 网络

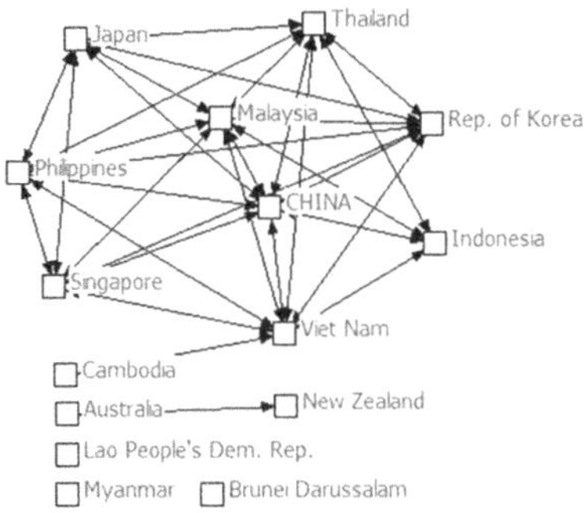

图 5　2019 年 CS ≥ 0.2 网络

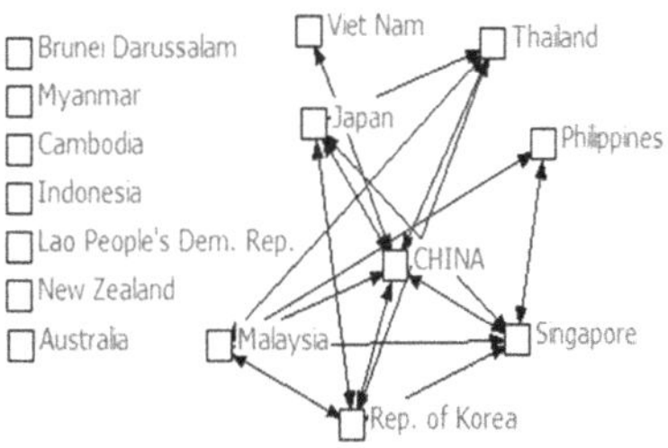

图 6　2019 年 CS ≥ 0.3 网络

0.2.2.2 中国与 RCEP 国家贸易互补关系

中国与 RCEP 各成员国具有较强的贸易互补关系。2019 年，中国与 RCEP 其余 14 国的贸易互补指数 TCI（以中国出口计算）均大于 0.2（见表 4），说明中国的产品出口结构与其余各国的货物进口结构相似度高，贸易互补关系强。其中，中国与澳大利亚、印尼、日本、韩国、马来西亚、新西兰、菲律宾、新加坡、越南和泰国 10 国的 TCI 指数大于 0.3，说明中国的货物出口与以上 10 国的货物进口结构相似度较其余各国更高，开展双边贸易的潜力和空间更大。在众多国家中，中国与澳大利亚的贸易互补指数最高，2019 年，TCI 指数高达 0.4759，比 2011 年增长 12.40%，说明中国的货物出口与澳大利亚的货物进口结构高度相似，并呈持续增强的贸易互补关系。

与 2011 年相比，中国与各国的贸易互补性呈持续增强的趋势。2019 年，仅文莱的 TCI 指数略微下跌，其余各国的指数均不同程度增长。其中增长最为明显的是菲律宾、柬埔寨和缅甸，增速分别为 71.62%、51.99% 和 50.12%。2011 年，中国的货物出口与缅甸、柬埔寨和老挝的货物进口结构相似度较低，这一现象在 2019 年得到明显改善。2011 年中国与菲律宾虽然存在明显的贸易互补关系，但贸易互补关系还不够强（TCI 指数小于 0.3），2019 年中国与菲律宾的 TCI 指数超过 0.3，表明中国的货物出口结构与菲律宾的货物进口结构相似度明显提高，贸易互补性增强。

表 4　中国与 RCEP 国家贸易互补关系排名（以中国出口计算）

国家	2011 年		2019 年	
	TCI 指数	排名	TCI 指数	排名
澳大利亚	0.4234	1	0.4759	1
文莱	0.2464	10	0.221	12
缅甸	0.1718	12	0.2579	11
柬埔寨	0.141	14	0.2143	14
印尼	0.3259	7	0.4088	6
日本	0.3853	3	0.4458	2
韩国	0.3116	8	0.4125	5
老挝	0.1684	13	0.2192	13
马来西亚	0.3433	4	0.3949	8
新西兰	0.3873	2	0.4371	3
菲律宾	0.222	11	0.381	9
新加坡	0.3004	9	0.3477	10
越南	0.3404	6	0.4076	7
泰国	0.3426	5	0.4243	4

数据来源：重庆“一带一路”投资与贸易研究实验室

0.3 成渝双城与 RCEP 国家贸易情况

0.3.1 重庆与 RCEP 国家贸易进出口情况

2019 年，重庆对 RCEP 国家进出口总额为 1999.59 亿元，占重庆进出口总额的 34.52%。其中进口 1192.64 亿元，占重庆总进口额 57.38%；出口额为 806.95 亿元，占重庆总出口额 21.73%。重庆对 RCEP 国家进口大于出口，处于贸易逆差状态，重庆为 RCEP 国家贡献净市场空间 385 亿元（见表 5）。

在重庆对 RCEP 国家出口中，排名前五的国家分别为韩国、日本、马来西亚、澳大利亚、印度尼西亚，出口额分别为 198.13 亿元、137.57 亿元、80.47 亿元、69.94 亿元、66.05 亿元，分别占重庆出口 RCEP 国家总额的 24.55%、17.05%、9.97%、8.67%、8.19%。在重庆对 RCEP 国家进口中，排名前 5 的国家为韩国、越南、马来西亚、泰国、日本，进口额分别为 308.32 亿元、266.79 亿元、226.24 亿元、121.83 亿元、96.30 亿元。分别占重庆进口 RCEP 国家总额的 25.85%、22.37%、18.97%、10.22%、8.07%。

表 5　2019 年重庆与 RCEP 国家贸易情况表

单位：亿元

国家	进口额	出口额	进出口总额	净出口
新加坡	38.12	65.39	103.51	27.27
老挝	0.01	4	4.01	3.99
柬埔寨	0.19	6.76	6.95	6.57
缅甸	1.47	21.14	22.61	19.67
泰国	121.83	42.44	164.27	−79.39
菲律宾	31.48	42.9	74.38	11.42
马来西亚	226.24	80.46	306.7	−145.78
文莱	0.000015	0.076	0.07602	0.075985
印度尼西亚	9.71	66.05	76.76	56.34
越南	266.79	60.27	327.06	−206.52
韩国	308.32	198.13	506.45	−110.19
日本	96.30	137.6	233.9	41.3
新西兰	17.19	11.77	28.96	−5.42
澳大利亚	74.99	69.96	144.95	−5.03
RCEP 国家	1192.64	806.95	1999.59	−385.69

数据来源：中国海关总署资料整理

0.3.2 四川与 RCEP 国家贸易进出口情况

2019 年，四川对 RCEP 国家进出口总额为 2201.01 亿元，占四川进出口总额的 32.42%。其中进口 765.41 亿元，占四川总进口额 26.52%；出口额为 1435.59 亿元，占四川总出口额 36.78%。四川对 RCEP 国家出口大于进口，处于贸易顺差状态，四川向 RCEP 国家净出口 670 亿元（见表 6）。

在四川对 RCEP 国家出口中，排名前五的国家分别为越南、马来西亚、日本、澳大利亚、新加坡。出口额分别为 628.46 亿元、224.15 亿元、183.4 亿元、93.32 亿元、92.53 亿元，分别占四川出口 RCEP 国家总额的 43.78%、15.61%、12.78%、6.50%、6.45%。在四川对 RCEP 国家进口中，排名前 5 的国家为韩国、日本、马来西亚、越南、澳大利亚，进口额分别为 244.70 亿元、201.72 亿元、92.93 亿元、75.33 亿元、41.79 亿元。分别占四川进口 RCEP 国家总额的 31.97%、26.35%、12.14%、9.84%、5.46%。

表 6　2019 年四川与 RCEP 国家贸易情况表

单位：亿元

国家	进口额	出口额	进出口总额	净出口
新加坡	23.34	92.53	115.87	69.19
老挝	0.57	4.93	5.5	4.36
柬埔寨	0.74	5.22	5.96	4.48
缅甸	0.06	5.48	5.54	5.42
泰国	28.71	55.04	83.75	26.33
菲律宾	26.18	25.16	51.34	–1.02
马来西亚	92.93	224.15	317.08	131.22
文莱	0.0001	0.58	0.5801	0.5799
印度尼西亚	16.67	36.48	53.15	19.81
越南	75.33	628.46	703.79	553.13
韩国	244.7	76.67	321.37	–168.03
日本	201.72	183.4	385.12	–18.32
新西兰	12.67	4.17	16.84	–8.5
澳大利亚	41.79	93.32	135.12	51.53
RCEP	765.41	1435.59	2201.01	670.18

数据来源：根据中国海关总署资料整理

0.3.3 成渝双城与 RCEP 国家贸易进出口情况

2019 年成渝双城对 RCEP 国家进出口总额为 4200.60 亿元，占成渝双城进出口总额的 33.39%。其中成渝双城对 RCEP 国家出口额为 2242.54 亿元，占成渝双城出口总额的 29.44%；进口额为 1958.05 亿元，占成渝双城出口总额的 39.44%。成渝双城对 RCEP 国家贸易出口大于进口，处于贸易顺差状态。

重庆与四川相比较，重庆向 RCEP 国家进口额大于四川，进口额多 427.23 亿元；重庆向 RCEP 国家出口额小于四川，出口额少 628.64 亿元。重庆对 RCEP 国家的进出口总额比四川对 RCEP 国家的进出口总额少 201.42 亿元（见表 7）。

表 7　2019 年“成渝”双城与 RCEP 国家贸易情况表

单位：亿元

	进口额	出口额	进出口总额	净出口
重庆	1192.64	806.95	1999.59	−385.69
四川	765.41	1435.59	2201.01	670.18
合计	1958.05	2242.54	4200.6	284.49

数据来源：根据中国海关总署资料整理

自 2012 年 RCEP 发起以来，印度与各国一起参加了长达 7 年的艰苦谈判，反映了印度要进行经济改革开放的强烈意愿。尽管目前印度因“有重要问题尚未得到解决”暂时没有加入协定，但印度作为世界上发展最快的国家之一，是世界第二大人口大国，具有丰富的文化遗产和旅游资源，是全球软件、金融等服务业重要出口国，同时也是中国最重要的贸易合作伙伴之一。

2019 年，印度全球货物贸易总额约 8021.34 亿美元，占全球货物贸易总额的 2.19%。其中，印度对 RCEP15 国的贸易总额约 2297.81 亿美元（进口 1654.25 亿美元，出口 643.56 亿美元），占印度全球货物贸易总额的 28.65%，2011 年这一数据为 25.82%。也就是说，尽管目前印度暂时没有加入 RCEP，但印度对 RCEP 15 国的进出口贸易额占印度货物贸易总额的比例呈逐渐增长的趋势。并且，印度对 RCEP 国家的货物贸易处于贸易逆差状态，2019 年印度为 RCEP 国家提供了约 1010 亿美元的贸易空间，其中，中国占据逾 500 亿美元。

如果印度正式加入 RCEP，RCEP 国家的贸易总额将明显增加。以 2019 年数据为例，RCEP 16 国（含印度）贸易总额占全球货物贸易总额的比例为 30.66%。其中，进口所占比例为 29.46%，出口为 31.88%。与目前 RCEP 15 国的数据相比，分别增加 2.20、2.61 和 1.78 个百分点。从贸易竞争和互相关系来看，2019 年，印度与其余 RCEP 15 国均具有显著的贸易互补关系，其中，与澳大利亚等 9 国的贸易互补指数超过 0.3，贸易互补关系强。与印度具有显著贸易竞争关系的国家有 8 个，但其中仅韩国、新加坡和泰国 3 国的 CS 指数大于 0.3，具有较强的贸易竞争关系。整体来看，印度与 RCEP 15 国的贸易互补关系大于贸易竞争关系，与各国的贸易合作潜力巨大。

印度是中国重要的出口伙伴国。2019 年，中印双边货物贸易总额约 928.94 亿美元，其中出口约 749.24 亿美元，占中国全球货物出口总额的 3%，在中国出口国排名列表中排名第 7，为中国提供了 500 亿美元以上的净出口空间。如果印度加入 RCEP，成渝双城与 RCEP 国家的贸易总额将增至 4419.65 亿元，与目前的 15 国数据相比，贸易总额将增加 219.05 亿元，增加约 5 个百分点。其中进口额增加 14.42 亿元，增加约 1 个百分点；出口额将增加 204.63 亿元，增加约 9 个百分点。

表 8　2019 年“成渝”双城与 RCEP 国家贸易情况表

单位：亿元

	进口额	出口额	进出口总额	净出口
RCEP（不含印度）	1958.05	2242.54	4200.6	284.49
RCEP（含印度）	1972.47	2447.17	4419.65	474.7

1　新加坡

1.1 成渝地区双城经济圈对新加坡货物贸易总览

由表 SG-1 可知，2019 年，成渝双城经济圈从新加坡进口商品总额约为 61.46 亿元，出口至新加坡商品总额约为 157.92 亿元，双边贸易总额超过 200 亿元，约占当年双城经济圈进出口总额的 1.74%。双城经济圈整体贸易顺差超过 96 亿，净出口总额占到进出口总额的 43.97%，反映出双城经济圈在与新加坡贸易过程中处在明显有利的地位。

表 SG-1　2019 年成渝对新加坡进出口贸易情况

单位：亿元、%

	进口额	占比	出口额	占比	进出口总额	占比	顺 / 逆差
重庆	38.12	1.83	65.39	1.76	103.51	1.79	27.27
四川	23.34	0.81	92.53	2.37	115.87	1.70	69.19
成渝	61.46	1.24	157.92	2.07	219.38	1.74	96.46

数据来源：中国海关总署

从贸易结构来看，成渝双城经济圈主要出口产品是电子设备及一些玩具模型等，主要进口新加坡专用设备零件、集成电路等一些电子元器件。反映出成渝双城经济圈与新加坡货物贸易中，主要出口制成品，主要进口新加坡的高技术电子元器件。

在签订区域全面经济伙伴关系协定（RECP）之后，成渝双城经济圈在进口新加坡货物时进口税率大多将出现明显下降，有些商品甚至税率直接降至 0，将大大促进新加坡产品的进口。与此同时，新加坡参加该协定之后，也将免除在该协定下所有原产货物的关税，也将进一步推动双城经济圈与其经贸往来。

总体来看，成渝双城经济圈与新加坡货物贸易呈现出较大贸易顺差，多出口初级制成品、进口高技术电子元器件，商品出口多采用一般贸易方式，双边贸易有较大的增长潜力等特点。

1.2 重庆与新加坡的货物贸易情况

2019 年重庆进口新加坡的货物总额约为 38.12 亿元，约占重庆进口总值的 1.83%。就出口而言，出口至新加坡货物约为 65.39 亿元，约占重庆出口总值的 1.76%。双边贸易总额达到 103.51 亿元。

在 2019 年，重庆与新加坡的货物贸易顺差达到 27.27 亿元。总顺差额约占双边贸易总额的 26.35%。反映出重庆在与新加坡货物贸易过程中存在竞争优势。

从双边贸易的结构来看，重庆主要进口新加坡的通信设备零件、硬盘驱动器等电子元器件，其中，进口的品目 8517 所列设备用其他通信设备零件超过当年进口额的一半。向新加坡出口的商品主要电子设备，如其他重量不超过10千克的便携式自动数据处理设备、其他接收、转换并且发送或再生声音、图像或其他数据用的设备等。

1.2.1 重庆从新加坡的进口情况

2019 年，重庆进口新加坡产品排名在前十位的多为其他通信设备零件、承认国流通新发行未用的其他票证；所有凭证、硬盘驱动器、集成电路、光学元件等电子元器件，反映出在重庆与新加坡的进口贸易中，新加坡在电子方面的优势较为明显，并且，值得注意的是，重庆进口新加坡产品排名第一的品目 8517 所列设备用其他通信设备零件进口额为 199107.38 万元，超过了当年进口新加坡产品的一半，反映出该类商品对与重庆有较强的吸引力。此外，进口前十位的货物总额约为 341012.54 万元，约占进口总额的 89.45%，反映进口集中度明显较高。（见表 SG–2）。

表 SG–2　2019 年重庆对新加坡进口产品前十位

单位：万元、%

商品代码	产品名称	进口额	占比	排名
85177090	品目 8517 所列设备用其他通信设备零件	199107.38	52.23	1
49070090	承认国流通新发行未用的其他票证；所有凭证	44683.65	11.73	2
84717010	硬盘驱动器	34495.03	9.05	3
84439990	品目 8443 所列设备用其他零件及附件	23918.80	6.27	4
85423990	其他集成电路	14694.96	3.86	5

续表

商品代码	产品名称	进口额	占比	排名
85423290	其他用作存储器的集成电路	8150.48	2.15	6
27075000	其他芳烃混合物，根据 ISO 3405 方法温度在 250℃时的馏出量以体积计（包括损耗）≥ 65%	6813.33	1.79	7
40021990	未列名丁苯橡胶及羧基丁苯橡胶	3889.29	1.02	8
90019090	未列名未装配的光学元件	2692.76	0.71	9
35069190	其他以橡胶或 39 章聚合物为基本成分的粘合剂	2569.86	0.67	10

数据来源：中国海关总署

1.2.2 重庆对新加坡的出口情况

2019 年，重庆出口新加坡的商品前三的为其他重量不超过 10 千克的便携式自动数据处理设备，其他接收、转换并且发送或再生声音、图像或其他数据用的设备，微型机的处理部件，电子设备类产品在出口前十名产品中超过一半。出口额靠前的其他重量不超过 10 千克的便携式自动数据处理设备达到 175893.70 万元，出口额占比为 26.9%。无论从出口数额还是出口占比情况来看，重庆对新加坡出口产品的第一位货物出口集中度都要低于新加坡货物的进口集中度，一定程度上说明重庆相对于新加坡而言，缺少具有绝对优势的单类货物出口（见表 SG-3）。

表 SG-3　2019 年重庆对新加坡出口产品前十位

单位：万元、%

商品代码	商品名称	出口额	占比	排名
84713090	其他重量不超过 10 千克的便携式自动数据处理设备	175893.70	26.90	1
85176299	其他接收、转换并且发送或再生声音、图像或其他数据用的设备	57026.71	8.72	2
84715040	微型机的处理部件	34216.48	5.23	3
29171200	己二酸及其盐和酯	15490.90	2.37	4
95030089	未列名玩具及模型	14761.10	2.26	5
85285211	专用于或主要用于品目 84.71 的自动数据处理设备的液晶监视器	12432.44	1.90	6
69101000	瓷制固定卫生设备	12430.35	1.90	7

续表

商品代码	商品名称	出口额	占比	排名
94051000	枝形吊灯及天花板或墙壁上的电气照明装置	11306.16	1.73	8
76061220	铝合金矩形板、片，0.2mm <厚< 0.28mm	8730.47	1.34	9
85285212	其他可直接连接品目 84.71 的自动数据处理设备的彩色液晶监视器	8718.08	1.33	10

数据来源：中国海关总署

1.3 四川与新加坡的货物贸易情况

2019 年四川进口新加坡的货物贸易总额约为 23.34 亿元，约为进口总量的 0.81%，就进口而言，出口至新加坡货物贸易总额约为 92.53 亿元，约为出口总量的 2.37%。进出口总额约为 115.87 亿元。四川与新加坡进出口贸易呈现较大的贸易顺差。反映出在双边进出口贸易中，四川货物出口具有明显优势。

从双边贸易结构来看，四川主要进口新加坡的集成电路、电器音响信号装置等电子元器件，主要向新加坡平板电脑和其他重量不超过 10 千克的便携式自动数据处理设备。也出口一部分大型重工业设备。总体上看，四川向新加坡进口前十位产品的集中度要高于其出口前十位产品的集中度。

从双边贸易的方式来看，四川进口新加坡产品也是采取海关特殊监管区域物流货物、一般贸易、进料加工贸易方式各占到商品种类的三分之一左右。商品出口大多通过一般贸易方式。

在 RCEP 协议生效后，四川进口新加坡的部分商品税率也将出现明显下降，例如编号为 85123019 的机动车辆用其他电气音响信号装置税率将从目前的 10% 降至最终的 0，此外，编号为 85423190 和编号为 84864022 的电子元器件类商品进口税率也将降至 0，有利于四川省扩大对新加坡该类商品进口规模，新加坡也积极响应，免除协定项下所有货物的关税，促进双边贸易进一步发展。

1.3.1 四川从新加坡的进口情况

四川进口新加坡商品中排名前三的分别是品目 9027 所列的其他仪器及装置、机动车辆用其他电气音响信号装置及其他用作处理器及控制器的多元件集成电路。其中，品目 9027 所列的其他仪器及装置出口额达到 23829.96 万元，超过进口总额的 10%。排名前十位的商品进口总额约为 131631.30 万元，占到进口额的 56.38%，反映有较强的进口集中度（见表 SG-4）。

表 SG-4　2019 年四川对新加坡进口产品前十位

单位：万元、%

商品代码	商品名称	进口额	占比	排名
90278099	品目 9027 所列的其他仪器及装置	23829.96	10.20	1
85123019	机动车辆用其他电气音响信号装置	17287.73	7.40	2
85423119	其他用作处理器及控制器的多元件集成电路	17154.33	7.35	3
85423190	其他用作处理器及控制器的集成电路	16919.90	7.24	4
90309000	品目 9030 所列仪器和装置的零件及附件	15327.96	6.56	5
84864022	装配与封装半导体件或集成电路引线键合装置	9749.34	4.18	6
84864039	其他升降、装卸、搬运单晶柱等的装置	9667.89	4.14	7
72269990	未列名合金钢板材，宽＜ 600mm	7694.84	3.30	8
29304000	甲硫氨酸（蛋氨酸）	7019.33	2.99	9
90278012	质谱联用仪	6980.00	2.96	10

数据来源：中国海关总署

1.3.2 四川对新加坡的出口情况

四川出口至新加坡的商品主要为平板电脑和其他重量不超过 10 千克的便携式自动数据处理设备，这两项商品出口比例大致相当，总和超过出口额的三分之一。此外，出口前十位中也涉及大型重工业设备及零件，如涡轮喷气发动机或涡轮螺桨发动机的零件、自推进的隧道掘进机。排名前十的货物对新加坡的出口总额为 480695.85 万元，出口集中度为 51.95%，略低于其对新加坡的前十位货物的进口集中度（见表 SG-5）。

表 SG-5　2019 年四川对新加坡出口产品前十位

单位：万元、%

商品代码	商品名称	出口额	占比	排名
84713010	平板电脑	161222.18	17.42	1
84713090	其他重量不超过 10 千克的便携式自动数据处理设备	156615.20	16.92	2
85177030	手持式无线电话机的零件（天线除外）	48485.53	5.24	3

续表

商品代码	商品名称	出口额	占比	排名
95030089	未列名玩具及模型	22808.33	2.46	4
69101000	瓷制固定卫生设备	21695.47	2.34	5
85423190	未其他用作处理器及控制器的集成电路	16663.86	1.80	6
84119100	涡轮喷气发动机或涡轮螺桨发动机的零件	13661.12	1.48	7
85389000	品目 8535、8536 或 8537 所列装置的其他零件	13593.84	1.47	8
22089020	白酒	13174.12	1.42	9
84303130	自推进的隧道掘进机	12775.54	1.38	10

数据来源：中国海关总署

1.4 重庆与四川对新加坡货物贸易的对比分析

1.4.1 贸易数量

由图 SG-1 可知，四川与新加坡的贸易总量要高于重庆与新加坡的贸易总量，虽然贸易总量上的差异仅有 12.36 亿元，但四川出口至新加坡货物贸易总额为 92.53 亿元，约为重庆出口新加坡货物贸易总额的 1.42 倍。进一步对进出口差额进行比较也可以发现，四川在与新加坡货物贸易过程中获得 69.19 亿元贸易顺差，约为重庆获得的 2.54 倍。反映出四川在与新加坡货物贸易过程中更具优势。按照 2019 年重庆与四川的进口结构来看，RCEP 生效后，四川享受关税减免明显高于重庆，因此四川进口新加坡商品增幅很可能高于重庆进口新加坡商品增幅，从而降低与新加坡的货物贸易顺差额。

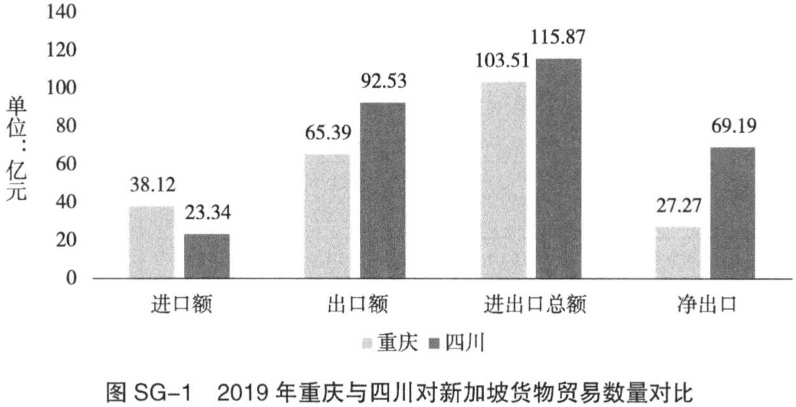

图 SG-1　2019 年重庆与四川对新加坡货物贸易数量对比

1.4.2 贸易结构

表 SG-6 展示了 2019 年重庆和四川从新加坡进口货物排名前十的商品名称、商品类别、进口额以及占比情况。从与新加坡进口贸易的结构看，两地总体上较为相似，从进口新加坡货物来看，两地多进口新加坡的集成电路等一些电子元器件，但是重庆对于品目 8517 所列设备用其他通信设备零件有很强的依赖性，对该货物进口超过其与新加坡进口额的一半。而四川进口额排名第一的商品也仅占到当年进口额的 10.2%。重庆进口新加坡货物的前十位，无论从总额还是占比来看也明显高于四川。总体来看，在具体商品的进口方面，重庆与四川在与新加坡的进口贸易中不存在明显竞争关系。

表 SG-6 2019 年重庆与四川对新加坡进口货物贸易结构对比

单位：万元、%

重庆			四川		
商品名称	进口额	占比	商品名称	进口额	占比
品目 8517 所列设备用其他通信设备零件	199107.38	52.23	品目 9027 所列的其他仪器及装置	23829.96	10.20
承认国流通新发行未用的其他票证；所有凭证	44683.65	11.73	机动车辆用其他电气音响信号装置	17287.73	7.40
硬盘驱动器	34495.03	9.05	其他用作处理器及控制器的多元件集成电路	17154.33	7.35
品目 8443 所列设备用其他零件及附件	23918.80	6.27	其他用作处理器及控制器的集成电路	16919.90	7.24
其他集成电路	14694.96	3.86	品目 9030 所列仪器和装置的零件及附件	15327.96	6.56
其他用作存储器的集成电路	8150.48	2.15	装配与封装半导体件或集成电路引线键合装置	9749.34	4.18
其他芳烃混合物，根据 ISO 3405 方法温度在 250℃时的馏出量以体积计（包括损耗）≥ 65%	6813.33	1.79	其他升降、装卸、搬运单晶柱等的装置	9667.89	4.14
未列名丁苯橡胶及羧基丁苯橡胶	3889.29	1.02	未列名合金钢板材，宽＜ 600mm	7694.84	3.30
未列名未装配的光学元件	2692.76	0.71	甲硫氨酸（蛋氨酸）	7019.33	2.99
其他以橡胶或 39 章聚合物为基本成分的粘合剂	2569.86	0.67	质谱联用仪	6980.00	2.96

数据来源：中国海关总署

表 SG-7 展示了 2019 年重庆和四川对新加坡出口货物排名前十的商品名称、商品类别、进口额以及占比情况。从新加坡出口货物结构上看，两地都主要向新加坡出口电子设备及玩具等，而在两地向新加坡出口的前十位产品中，其他重量不超过 10 千克的便携式自动数据处理设备都占据重要的位置，两地在该产品的出口上存在较强的竞争关系。但总体上看，四川出口排名前十的货物种类更多，涉及白酒及一些大型重工设备。因此，四川相较于重庆而言，与新加坡在出口贸易结构上更具多元化，具有更大的优势。

表 SG-7　2019 年重庆与四川对新加坡出口货物贸易的结构对比

单位：万元、%

重庆			四川		
商品名称	出口额	占比	商品名称	出口额	占比
其他重量不超过 10 千克的便携式自动数据处理设备	175893.70	26.90	平板电脑	161222.18	17.42
其他接收、转换并且发送或再生声音、图像或其他数据用的设备	57026.71	8.72	其他重量不超过 10 千克的便携式自动数据处理设备	156615.20	16.92
微型机的处理部件	34216.48	5.23	手持式无线电话机的零件（天线除外）	48485.53	5.24
己二酸及其盐和酯	15490.90	2.37	未列名玩具及模型	22808.33	2.46
未列名玩具及模型	14761.10	2.26	瓷制固定卫生设备	21695.47	2.34
专用于或主要用于品目 84.71 的自动数据处理设备的液晶监视器	12432.44	1.90	未其他用作处理器及控制器的集成电路	16663.86	1.80
瓷制固定卫生设备	12430.35	1.90	涡轮喷气发动机或涡轮螺桨发动机的零件	13661.12	1.48
枝形吊灯及天花板或墙壁上的电气照明装置	11306.16	1.73	品目 8535、8536 或 8537 所列装置的其他零件	13593.84	1.47
铝合金矩形板、片，0.2mm＜厚＜0.28mm	8730.47	1.34	白酒	13174.12	1.42
其他可直接连接品目 84.71 的自动数据处理设备的彩色液晶监视器	8718.08	1.33	自推进的隧道掘进机	12775.54	1.38

数据来源：中国海关总署

1.5 中新关税承诺的对比及影响

根据《区域全面经济伙伴关系协定》(RCEP),中国对连同新加坡在内的所有东盟成员国承诺进行关税的不断下调,在成渝进口新加坡前十位货物中,有一半左右的货物因税率下降进而降低进口成本,促进进口。而根据《中华人民共和国政府和新加坡共和国政府自由贸易协定》,新方已在 2009 年 1 月 1 日取消全部自华进口产品关税。所以,加入 RCEP 对于中国货物出口至新加坡不存在很明显的推动作用。因此这里主要谈及 RCEP 对于成渝地区进口新加坡货物成本降低的有利作用。

如表SG-8所示,加入RCEP后,进口新加坡前十位的货物中有五项货物,税率将会下降。在进口前十位货物中,按 2019 年货物进口量来计算,第一年进口成本减少最明显的是其他芳烃混合物,根据 ISO 3405 方法温度在 250℃时的馏出量以体积计(包括损耗)≥ 65% 这种货物,减少了约 476 万元,此外除商品代码为 49070090 的承认国流通新发行未用的其他票证;所有凭证这类货物之外,进口前十的货物第十年及之后的税率都降到 0。按 2019 年货物进口量来计算,进口前十位的商品,在加入 RCEP 的第一年预计可减少约 1065.8 万元进口关税额,在加入 RCEP 的第 5 年预计将减少约 1495.3 万元进口关税额,在第 10 年后每一年预计将减少约 2089.8 万元进口关税额。有利于新加坡货物向重庆的进一步流动。

表 SG-8 加入 RCEP 对重庆进口新加坡前十位货物税率的影响

商品代码	产品名称	基准税率	第一年税率	第五年税率	第十年及之后税率	第一年进口成本减少(万元)
85177090	品目 8517 所列设备用其他通信设备零件	0	0	0	0	0
49070090	承认国流通新发行未用的其他票证;所有凭证	7.5%	7.3%	6.6%	5.6%	89.4
84717010	硬盘驱动器	0	0	0	0	0
84439990	品目 8443 所列设备用其他零件及附件	0	0	0	0	0
85423990	其他集成电路	0	0	0	0	0
85423290	其他用作存储器的集成电路	0	0	0	0	0

续表

商品代码	产品名称	基准税率	第一年税率	第五年税率	第十年及之后税率	第一年进口成本减少（万元）
27075000	其他芳烃混合物，根据 ISO 3405 方法温度在 250℃时的馏出量以体积计（包括损耗）≥ 65%	7%	0	0	0	476.9
40021990	未列名丁苯橡胶及羧基丁苯橡胶	7.5%	6.8%	3.8%	0	27.2
90019090	未列名未装配的光学元件	8%	0	0	0	215.4
35069190	其他以橡胶或 39 章聚合物为基本成分的粘合剂	10%	0	0	0	256.9

数据来源：《区域全面经济伙伴关系协定》中国关税承诺表

根据表 SG-9，加入 RCEP 会对四川进口新加坡前十位货物税率有更明显的影响，不仅体现在第一年其进口成本的大幅下降，也体现在这十项主要进口货物最终的税率在第十年都会降至 0。对四川进口新加坡货物有明显的促进作用。按 2019 年货物进口量来计算，进口前十位的商品，在加入 RCEP 的第一年预计将减少约 3019.3 万元进口关税额，第 5 年预计将减少约 3926.3 万元进口关税额，相较于重庆来说，进口关税豁免额更高。在第 10 年后每一年预计将减少约 5060.0 万元进口关税额。有利于新加坡货物向四川的进一步流动。

表 SG-9 加入 RCEP 对四川进口新加坡前十位货物税率的影响

商品代码	产品名称	基准税率	一年后税率	五年后税率	第十年及之后税率	第一年进口成本减少（万元）
90278099	品目 9027 所列的其他仪器及装置	0	0	0	0	0
85123019	机动车辆用其他电气音响信号装置	10%	9%	5%	0	172.9
85423119	其他用作处理器及控制器的多元件集成电路	0	0	0	0	0
85423190	其他用作处理器及控制器的集成电路	0	0	0	0	0
90309000	品目 9030 所列仪器和装置的零件及附件	7%	0	0	0	1073.0
84864022	装配与封装半导体件或集成电路引线键合装置	8%	0	0	0	779.9
84864039	其他升降、装卸、搬运单晶柱等的装置	5%	0	0	0	483.4
72269990	未列名合金钢板材，宽＜ 600mm	7%	6.3%	3.5%	0	53.9

续表

商品代码	产品名称	基准税率	一年后税率	五年后税率	第十年及之后税率	第一年进口成本减少（万元）
29304000	甲硫氨酸（蛋氨酸）	6.5%	0	0	0	456.2
90278012	质谱联用仪	0	0	0	0	0

数据来源:《区域全面经济伙伴关系协定》中国关税承诺表

综上所述，加入 RCEP 对于成渝双城经济圈进口新加坡货物有明显促进作用，并且对于四川进口新加坡货物的助推作用更为明显。同时，根据《中华人民共和国政府和新加坡共和国政府自由贸易协定》，新加坡在 2009 年已取消自华进口所有产品关税，因此，RCEP 协定的签署对于中国向新加坡出口货物无明显的提升效果。加入 RCEP 或将进一步提升成渝双城经济圈与新加坡的货物贸易总额，一定程度会降低双边贸易顺差额。

2　老挝

2.1 成渝地区双城经济圈与老挝货物贸易总览

由表 LAO-1 可知，2019 年，成渝对老挝货物进出口总额为 9.51 亿元，占成渝对全球货物进出口总额的 0.08%，其中出口额为 8.93 亿元，占成渝出口全球货物总额的 0.12%，进口额为 0.58 亿元，占成渝从全球进口货物总额的 0.01%，顺差为 8.35 亿元。重庆对老挝货物进出口总额为 4.01 亿元，占重庆对全球货物进出口总额的 0.07%，其中出口为 4.00 亿元，占重庆出口全球货物总额的 0.11%，进口为 0.01 亿元，占重庆从全球进口货物总额的 0.0005%，净出口为 3.99 亿元。四川对老挝货物进出口总额为 5.50 亿元，占四川对全球货物进出口总额的 0.08%，其中出口为 4.93 亿元，占四川出口全球货物总额的 0.13%，进口为 0.57 亿元，占四川从全球货物进口总额的 0.02%，净出口为 4.36 亿元。从货物贸易的平衡状况来看，重庆和四川与老挝整体上货物出口额大于进口额，处于贸易顺差状态。

表 LAO-1　2019 年成渝对老挝进出口情况

单位：亿元、%

	进口额	占比	出口额	占比	进出口总额	占比	顺 / 逆差
重庆	0.01	0.0005	4.00	0.11	4.01	0.07	3.99
四川	0.57	0.02	4.93	0.13	5.50	0.08	4.36
成渝	0.58	0.01	8.93	0.12	9.51	0.08	8.35

数据来源：中国海关总署

2.2 重庆与老挝货物贸易情况

重庆对老挝货物进出口总额为 4.01 亿元，其中出口为 4.00 亿元，进口为 0.01 亿元，净出口为 3.99 亿元，表明重庆与老挝货物贸易处于顺差状态。

2.2.1 重庆从老挝进口情况

2019 年，重庆从老挝进口货物排前十位的是过踝低于小腿、橡 / 塑 / 革外底靴（内底< 24cm），以皮革或再生皮革作面的其他类似容器，以皮革或再生皮革作面的手提包，以塑料片或纺织材料作面的其他类似容器，以塑料片或纺织材料作面的手提包，棉制针织钩编的套头衫、开襟衫、外穿背心，化纤制针织钩编套头衫、开襟衫、外穿背心等，以塑料或纺织材料作面的提箱、小手袋、公文箱、公文包、书包及类似容器，棉制针织或钩编的女式连衣裙，化纤针织或钩编女大衣，带帽防寒短上衣、风衣。其中，过踝低于小腿、橡/塑/革外底靴（内底< 24cm）的进口额最高，达到 52.34 万元，占重庆从老挝进口总额的 41.14%；其次是以皮革或再生皮革作面的其他类似容器，达到 25.72 万元，占重庆从老挝进口总额的 20.21%；进口额排名第三的产品为以皮革或再生皮革作面的手提包，达到 19.49 万元，占重庆从老挝进口总额的 15.32%。排名前十位产品的进口总额为 126.96 万元，占比高达 99.78%。从商品类别来看，重庆从老挝进口排名前十的主要商品类别为鞋靴、护腿和类似品及其零件、皮革制品、旅行用品、手提包及类似容器等（见表 LAO-2）。

表 LAO-2　2019 年重庆从老挝进口货物前十位

单位：万元、%

商品编码	商品名称	商品类别	进口额	占比	排名
64039111	过踝低于小腿、橡/塑/革外底靴（内底< 24cm）	鞋靴、护腿和类似品及其零件	52.34	41.14	1
42029100	以皮革或再生皮革作面的其他类似容器	皮革制品	25.72	20.21	2
42022100	以皮革或再生皮革作面的手提包	皮革制品	19.49	15.32	3
42029200	以塑料片或纺织材料作面的其他类似容器	旅行用品、手提包及类似品	18.36	14.43	4
42022200	以塑料片或纺织材料作面的手提包	旅行用品、手提包及类似品	9.52	7.49	5
61102000	棉制针织钩编的套头衫、开襟衫、外穿背心等	针织或钩编的服装及衣着附件	0.47	0.37	6
61103000	化纤制针织钩编套头衫、开襟衫、外穿背心等	针织或钩编的服装及衣着附件	0.34	0.27	7
42021290	以塑料或纺织材料作面的提箱、小手袋、公文箱、公文包、书包及类似容器	旅行用品、手提包及类似品	0.29	0.23	8
61044200	棉制针织或钩编的女式连衣裙	针织或钩编的服装及衣着附件	0.22	0.17	9

续表

商品编码	商品名称	商品类别	进口额	占比	排名
61023000	化纤针织或钩编女大衣，带帽防寒短上衣，风衣	针织或钩编的服装及衣着附件	0.20	0.16	10

数据来源：中国海关总署

2.2.2 重庆对老挝出口情况

2019 年，重庆出口到老挝货物排前十位的是往复式内燃机摩托车等（100cc <排量≤ 125cc），含氮、磷、钾三种元素的矿物肥料或化学肥料，其他电气控制或分配盘、板、台等（电压> 1000V），其他输出功率≤ 14kw 的压燃式活塞内燃发动机，液体介质变压器（650kVA <额定容量≤ 10MVA），其他柴油货车（车总重> 20 吨），硫化非海绵橡胶制板、片、带，瓦楞纸或纸板制的箱、盒、匣，草浆瓦楞原纸，其他柴油货车（车总重≤ 5 吨）。其中，往复式内燃机摩托车等（100cc <排量≤ 125cc）出口额最高，达到 6387.58 万元，占重庆出口老挝货物总额的 15.98%；其次是含氮、磷、钾三种元素的矿物肥料或化学肥料，达到 2389.92 万元，占重庆出口老挝货物总额的 5.98%；排名第三的产品为其他电气控制或分配盘、板、台等（电压> 1000V），达到 1853.48 万元，占重庆出口老挝货物总额的 4.64%。排名前十位产品的出口总额为 20135.70 万元，占比为 50.38%。从商品类别来看，重庆出口老挝排名前十的主要商品类别为车辆、肥料、电器设备、机器及机械器具等（见表 LAO-3）。

表 LAO-3　2019 年重庆出口老挝货物前十位

单位：万元、%

商品编码	商品名称	商品类别	出口额	占比	排名
87112020	往复式内燃机摩托车等，100cc <排量≤ 125cc	车辆及其零件、附件	6387.58	15.98	1
31052000	含氮、磷、钾三种元素的矿物肥料或化学肥料	肥料	2389.92	5.98	2
85372090	其他电气控制或分配盘、板、台等，电压> 1000V	电气设备	1853.48	4.64	3
84089091	其他输出功率≤ 14kw 的压燃式活塞内燃发动机	机器及机械器具	1795.33	4.49	4

续表

商品编码	商品名称	商品类别	出口额	占比	排名
85042200	液体介质变压器，650kVA <额定容量≤ 10MVA	电气设备	1778.00	4.45	5
87042300	其他柴油货车，车总重> 20 吨	车辆及其零件、附件	1446.50	3.62	6
40082100	硫化非海绵橡胶制板、片、带	橡胶及其制品	1434.03	3.59	7
48191000	瓦楞纸或纸板制的箱、盒、匣	纸及纸板	1389.48	3.48	8
48051200	草浆瓦楞原纸	纸及纸板	909.39	2.28	9
87042100	其他柴油货车，车总重≤ 5 吨	车辆及其零件、附件	752.00	1.88	10

数据来源：中国海关总署

2.3 四川与老挝货物贸易情况

四川对老挝货物进出口总额为 5.50 亿元，其中出口为 4.93 亿元，进口为 0.57 亿元，净出口为 4.36 亿元，表明四川与老挝整体上货物出口额远大于进口额，处于贸易顺差状态。

2.3.1 四川从老挝进口情况

2019 年，四川从老挝进口货物排前十位的是 IP 电话信号转换设备、铜矿砂及其精矿、传声器（麦克风）及其座架、锡矿砂及其精矿、未列名有线数字通讯设备、非特种用途的其他类型电视摄像机、未列名具有独立功能的电气设备及装置、音频扩大器、其他木框架坐具、棉制其他男裤。其中，IP 电话信号转换设备进口额最高，达到 4871.77 万元，占四川从老挝进口总额的 84.82%；其次是铜矿砂及其精矿，达到 261.13 万元，占四川从老挝进口总额的 4.55%；进口额排名第三的产品为传声器（麦克风）及其座架，达到 177.83 万元，占四川从老挝进口总额的 3.10%。排名前十位产品的进口总额为 5727.34 万元，占比高达 99.72%。从商品类别来看，四川从老挝进口排名前十的主要商品类别为电气设备、矿产品、杂项制品（见表 LAO–4）。

表 LAO-4　2019 年四川从老挝进口货物前十位

单位：万元、%

商品编码	商品名称	商品类别	进口额	占比	排名
85176233	IP 电话信号转换设备	电气设备	4871.77	84.82	1
26030000	铜矿砂及其精矿	矿产品	261.13	4.55	2
85181000	传声器（麦克风）及其座架	电气设备	177.83	3.10	3
26090000	锡矿砂及其精矿	矿产品	147.99	2.58	4
85176239	未列名有线数字通讯设备	电气设备	75.97	1.32	5
85258013	非特种用途的其他类型电视摄像机	电气设备	56.70	0.99	6
85437099	未列名具有独立功能的电气设备及装置	电气设备	54.69	0.95	7
85184000	音频扩大器	电气设备	45.75	0.80	8
94016900	其他木框架坐具	杂项制品	25.61	0.45	9
62034290	棉制其他男裤	纺织原料及纺织制品	9.91	0.17	10

数据来源：中国海关总署

2.3.2 四川对老挝出口情况

2019 年，四川出口到老挝货物排前十位的是其他钢铁结构体、钢结构体用部件及加工钢材，钢铁制脚手架、模板或坑道支撑用支柱等设备，其他水泥、灰泥及混凝土用添加剂，品目 8426、8429 及 8430 所列机械的未列名零件，其他水轮机及水轮的零件，自推进的隧道掘进机，龙门式起重机，其他电气控制或电力分配盘板台等（电压≤ 1000V），未经进一步加工的其他合金钢热轧非卷材（宽度在 600 毫米及以上），其他包装或打包机器（包括热缩包装机器）。其中，其他钢铁结构体、钢结构体用部件及加工钢材出口额最高，达到 4515.98 万元，占四川出口老挝货物总额的 9.17%；其次是钢铁制脚手架、模板或坑道支撑用支柱等设备，出口额为 2355.71 万元，占四川出口老挝货物总额的 4.78%；排名第三的产品为其他水泥、灰泥及混凝土用添加剂，达到 1637.32 万元，占四川出口老挝货物总额的 3.32%。排名前十位产品的出口总额为 17574.90 万元，占比为 35.67%。从商品类别来看，四川出口老挝排名前十的主要商品类别为钢铁制品、杂项化学产品、机器及机械器具（见表 LAO-5）。

表 LAO-5　2019 年四川出口老挝货物前十位

单位：万元、%

商品编码	商品名称	商品类型	出口额	占比	排名
73089000	其他钢铁结构体；钢结构体用部件及加工钢材	钢铁制品	4515.98	9.17	1
73084000	钢铁制脚手架、模板或坑道支撑用支柱等设备	钢铁制品	2355.71	4.78	2
38244090	其他水泥、灰泥及混凝土用添加剂	杂项化学产品	1637.32	3.32	3
84314999	品目 8426、8429 及 8430 所列机械的未列名零件	机器及机械器具	1577.12	3.20	4
84109090	其他水轮机及水轮的零件	机器及机械器具	1469.59	2.98	5
84303130	自推进的隧道掘进机	机器及机械器具	1424.15	2.89	6
84261930	龙门式起重机	机器及机械器具	1282.07	2.60	7
85371090	其他电气控制或电力分配盘板台等，电压≤ 1000V	电气设备	1176.33	2.39	8
72254099	未经进一步加工的其他合金钢热轧非卷材，宽度在 600 毫米及以上	钢铁	1150.86	2.34	9
84224000	其他包装或打包机器（包括热缩包装机器）	机器及机械器具	985.78	2.00	10

数据来源：中国海关总署

2.4 重庆与四川对老挝货物贸易的对比分析

2.4.1 贸易数量

由表 LAO-6 可知，重庆对老挝货物贸易的进口额、出口额、进出口总额以及净出口方面均低于四川。具体来看，四川从老挝货物进口额为 0.57 亿元，是重庆从老挝货物进口额的 57 倍；四川对老挝的货物出口额为 4.93 亿元，是重庆对老挝的货物出口额的 1.23 倍；四川对老挝的货物进出口总额为 5.50 亿元，是重庆从老挝货物进出口总额的 1.37 倍。四川对老挝货物贸易顺差优势相较于重庆更加凸显。

表 LAO-6　2019 年重庆与四川对老挝货物贸易数量对比

单位：亿元

	进口额	出口额	进出口总额	顺差
重庆	0.01	4.00	4.01	3.99
四川	0.57	4.93	5.50	4.36

数据来源：中国海关总署

2.4.2 贸易结构

表 LAO-7 展示了 2019 年重庆和四川从老挝进口货物排名前十的商品名称、商品类别、进口额以及占比情况。从表中可知，重庆和四川从老挝进口排名前十的货物结构存在较大差异。重庆从老挝进口的商品主要集中在鞋靴、护腿和类似品及其零件、旅行用品、手提包及类似容器等轻工产品，而四川从老挝进口的商品主要集中在电气设备、矿产品。通过对比发现，重庆与四川对老挝的产品进口结构存在较大差异，进口产品结构相似度较低，在与老挝的进口贸易中不存在明显的竞争关系。

表 LAO-7　2019 年重庆与四川对老挝进口货物贸易结构对比

单位：万元、%

重庆			四川		
商品名称	进口额	占比	商品名称	进口额	占比
过踝低于小腿、橡 / 塑 / 革外底靴（内底< 24cm）	52.34	41.14	IP 电话信号转换设备	4871.77	84.82
以皮革或再生皮革作面的其他类似容器	25.72	20.21	铜矿砂及其精矿	261.13	4.55
以皮革或再生皮革作面的手提包	19.49	15.32	传声器（麦克风）及其座架	177.83	3.10
以塑料片或纺织材料作面的其他类似容器	18.36	14.43	锡矿砂及其精矿	147.99	2.58
以塑料片或纺织材料作面的手提包	9.52	7.49	未列名有线数字通讯设备	75.97	1.32
棉制针织钩编的套头衫、开襟衫、外穿背心等	0.47	0.37	非特种用途的其他类型电视摄像机	56.70	0.99

续表

重庆			四川		
化纤制针织钩编套头衫、开襟衫、外穿背心等	0.34	0.27	未列名具有独立功能的电气设备及装置	54.69	0.95
以塑料或纺织材料作面的提箱、小手袋、公文箱、公文包、书包及类似容器	0.29	0.23	音频扩大器	45.75	0.80
棉制针织或钩编的女式连衣裙	0.22	0.17	其他木框架坐具	25.61	0.45
化纤针织或钩编女大衣，带帽防寒短上衣，风衣	0.20	0.16	棉制其他男裤	9.91	0.17

数据来源：中国海关总署

LAO-8 展示了 2019 年重庆和四川对老挝出口货物排名前十的商品名称、商品类别、进口额以及占比情况。从表中可知，重庆和四川对老挝出口排名前十的商品同质性较低。重庆对老挝出口的商品种类较多，主要包括车辆（摩托车为主）、肥料、电器设备、机器及机械器具、橡胶及其制品、纸及纸板等，而四川对老挝出口的商品主要包括钢铁制品、杂项化学产品、机器及机械器具。通过对比发现，重庆与四川对老挝的产品出口结构相似度不高，重庆、四川在与老挝的出口贸易中不会构成明显的竞争关系。

表 LAO-8　2019 年重庆与四川对老挝出口货物贸易的结构对比

单位：万元、%

重庆			四川		
商品名称	出口额	占比	商品名称	出口额	占比
往复式内燃机摩托车等，100cc ＜排量≤ 125cc	6387.58	15.98	其他钢铁结构体；钢结构体用部件及加工钢材	4515.98	9.17
含氮、磷、钾三种元素的矿物肥料或化学肥料	2389.92	5.98	钢铁制脚手架、模板或坑道支撑用支柱等设备	2355.71	4.78
其他电气控制或分配盘、板、台等，电压＞ 1000V	1853.48	4.64	其他水泥、灰泥及混凝土用添加剂	1637.32	3.32
其他输出功率≤ 14kw 的压燃式活塞内燃发动机	1795.33	4.49	品目 8426、8429 及 8430 所列机械的未列名零件	1577.12	3.20
液体介质变压器，650kVA ＜额定容量≤ 10MVA	1778.00	4.45	其他水轮机及水轮的零件	1469.59	2.98
其他柴油货车，车总重＞ 20 吨	1446.50	3.62	自推进的隧道掘进机	1424.15	2.89

续表

重庆			四川		
硫化非海绵橡胶制板、片、带	1434.03	3.59	龙门式起重机	1282.07	2.60
瓦楞纸或纸板制的箱、盒、匣	1389.48	3.48	其他电气控制或电力分配盘板台等，电压≤ 1000V	1176.33	2.39
草浆瓦楞原纸	909.39	2.28	未经进一步加工的其他合金钢热轧非卷材，宽度在 600 毫米及以上	1150.86	2.34
其他柴油货车，车总重≤ 5 吨	752.00	1.88	其他包装或打包机器（包括热缩包装机器）	985.78	2.00

数据来源：中国海关总署

2.5 中老关税承诺的对比及影响

2.5.1 中老进口关税承诺

从表 LAO-9 可以看出：重庆进口老挝前十位商品均涉及关税减免，加入 RCEP 后，重庆进口老挝前十位货物税率有显著下降。经过测算，发现第 1 年重庆从老挝进口前十商品可以节省成本 12.63 万元。重庆进口过踝低于小腿、橡 / 塑 / 革外底靴（内底＜ 24cm）；以皮革或再生皮革作面的其他类似容器；以塑料片或纺织材料作面的手提包；棉制针织或钩编的女式连衣裙；化纤针织或钩编女大衣，带帽防寒短上衣，风衣等商品的关税减免力度较大。

观察表 LAO-10 可知，RCEP 实施之前，四川从老挝进口的前十商品中大部分已是零关税，仅有传声器（麦克风）及其座架、非特种用途的其他类型电视摄像机、音频扩大器、棉制其他男裤等进口商品在加入 RCEP，实行关税减免。经过测算，发现加入 RCEP 后第 1 年四川从老挝进口前十商品可以节省成本 43.28 万元。相较于重庆来说，进口关税豁免额更高，对四川进口老挝货物有明显的促进作用。

表 LAO-9 加入 RCEP 对重庆进口老挝前十位货物税率的影响

商品代码	产品名称	基准税率	第 1 年	第 5 年	第 10 年税率	第 1 年进口成本减少（万元）
64039111	过踝低于小腿、橡 / 塑 / 革外底靴（内底＜ 24cm）	10.0%	0.0%	0.0%	0.0%	5.23
42029100	以皮革或再生皮革作面的其他类似容器	10.0%	0.0%	0.0%	0.0%	2.57
42022100	以皮革或再生皮革作面的手提包	10.0%	9.0%	5.0%	0.0%	1.95
42029200	以塑料片或纺织材料作面的其他类似容器	10.0%	9.0%	5.0%	0.0%	1.84
42022200	以塑料片或纺织材料作面的手提包	10.0%	0.0%	0.0%	0.0%	0.95
61102000	棉制针织钩编的套头衫、开襟衫、外穿背心等	14.0%	12.6%	7.0%	0.0%	0.007
61103000	化纤制针织钩编套头衫、开襟衫、外穿背心等	16.0%	14.9%	10.7%	5.3%	0.004
42021290	以塑料或纺织材料作面的提箱、小手袋、公文箱、公文包、书包及类似容器	20.0%	18.0%	10.0%	0.0%	0.006
61044200	棉制针织或钩编的女式连衣裙	16.0%	0.0%	0.0%	0.0%	0.037
61023000	化纤针织或钩编女大衣，带帽防寒短上衣，风衣	17.5%	0.0%	0.0%	0.0%	0.035

数据来源：《区域全面经济伙伴关系协定》中国关税承诺表

表 LAO-10 加入 RCEP 对四川进口老挝前十位货物税率的影响

商品代码	产品名称	基准税率	第 1 年	第 5 年	第 10 年税率	第 1 年进口成本减少（万元）
85176233	IP 电话信号转换设备	0.0%	0.0%	0.0%	0.0%	0
26030000	铜矿砂及其精矿	0.0%	0.0%	0.0%	0.0%	0
85181000	传声器（麦克风）及其座架	10.0%	0.0%	0.0%	0.0%	17.78
26090000	锡矿砂及其精矿	0.0%	0.0%	0.0%	0.0%	0

续表

商品代码	产品名称	基准税率	第 1 年	第 5 年	第 10 年税率	第 1 年进口成本减少（万元）
85176239	未列名有线数字通讯设备	0.0%	0.0%	0.0%	0.0%	0
85258013	非特种用途的其他类型电视摄像机	35.0%	0.0%	0.0%	0.0%	19.85
85437099	未列名具有独立功能的电气设备及装置	0.0%	0.0%	0.0%	0.0%	0
85184000	音频扩大器	12.0%	0.0%	0.0%	0.0%	5.49
94016900	其他木框架坐具	0.0%	0.0%	0.0%	0.0%	0
62034290	棉制其他男裤	16.0%	14.4%	8.0%	0.0%	0.16

数据来源：《区域全面经济伙伴关系协定》中国关税承诺表

注：/ 表示不涉及。

2.5.2 中老出口关税承诺

综合表 LAO–11 和 LAO–12 来看，成渝地区双城经济圈出口老挝前十位商品中的大部分未涉及关税减免。加入 RCEP，重庆出口老挝前十位货物中仅有往复式内燃机摩托车（100cc ＜排量≤ 125cc）、含氮、磷、钾三种元素的矿物肥料或化学肥料、其他电气控制或分配盘、板、台等（电压＞ 1000V）、其他输出功率≤ 14kw 的压燃式活塞内燃发动机、瓦楞纸或纸板制的箱、盒、匣等商品涉及关税减免，四川出口老挝前十位货物中绝大部分未涉及关税减免。

表 LAO–11　加入 RCEP 对重庆出口老挝前十位货物税率的影响

商品代码	产品名称	基准税率	第 1 年	第 5 年	第 10 年税率
87112020	往复式内燃机摩托车等，100cc ＜排量≤ 125cc	40%	U	U	U
31052000	含氮、磷、钾三种元素的矿物肥料或化学肥料	5.0%	5.0%	5.0%	2.0%
85372090	其他电气控制或分配盘、板、台等，电压＞ 1000V	5.0%	5.0%	5.0%	2.0%
84089091	其他输出功率≤ 14kw 的压燃式活塞内燃发动机	10.0%	10.0%	10.0%	10.0%
85042200	液体介质变压器，650kVA ＜额定容量≤ 10MVA	/	/	/	/

续表

商品代码	产品名称	基准税率	第1年	第5年	第10年税率
87042300	其他柴油货车，车总重＞20吨	/	/	/	/
40082100	硫化非海绵橡胶制板、片、带	/	/	/	/
48191000	瓦楞纸或纸板制的箱、盒、匣	10.0%	9.0%	6.0%	4.0%
48051200	草浆瓦楞原纸	/	/	/	/
87042100	其他柴油货车，车总重≤5吨	/	/	/	/

数据来源：《区域全面经济伙伴关系协定》老挝关税承诺表

注：U表示产品排除在降低关税或取消关税的承诺之外。/表示不涉及。

表 LAO-12　加入 RCEP 四川出口老挝前十位货物税率的影响

商品代码	产品名称	基准税率	第1年	第5年	第10年税率
73089000	其他钢铁结构体；钢结构体用部件及加工钢材	/	/	/	/
73084000	钢铁制脚手架、模板或坑道支撑用支柱等设备	/	/	/	/
38244090	其他水泥、灰泥及混凝土用添加剂	/	/	/	/
84314999	品目8426、8429及8430所列机械的未列名零件	/	/	/	/
84109090	其他水轮机及水轮的零件	/	/	/	/
84303130	自推进的隧道掘进机	/	/	/	/
84261930	龙门式起重机	5.0%	0.0%	0.0%	0.0%
85371090	其他电气控制或电力分配盘板台等，电压≤1000V	/	/	/	/
72254099	未经进一步加工的其他合金钢热轧非卷材，宽度在600毫米及以上	/	/	/	/
84224000	其他包装或打包机器（包括热缩包装机器）	10.0%	9.0%	6.0%	4.0%

数据来源：《区域全面经济伙伴关系协定》老挝关税承诺表

注：/表示不涉及。

综合来看，就中老进出口前十商品而言，中国对老挝的关税减免覆盖面更广且力度更大，老挝对成渝地区出口商品的关税减免较少涉及。RCEP对成渝地区进口老挝货物的影响大于出口老挝，其对重庆进口老挝前十位商品的利好比四川明显。

3　柬埔寨

3.1 成渝双城经济圈对柬埔寨货物贸易总览

由表 CAM-1 可知，2019 年，成渝对柬埔寨货物进出口总额为 12.91 亿元，占成渝对全球货物进出口总额的 0.1%，其中出口额为 11.98 亿元，占成渝出口全球货物总额的 0.16%，进口额为 0.93 亿元，占成渝从全球进口货物总额的 0.02%，净出口为 11.05 亿元。重庆对柬埔寨货物进出口总额为 6.95 亿元，占重庆对全球货物进出口总额的 0.12%，其中出口为 6.76 亿元，占重庆出口全球货物总额的 0.18%，进口为 0.19 亿元，占重庆从全球进口货物总额的 0.01%，净出口为 6.57 亿元。四川对柬埔寨货物进出口总额为 5.96 亿元，占四川对全球货物进出口总额的 0.09%，其中出口为 5.22 亿元，占四川出口全球货物总额的 0.13%，进口为 0.74 亿元，占四川从全球货物进口总额的 0.03%，净出口为 4.48 亿元。从货物贸易的平衡状况来看，重庆和四川与柬埔寨整体上货物出口额大于进口额，处于贸易顺差状态。

表 CAM-1　2019 年成渝对柬埔寨进出口情况

单位：亿元、%

	进口额	占比	出口额	占比	进出口总额	占比	顺 / 逆差
重庆	0.19	0.01	6.76	0.18	6.95	0.12	6.57
四川	0.74	0.03	5.22	0.13	5.96	0.09	4.48
成渝	0.93	0.02	11.98	0.16	12.91	0.10	11.05

数据来源：中国海关总署

3.2 重庆与柬埔寨的货物贸易情况

3.2.1 重庆从柬埔寨进口情况

2019 年，重庆从柬埔寨进口货物排前十位的是未列名静止式变流器，棉制针织钩编的套头衫、开襟衫、外穿背心等，长粒米精米（粒长＞ 6 毫米或长宽比≥ 2），以皮革或再生皮革作面的手提包，橡胶或塑料制外底纺织材料制鞋面的其他鞋靴，其他橡、塑或再生皮革外底皮革鞋面的鞋靴，棉制针织或钩编的T恤衫、汗衫、背心，以塑料片或纺织材料作面的手提包，未列名纺材制针织或钩编T恤衫、汗衫、背心，棉制针织或钩编的男裤。其中，未列名静止式变流器进口额最高，达到336.62万元，占重庆从柬埔寨进口总额的17.77%；其次是棉制针织钩编的套头衫、开襟衫、外穿背心等，达到257.15万元，占重庆从柬埔寨进口总额的13.58%；进口额排名第三的产品为长粒米精米（粒长＞6毫米或长宽比≥2），达到204.79万元，占重庆从柬埔寨进口总额的10.81%。排名前十位产品的进口总额为0.15亿元，占比高达76.95%。从商品类别来看，重庆从柬埔寨进口排名前十的主要商品类别为塑料制品、皮革制品及其相关工业的产品；从贸易方式来看，主要为一般贸易，有少量的进口加工贸易（见表CAM-2）。

表CAM-2　2019年重庆对柬埔寨货物进口产品前十位

单位：万元，%

商品编码	商品名称	商品类别	人民币	占比	排名
85044099	未列名静止式变流器	机器及机械器具	336.62	17.77	1
61102000	棉制针织钩编的套头衫、开襟衫、外穿背心等	纺织原料及纺织制品	257.15	13.58	2
10063020	长粒米精米（粒长＞6毫米或长宽比≥2）	植物产品	204.79	10.81	3
42022100	以皮革或再生皮革作面的手提包	生皮、皮革、毛皮及其制品	135.44	7.15	4
64041990	橡胶或塑料制外底纺织材料制鞋面的其他鞋靴	塑料及其制品	134.46	7.10	5
64039900	其他橡、塑或再生皮革外底皮革鞋面的鞋靴	塑料及其制品	103.29	5.45	6
61091000	棉制针织或钩编的T恤衫、汗衫、背心	纺织原料及纺织制品	94.80	5.01	7
42022200	以塑料片或纺织材料作面的手提包	塑料及其制品	68.09	3.60	8
61099090	未列名纺材制针织或钩编T恤衫、汗衫、背心	纺织原料及纺织制品	67.99	3.59	9
61034200	棉制针织或钩编的男裤	纺织原料及纺织制品	54.77	2.89	10

数据来源：中国海关总署

3.2.2 重庆对柬埔寨出口情况

2019 年，重庆出口到柬埔寨货物排前十位的是铝合金矩形板、片，0.2mm <厚< 0.28mm；未列名点燃式活塞内燃发动机；其他输出功率≤ 14kw 的压燃式活塞内燃发动机；转速< 10000 转 / 分的其他离心泵；二极管，但光敏二极管或发光二极管除外；装有点燃式活塞内燃发动机的发电机组；往复式内燃机摩托车等，125cc <排量≤ 150cc；其他贴面砖、铺面砖，包括炉面砖及墙面砖，按重量计吸水率≤ 0.5%，马赛克及饰面陶瓷除外；塑料制的鞋外底及鞋跟；未列名已加工大理石、石灰华及蜡石制品。其中，铝合金矩形板、片，0.2mm <厚< 0.28mm 出口额最高，达到 33240.73 万元，占重庆出口柬埔寨货物总额的 49.19%；其次是未列名点燃式活塞内燃发动机，达到 4808.36 万元，占重庆出口柬埔寨货物总额的 7.12%；排名第三的产品为其他输出功率≤ 14kw 的压燃式活塞内燃发动机，达到 4790.30 万元，占重庆出口柬埔寨货物总额的 7.09%。排名前十位产品的出口总额为 4.9 亿元，占比为 72.51%。从商品类别来看，重庆出口柬埔寨排名前十的主要商品类别为化学工业及其相关工业的产品和机器及机械器具；从贸易方式来看，主要为一般贸易，有少量的进料加工贸易（见表 CAM-3）。

表 CAM-3　2019 年重庆从柬埔寨货物出口产品前十位

单位：万元，%

商品编码	商品名称	商品类别	出口额	占比	排名
76061220	铝合金矩形板、片，0.2mm <厚< 0.28mm	贱金属及其制品	33240.73	49.19	1
84079090	未列名点燃式活塞内燃发动机	机器及机械器具	4808.36	7.12	2
84089091	其他输出功率≤ 14kw 的压燃式活塞内燃发动机	机器及机械器具	4790.30	7.09	3
84137099	转速< 10000 转 / 分的其他离心泵	机器及机械器具	1512.74	2.24	4
85411000	二极管，但光敏二极管或发光二极管除外	机器、机械器具、电气设备及其零件	1151.49	1.70	5
85022000	装有点燃式活塞内燃发动机的发电机组	机器及机械器具	923.75	1.37	6
87112030	往复式内燃机摩托车等，125cc <排量≤ 150cc	车辆、航空器、船舶及有关运输设备	817.25	1.21	7
69072190	其他贴面砖、铺面砖，包括炉面砖及墙面砖，按重量计吸水率≤ 0.5%，马赛克及饰面陶瓷除外	石料、石膏、水泥、石棉、云母及类似材料的制品	650.52	0.96	8

续表

商品编码	商品名称	商品类别	出口额	占比	排名
64062020	塑料制的鞋外底及鞋跟	塑料及其制品	561.43	0.83	9
68029190	未列名已加工大理石、石灰华及蜡石制品	石料、石膏、水泥、石棉、云母及类似材料的制品	539.87	0.80	10

数据来源：中国海关总署

3.3 四川与柬埔寨的货物贸易情况

3.3.1 四川从柬埔寨进口情况

2019 年，四川从柬埔寨进口前十类商品分别为大、中、小型计算机及其部件的零件、附件，品目 8471 所列其他机器的零件、附件，长粒米精米（粒长＞ 6 毫米或长宽比≥ 2），棉制针织钩编的套头衫、开襟衫、外穿背心等，未列名纺材制针织或钩编 T 恤衫、汗衫、背心，合成纤维制针织或钩编的女裤，合成纤维制针织或钩编的男裤，棉制针织或钩编的 T 恤衫、汗衫、背心，棉制针织或钩编的女裤，棉制针织或钩编的运动服。其中大、中、小型计算机及其部件的零件进口额最高，达到 2278.03 万元，占四川从柬埔寨进口总额的 30.78%；其次是品目 8471 所列其他机器的零件、附件，达到 1628.33 万元，占四川从柬埔寨进口总额的 22.0%；进口额排名第三的产品为长粒米精米（粒长＞ 6 毫米或长宽比≥ 2），达到 490.62 万元，占四川从柬埔寨进口总额的 6.63%。排名前十位产品的进口总额为 0.24 亿元，占比高达 32.49%。从商品类别来看，四川从柬埔寨进口排名前十的主要商品类别为机器类零部件、稻谷类和纺织原料及纺织制品。（见表 CAM–4）

表 CAM–4　2019 年四川从柬埔寨进口货物前十位

单位：万元、%

商品编码	商品名称	商品类别	进口额	占比	排名
84733010	大、中、小型计算机及其部件的零件、附件	机器零部件	2278.03	30.78	1
84733090	品目 8471 所列其他机器的零件、附件	机器零部件	1628.33	22.00	2

续表

商品编码	商品名称	商品类别	进口额	占比	排名
10063020	长粒米精米（粒长＞ 6 毫米或长宽比≥ 2）	稻谷类	490.62	6.63	3
61102000	棉制针织钩编的套头衫、开襟衫、外穿背心等	纺织原料及纺织制品	480.14	6.49	4
61099090	未列名纺材制针织或钩编 T 恤衫、汗衫、背心	纺织原料及纺织制品	454.46	6.14	5
61046300	合成纤维制针织或钩编的女裤	纺织原料及纺织制品	310.03	4.19	6
61034300	合成纤维制针织或钩编的男裤	纺织原料及纺织制品	210.84	2.85	7
61091000	棉制针织或钩编的 T 恤衫、汗衫、背心	纺织原料及纺织制品	200.71	2.71	8
61046200	棉制针织或钩编的女裤	纺织原料及纺织制品	151.95	2.05	9
61121100	棉制针织或钩编的运动服	纺织原料及纺织制品	126.56	1.71	10

数据来源：中国海关总署

3.3.2 四川对柬埔寨出口情况

2019 年，四川对柬埔寨出口前十类商品分别是塑料制的鞋外底及鞋跟；高岭土及其他无机物涂布的牛皮纸，本体均匀漂白，重＞ 150g/m2，木纤维≥ 95%；其他未涂布纸及纸板，每平方米重≥ 225g；合成纤维制染色其他针织或钩编织物；氨酯聚合物泡沫人造革及合成革；其他材料制未列名鞋靴零件；橡胶制的鞋外底及鞋跟；摩托车（包括机器脚踏两用车）用零件、附件；高岭土及其他无机物涂布的成卷的书写、印刷纸及纸板，含机械纤维≤ 10%；其他钢铁结构体、钢结构体用部件及加工钢材。其中，塑料制的鞋外底及鞋跟出口额最高，达到 1538.73 万元，占四川出口柬埔寨货物总额的 2.95%；其次是高岭土及其他无机物涂布的牛皮纸，本体均匀漂白，重＞ 150g/m2，木纤维≥ 95%，出口额为 1241.42 万元，占四川出口柬埔寨货物总额的 2.38%；排名第三的产品为其他未涂布纸及纸板，每平方米重≥ 225g，达到 1168.80 万元，占四川出口柬埔寨货物总额的 2.24%。排名前十位产品的出口总额为 0.22 亿元，占比为 30.02%。从商品类别来看，四川出口柬埔寨排名前十的主要商品类别较多，主要有纸浆、纸或纸板制品、鞋靴、护腿和类似品及其零件、橡胶及其制品、车辆、航空器、船舶及有关运输设备和钢铁制品。（见表 CAM-5）

表 CAM-5 2019 年四川对柬埔寨货物出口产品前十位

单位：万元、%

商品编号	商品名称	商品类别	出口额	占比	排名
64062020	塑料制的鞋外底及鞋跟	鞋靴、护腿和类似品及其零件	1538.73	2.95	1
48103200	高岭土及其他无机物涂布的牛皮纸，本体均匀漂白，重＞150g/m2，木纤维≥95%	纸浆、纸或纸板制品	1241.42	2.38	2
48059300	其他未涂布纸及纸板，每平方米重≥225g	纸浆、纸或纸板制品	1168.80	2.24	3
60063200	合成纤维制染色其他针织或钩编织物	纺织原料及纺织制品	1042.61	2.00	4
39211310	氨酯聚合物泡沫人造革及合成革	橡胶及其制品	771.90	1.48	5
64069099	其他材料制未列名鞋靴零件	鞋靴、护腿和类似品及其零件	770.61	1.48	6
64062010	橡胶制的鞋外底及鞋跟	鞋靴、护腿和类似品及其零件	765.19	1.47	7
87141000	摩托车（包括机器脚踏两用车）用零件、附件	车辆、航空器、船舶及有关运输设备	760.42	1.46	8
48101300	高岭土及其他无机物涂布的成卷的书写、印刷纸及纸板，含机械纤维≤10%	纸浆、纸或纸板制品	724.92	1.39	9
73089000	其他钢铁结构体；钢结构体用部件及加工钢材	钢铁制品	683.40	1.31	10

数据来源：中国海关总署

3.4 川渝对柬埔寨货物贸易的对比分析

3.4.1 贸易数量

由图 CAM-1 可知，重庆对柬埔寨货物贸易的出口额、进出口总额以及净出口等方面均高于四川，而四川对柬埔寨货物贸易的进口额高于重庆。具体来看，四川从柬埔寨货物进口额为 0.74 亿元，是重庆从柬埔寨货物进口额的 3.89 倍；重庆对柬埔寨的货物出口额为 6.76 亿元，是四川对柬埔寨的货物出口额的 1.3 倍；重庆与柬埔寨货物进出口总额是四川的 1.17 倍。同时，重庆对柬埔寨货物贸易顺差优势相较于四川更加凸显。

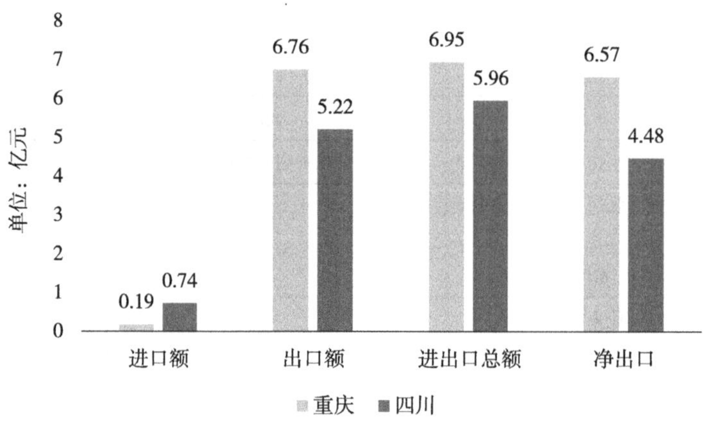

图 CAM-1 2019 年重庆与四川对柬埔寨货物贸易数量对比

3.4.2 贸易结构

CAM-6 展示了 2019 年重庆和四川从柬埔寨进口货物排名前十的商品名称、进口额以及占比情况。从表中可知，重庆和四川从柬埔寨进口排名前十的货物结构存在较大差异。重庆从柬埔寨进口的商品比较分散，主要包括塑料制品、皮革制品及其相关工业的产品等，而四川从柬埔寨进口的商品主要包括机器类零部件、稻谷类和纺织原料及纺织制品，且主要集中于纺织原料及纺织制品。通过对比发现，重庆与四川对柬埔寨的产品进口结构存在较大差异，进口产品结构相似度较低，在与柬埔寨的进口贸易中不存在明显的竞争关系。

表 CAM-6 2019 年重庆与四川对柬埔寨进口货物贸易结构对比

单位：万元、%

重庆			四川		
商品名称	进口额	占比	商品名称	进口额	占比
未列名静止式变流器	33240.73	49.19	大、中、小型计算机及其部件的零件、附件	2278.03	30.78
棉制针织钩编的套头衫、开襟衫、外穿背心等	4808.36	7.12	品目 8471 所列其他机器的零件、附件	1628.33	22.00
长粒米精米（粒长＞6 毫米或长宽比≥ 2）	4790.30	7.09	长粒米精米（粒长＞6 毫米或长宽比≥ 2）	490.62	6.63

续表

重庆			四川		
以皮革或再生皮革作面的手提包	1512.74	2.24	棉制针织钩编的套头衫、开襟衫、外穿背心等	480.14	6.49
橡胶或塑料制外底纺织材料制鞋面的其他鞋靴	1151.49	1.70	未列名纺材制针织或钩编T恤衫、汗衫、背心	454.46	6.14
其他橡、塑或再生皮革外底皮革鞋面的鞋靴	923.75	1.37	合成纤维制针织或钩编的女裤	310.03	4.19
棉制针织或钩编的T恤衫、汗衫、背心	817.25	1.21	合成纤维制针织或钩编的男裤	210.84	2.85
以塑料片或纺织材料作面的手提包	650.52	0.96	棉制针织或钩编的T恤衫、汗衫、背心	200.71	2.71
未列名纺材制针织或钩编T恤衫、汗衫、背心	561.43	0.83	棉制针织或钩编的女裤	151.95	2.05
棉制针织或钩编的男裤	539.87	0.80	棉制针织或钩编的运动服	126.56	1.71

数据来源：中国海关总署

CAM-7展示了2019年重庆和四川对柬埔寨出口货物排名前十的商品名称、出口额及占比情况。从表中可知，重庆和四川对柬埔寨出口排名前十的商品同质性较低，并且商品类别差距较小。重庆对柬埔寨出口的商品种类是化学工业及其相关工业的产品和机器及机械器具等，而四川对柬埔寨出口的主要商品包括纸浆、纸或纸板制品及相关工业产品和机器设备等。通过对比发现，重庆和四川对柬埔寨的出口结构有一定的相似性，均以化学工业及相关工业的产品为主，但从具体产品来看，重庆和四川对柬埔寨出口的产品有差异化，因而在与柬埔寨的出口贸易中不会构成明显的竞争关系。

表 CAM-7　2019年重庆与四川对柬埔寨出口货物贸易的结构对比

单位：万元、%

重庆			四川		
商品名称	出口额	占比	商品名称	出口额	占比
铝合金矩形板、片，0.2mm＜厚＜0.28mm	33240.73	49.19	塑料制的鞋外底及鞋跟	1538.73	2.95
未列名点燃式活塞内燃发动机	4808.36	7.12	高岭土及其他无机物涂布的牛皮纸，本体均匀漂白，重＞150g/m2，木纤维≥95%	1241.42	2.38

续表

重庆			四川		
其他输出功率≤ 14kw 的压燃式活塞内燃发动机	4790.30	7.09	其他未涂布纸及纸板，每平方米重≥ 225g	1168.80	2.24
转速＜ 10000 转 / 分的其他离心泵	1512.74	2.24	合成纤维制染色其他针织或钩编织物	1042.61	2.00
二极管，但光敏二极管或发光二极管除外	1151.49	1.70	氨酯聚合物泡沫人造革及合成革	771.90	1.48
装有点燃式活塞内燃发动机的发电机组	923.75	1.37	其他材料制未列名鞋靴零件	770.61	1.48
往复式内燃机摩托车等，125cc ＜排量≤ 150cc	817.25	1.21	橡胶制的鞋外底及鞋跟	765.19	1.47
其他贴面砖、铺面砖，包括炉面砖及墙面砖，按重量计吸水率≤ 0.5%，马赛克及饰面陶瓷除外	650.52	0.96	摩托车（包括机器脚踏两用车）用零件、附件	760.42	1.46
塑料制的鞋外底及鞋跟	561.43	0.83	高岭土及其他无机物涂布的成卷的书写、印刷纸及纸板，含机械纤维≤ 10%	724.92	1.39
未列名已加工大理石、石灰华及蜡石制品	539.87	0.80	其他钢铁结构体；钢结构体用部件及加工钢材	683.40	1.31

数据来源：中国海关总署

3.5 中柬关税承诺的对比及影响

根据《区域全面经济伙伴关系协定》（RCEP），柬埔寨的关税承诺表主要体现在《柬埔寨共同减让清单》中，此清单适用于其他 14 个国家，共 198 页，几乎涵盖所有的大类。而根据《柬埔寨对中国部分产品关税承诺表》，02、04 和 07 下的部分产品排除在降低关税或取消关税的承诺之外。在前文统计的基础上，下面的表 CAM-8—CAM-11 列出了重庆和四川进出口柬埔寨前十位商品的关税承诺表。

3.5.1 中柬进口关税承诺

从表格可以看出：第一，就进出口前十位商品而言，中国对柬埔寨的关税减免覆盖面更广。中国对柬埔寨进口商品的关税减免，只有 3 类商品不涉及。柬埔寨对中国出口商品的关税减免，有 13 类商品不涉及。第二，就成渝双城经济圈进出口柬埔寨前十位商品，RCEP 对柬埔寨进口的影响大于出口的影响。经过测算，发现第 1 年重庆从柬埔寨进口前十商品可以节省成本 66.79 万元，四川省从柬埔寨进口前十商品可以节省成本 131.73 万元。

表 CAM-8 加入 RCEP 对重庆进口柬埔寨前十位货物税率的影响

商品代码	产品名称	基准税率	第 1 年	第 5 年	第 10 年税率	第 1 年进口成本减少（万元）
85044099	未列名静止式变流器	10%	0%	0%	0%	33.66
61102000	棉制针织钩编的套头衫、开襟衫、外穿背心等	14.00%	12.60%	7.00%	0.00%	3.60
10063020	长粒米精米（粒长＞6 毫米或长宽比≥2）	/	/	/	/	不涉及
42022100	以皮革或再生皮革作面的手提包	10%	9%	5%	0%	1.35
64041990	橡胶或塑料制外底纺织材料制鞋面的其他鞋靴	/	/	/	/	不涉及
64039900	其他橡、塑或再生皮革外底皮革鞋面的鞋靴	10.0%	0.0%	0.0%	0.0%	10.33
61091000	棉制针织或钩编的 T 恤衫、汗衫、背心	14.0%	12.6%	7.0%	0.0%	1.33
42022200	以塑料片或纺织材料作面的手提包	10.0%	0.0%	0.0%	0.0%	6.81
61099090	未列名纺材制针织或钩编 T 恤衫、汗衫、背心	14.0%	12.6%	7.0%	0.0%	0.95
61034200	棉制针织或钩编的男裤	16.0%	0.0%	0.0%	0.0%	8.76

数据来源：《区域全面经济伙伴关系协定》中国关税承诺表

注：/ 表示不涉及。

表 CAM-9 加入 RCEP 对四川进口柬埔寨前十位货物税率的影响

商品代码	商品名称	基准税率	第 1 年	第 5 年	第 10 年及以后	第 1 年进口成本减少（万元）
84733010	大、中、小型计算机及其部件的零件、附件	0.0%	0.0%	0.0%	0.0%	0

续表

商品代码	商品名称	基准税率	第 1 年	第 5 年	第 10 年及以后	第 1 年进口成本减少（万元）
84733090	品目 8471 所列其他机器的零件、附件	0.0%	0.0%	0.0%	0.0%	0
10063020	长粒米精米（粒长 > 6 毫米或长宽比 ≥ 2）	/	/	/	/	不涉及
61102000	棉制针织钩编的套头衫、开襟衫、外穿背心等	14.0%	12.6%	7.0%	0.0%	6.72
61099090	未列名纺材制针织或钩编 T 恤衫、汗衫、背心	14.0%	12.6%	7.0%	0.0%	6.36
61046300	合成纤维制针织或钩编的女裤	17.5%	0.0%	0.0%	0.0%	54.26
61034300	合成纤维制针织或钩编的男裤	17.5%	0.0%	0.0%	0.0%	36.90
61091000	棉制针织或钩编的 T 恤衫、汗衫、背心	15.0%	12.6%	7.0%	0.0%	4.82
61046200	棉制针织或钩编的女裤	16.0%	14.4%	8.0%	0.0%	2.43
61121100	棉制针织或钩编的运动服	16.0%	0.0%	0.0%	0.0%	20.25

数据来源：《区域全面经济伙伴关系协定》中国关税承诺表

注：/ 表示不涉及。

3.5.2 中柬出口关税承诺

从目前的关税承诺表我们可以预测到：随着柬埔寨部分商品进口关税的削减，成渝地区双城经济圈对柬埔寨的出口前十位商品商品具有一定的价格优势，出口额有可能会进一步增加。但是，由于对柬埔寨出口涉及关税降低的商品不多，而从柬埔寨进口的商品关税降低多，因此 RCEP 对成渝地区双城经济圈进口柬埔寨前十位商品的利好明显，进口的增长效应大于出口增长效应。

表 CAM-10　加入 RCEP 对重庆出口柬埔寨前十位货物税率的影响

商品代码	产品名称	基准税率	第 1 年	第 5 年	第 10 年
76061220	铝合金矩形板、片，0.2mm < 厚 < 0.28mm	/	/	/	/
84079090	未列名点燃式活塞内燃发动机	7.00%	7.00%	6.00%	4.00%

续表

商品代码	产品名称	基准税率	第 1 年	第 5 年	第 10 年
84089091	其他输出功率≤ 14kw 的压燃式活塞内燃发动机	7.00%	7.00%	5.60%	3.50%
84137099	转速＜ 10000 转 / 分的其他离心泵	0.00%	0.00%	0.00%	0.00%
85411000	二极管，但光敏二极管或发光二极管除外	35.00%	35.00%	23.00%	8.00%
85022000	装有点燃式活塞内燃发动机的发电机组	/	/	/	/
87112030	往复式内燃机摩托车等，125cc ＜排量≤ 150cc	/	/	/	/
69072190	其他贴面砖、铺面砖，包括炉面砖及墙面砖，按重量计吸水率≤ 0.5%，马赛克及饰面陶瓷除外	/	/	/	/
64062020	塑料制的鞋外底及鞋跟	/	/	/	/
68029190	未列名已加工大理石、石灰华及蜡石制品	7.00%	7.00%	5.00%	4.00%

数据来源：《区域全面经济伙伴关系协定》中国关税承诺表

注：/ 表示不涉及。

表 CAM–1　1 加入 RCEP 对四川出口柬埔寨前十位货物税率的影响

商品代码	商品名称	基准税率	第 1 年	第 5 年	第 10 年税率
64062020	塑料制的鞋外底及鞋跟	/	/	/	/
48103200	高岭土及其他无机物涂布的牛皮纸，本体均匀漂白，重＞ 150g/m2，木纤维≥ 95%	/	/	/	/
48059300	其他未涂布纸及纸板，每平方米重≥ 225g	/	/	/	/
60063200	合成纤维制染色其他针织或钩编织物	/	/	/	/
39211310	氨酯聚合物泡沫人造革及合成革	7.0%	7.4%	5.6%	3.5%
64069099	其他材料制未列名鞋靴零件	7.0%	7.0%	5.0%	4.0%
64062010	橡胶制的鞋外底及鞋跟	/	/	/	/
87141000	摩托车（包括机器脚踏两用车）用零件、附件	/	/	/	/

续表

商品代码	商品名称	基准税率	第 1 年	第 5 年	第 10 年税率
48101300	高岭土及其他无机物涂布的成卷的书写、印刷纸及纸板，含机械纤维≤ 10%	/	/	/	/
73089000	其他钢铁结构体；钢结构体用部件及加工钢材	/	/	/	/

数据来源:《区域全面经济伙伴关系协定》中国关税承诺表

注：/ 表示不涉及。

4　缅甸

4.1 成渝地区双城经济圈与缅甸货物贸易总览

由表 MM-1 可知，2019 年，成渝对缅甸货物进出口总额为 28.15 亿元，占成渝对全球货物贸易进出口总额的 0.22%。其中出口额为 26.62 亿元，占成渝出口全球货物总额的 0.35%，进口额为 1.53 亿元，占成渝从全球进口货物总额的 0.03%，净出口为 25.09 亿元。分别来看，重庆对缅甸货物进出口总额为 22.61 亿元，占重庆对全球货物进出口总额的 0.39%，其中出口额为 21.14 亿元，占重庆出口全球货物总额的 0.57%，进口额为 1.47 亿元，占重庆从全球进口货物总额的 0.07%，净出口为 19.67 亿元。四川对缅甸货物进出口总额为 5.54 亿元，其中出口额为 5.48 亿元，占四川出口全球货物总额的 0.14%，进口额为 0.06 亿元，占四川从全球货物进口总额的 0.002%，净出口为 5.42 亿元。从货物贸易的平衡状况来看，重庆和四川与缅甸整体上货物出口额大于进口额，处于贸易顺差状态。

表 MM-1　2019 年成渝对缅甸进出口情况

单位：亿元、%

地区	进口额	占比	出口额	占比	进出口总额	占比	顺 / 逆差
重庆	1.47	0.07	21.14	0.57	22.61	0.39	19.67
四川	0.06	0.002	5.48	0.14	5.54	0.08	5.42
成渝	1.53	0.03	26.62	0.35	28.15	0.22	25.09

数据来源：中国海关总署

4.2 重庆与缅甸的货物贸易情况

4.2.1 重庆从缅甸进口情况

如表 MM-2 所示，2019 年，重庆从缅甸进口货物的前十位分别是品目 8443 所列设备用其他零件及附件、锰矿砂及其精矿、其他有接头电导体（额定电压≤ 80V）、合成纤维制女式上衣、未列名未装配的光学元件、合成纤维制女裤、双筒望远镜、以皮革或再生皮革作面的手提包、未锻轧的精炼铅、以塑料片或纺织材料作面的手提包。其中，品目 8443 所列设备用其他零件及附件的进口额最高，达到 12217.94 万元，占重庆从缅甸进口总额的 83.04%；其次是锰矿砂及其精矿，进口额为 858.32 万元，占重庆从缅甸进口总额的 5.83%；位居第三的是其他有接头电导体（额定电压≤ 80V），进口额为 624.56 万元，占重庆从缅甸进口总额的 4.24%。排名前十位产品的进口总额合计为 14615.11 万元，占重庆从缅甸进口货物总额的 99.33%。从商品类别来看，重庆从缅甸进排名前十的主要商品类别为机器、机械器具及其零件、矿产品以及电机、电气设备及其零件、纺织原料及纺织制品、生皮、皮革、毛皮及其制品以及贱金属及其制品等。

表 MM-2　2019 年重庆从缅甸进口货物前十位

单位：万元、%

商品编码	商品名称	商品类别	进口额	占比	排名
84439990	品目 8443 所列设备用其他零件及附件	机器、机械器具及其零件	12217.94	83.04	1
26020000	锰矿砂及其精矿	矿产品	858.32	5.83	2
85444219	其他有接头电导体（额定电压≤ 80V）	电机、电气设备及其零件	624.56	4.24	3
62043300	合成纤维制女式上衣	纺织原料及纺织制品	258.23	1.76	4
90019090	未列名未装配的光学元件	光学、照相、电影、计量、检验、医疗或外科用仪器及设备、精密仪器及设备；上述物品的零件、附件	238.80	1.62	5
62046300	合成纤维制女裤	纺织原料及纺织制品	164.59	1.12	6
90051000	双筒望远镜	光学、照相、电影、计量、检验、医疗或外科用仪器及设备、精密仪器及设备；上述物品的零件、附件	89.69	0.61	7
42022100	以皮革或再生皮革作面的手提包	生皮、皮革、毛皮及其制品	78.81	0.54	8
78011000	未锻轧的精炼铅	贱金属及其制品	68.87	0.47	9
42022200	以塑料片或纺织材料作面的手提包	生皮、皮革、毛皮及其制品	15.30	0.10	10

数据来源：中国海关总署

4.2.2 重庆对缅甸出口情况

如表 MM–3 所示，2019 年，重庆对缅甸出口货物的前十位分别是往复式内燃机摩托车等（100cc ＜排量≤ 125cc）、摩托车（包括机器脚踏两用车）用零件附件、苎麻≥ 85% 未漂白机织物、手持（包括车载）式无线电话机、车用往复活塞发动机（50ml ＜排量≤ 250ml）、其他点燃式活塞内燃发动机的零件、往复式内燃机摩托车等（150cc ＜排量≤ 200cc）、往复式内燃机摩托车等（200cc ＜排量≤ 250cc）、往复式内燃机摩托车等（125cc ＜排量≤ 150cc）、未列名点燃式活塞内燃发动机。其中，往复式内燃机摩托车等（100cc ＜排量≤ 125cc）出口额最高，达到 63738.03 万元，占重庆出口缅甸货物总额的 30.15%；其次是摩托车（包括机器脚踏两用车）用零件附件，出口额为 11973.91 万元，占重庆出口缅甸货物总额的 5.66%；排名第三的产品为苎麻≥ 85% 未漂白机织物，出口额为 8082.85 万元，占重庆出口缅甸货物贸易总额的 3.82%。排名前十产品的出口额合计为 123862.71 万元，占重庆出口缅甸货物总额的 58.58%。从商品类别来看，重庆出口缅甸商品前十的主要商品类别为车辆及其零件附件、纺织原料及纺织制品、机器、机械器具、电气设备及其零件以及录音机及放声机、电视图像、声音的录制和重放设备及其零件、附件。

表 MM–3　2019 年重庆出口缅甸货物前十位

单位：万元、%

商品编码	商品名称	商品类别	出口额	占比	排名
87112020	往复式内燃机摩托车等，100cc ＜排量≤ 125cc	车辆及其零件、附件	63738.03	30.15	1
87141000	摩托车（包括机器脚踏两用车）用零件、附件	车辆及其零件、附件	11973.91	5.66	2
53110012	苎麻≥ 85% 未漂白机织物	纺织原料及纺织制品	8082.85	3.82	3
85171210	手持（包括车载）式无线电话机	录音机及放声机、电视图像、声音的录制和重放设备及其零件、附件	8046.64	3.81	4
84073200	车用往复活塞发动机，50ml ＜排量≤ 250ml	机器、机械器具、电气设备及其零件	7071.70	3.34	5
84099199	其他点燃式活塞内燃发动机的零件	机器、机械器具、电气设备及其零件	6613.40	3.13	6

续表

商品编码	商品名称	商品类别	出口额	占比	排名
87112040	往复式内燃机摩托车等，150cc＜排量≤ 200cc	车辆及其零件、附件	5247.62	2.48	7
87112050	往复式内燃机摩托车等，200cc＜排量≤ 250cc	车辆及其零件、附件	4410.01	2.09	8
87112030	往复式内燃机摩托车等，125cc＜排量≤ 150cc	车辆及其零件、附件	4408.61	2.09	9
84079090	未列名点燃式活塞内燃发动机	机器、机械器具及其零件	4269.93	2.02	10

数据来源：中国海关总署

4.3 四川与缅甸的货物贸易情况

4.3.1 四川从缅甸进口情况

由表 MM–4 可知，2019 年，四川从缅甸进口货物前十位的商品包括饲料用鱼粉，未列名热带木木材（经纵锯、纵切、刨切或旋切，厚＞ 6mm），铬矿砂及其精矿，未列名木制品，未列名化纤女式带风帽防寒短上衣、防风衣等，5903、5906 或 5907 的织物制其他女式服装，化纤针织或钩编女大衣、带帽防寒短上衣、风衣，未列名化纤女式大衣、雨衣、斗篷等，未列名化纤男式带风帽防寒短上衣、防风衣等，原状或粗加修整的大理石及石灰华。其中，饲料用鱼粉的进口额最高，为 165.25 万元，占四川从缅甸进口总额的 25.89%；然后是未列名热带木木材（经纵锯、纵切、刨切或旋切，厚＞ 6mm），进口额为 137.87 万元，占四川从缅甸进口总额的 21.6%；进口额排名第三的产品为铬矿砂及其精矿，进口额为 117.90 万元，占四川从缅甸的进口总额的 18.47%。排名前十位产品的进口额合计为 560.52 万元，占四川从缅甸进口货物总额的 87.81%。从商品类别来看，四川从缅甸进口货物排名前十的主要类别为食品工业残渣及配制的动物饲料、木及木制品、木炭、矿产品以及纺织原料及纺织制品。

表 MM-4　2019 年四川从缅甸进口货物前十位

单位：万元、%

商品编码	商品名称	商品类别	进口额	占比	排名
23012010	饲料用鱼粉	食品工业残渣及配制的动物饲料	165.25	25.89	1
44072990	未列名热带木木材，经纵锯、纵切、刨切或旋切，厚＞ 6mm	木及木制品、木炭	137.87	21.60	2
26100000	铬矿砂及其精矿	矿产品	117.90	18.47	3
44219990	未列名木制品	木及木制品、木炭	45.79	7.17	4
62029390	未列名化纤女式带风帽防寒短上衣、防风衣等	纺织原料及纺织制品	31.68	4.96	5
62105000	5903、5906 或 5907 的织物制其他女式服装	纺织原料及纺织制品	19.64	3.08	6
61023000	化纤针织或钩编女大衣，带帽防寒短上衣，风衣	纺织原料及纺织制品	13.99	2.19	7
62021390	未列名化纤女式大衣、雨衣、斗篷等	纺织原料及纺织制品	10.29	1.61	8
62019390	未列名化纤男式带风帽防寒短上衣、防风衣等	纺织原料及纺织制品	9.68	1.52	9
25151100	原状或粗加修整的大理石及石灰华	矿产品	8.42	1.32	10

数据来源：中国海关总署

4.3.2 四川对缅甸出口情况

由表 MM-5 可知，2019 年，四川出口到缅甸前十位的货物包括往复式内燃机摩托车等（100cc ＜排量≤ 125cc）、未列名胶粘敷料及其他有胶粘涂层的物品、光学仪器用未经光学加工的光学元件毛坯、其他输出功率≤ 14kw 的压燃式活塞内燃发动机、其他柴油货车（5 吨＜车总重≤ 14 吨）、氰化钠、尿素（不论是否水溶液）、苎麻≥ 85% 未漂白机织物、硫化钠、以及手持（包括车载）式无线电话机。其中，往复式内燃机摩托车等（100cc ＜排量≤ 125cc）的出口额最高，达 5254.62 万元，占四川出口缅甸货物总额的 9.58%；其次是未列名胶粘敷料及其他有胶粘涂层的物品，出口额为 3630.66 万元，占四川出口缅甸货物总额的 6.62%；位居第三的是光学仪器用未经光学加工的光学元件毛坯，其出口额为 3617.87 万元，占四川出口缅甸货物总额的 6.60%。排名前十产品的出口额合计为 26933.72 万元，占四川出口缅甸货物总额的 49.12%。从商品类别来看，四川出口缅甸的商品类别主要包括车辆及其零件、附件、化学工业及其相关工业的产品、玻璃及其制品、机械器具、电气设备及其零件等。

表 MM-5 2019 年四川出口缅甸货物前十位

单位：万元、%

商品编码	商品名称	商品类别	出口额	占比	排名
87112020	往复式内燃机摩托车等，100cc ＜排量≤ 125cc	车辆及其零件、附件	5254.62	9.58	1
30051090	未列名胶粘敷料及其他有胶粘涂层的物品	化学工业及其相关工业的产品	3630.66	6.62	2
70140010	光学仪器用未经光学加工的光学元件毛坯	玻璃及其制品	3617.87	6.60	3
84089091	其他输出功率≤ 14kw 的压燃式活塞内燃发动机	机器、机械器具、电气设备及其零件	2784.53	5.08	4
87042230	其他柴油货车，5 吨＜车总重≤ 14 吨	车辆及其零件、附件	2739.99	5.00	5
28371110	氰化钠	化学工业及其相关工业的产品	2295.00	4.19	6
31021000	尿素，不论是否水溶液	化学工业及其相关工业的产品	2047.77	3.73	7
53110012	苎麻≥ 85% 未漂白机织物	纺织原料及纺织制品	1803.91	3.29	8
28301010	硫化钠	化学工业及其相关工业的产品	1537.64	2.80	9
85171210	手持（包括车载）式无线电话机	录音机及放声机、电视图像、声音的录制和重放设备及其零件、附件	1221.73	2.23	10

数据来源：中国海关总署

4.4 重庆与四川对缅甸货物贸易的对比分析

4.4.1 贸易数量

由图 MM-1 可知，2019 年，重庆对缅甸货物贸易的进口额、出口额、进出口总额以及净出口等方面均高于四川。具体来看，重庆从缅甸货物进口额为 1.47 亿元，四川从缅甸货物进口额仅为 0.06 亿元；重庆对缅甸的货物出口额为 21.14 亿元，而四川对缅甸的货物出口额为 5.48 亿元，二者差距达 15.66

亿元；重庆对缅甸的进出口总额约是四川对缅甸进出口总额的 4.08 倍。因此，重庆对缅甸货物贸易的顺差优势相较于四川更为突出。

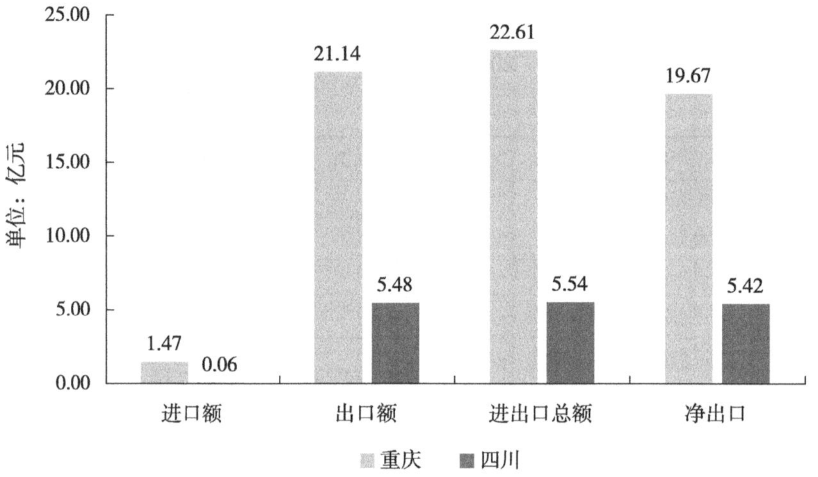

图 MM-1　2019 年重庆与四川对缅甸货物贸易数量对比

4.4.2 贸易结构

表 MM-6 展示了 2019 年重庆和四川从缅甸进口货物排名前十的商品名称、进口额及其占比情况。从表中可知，重庆和四川从缅甸进口排名前十的货物结构存在较大差异。重庆从缅甸进口的商品类别主要包括机器、机械器具及其零件、矿产品以及电机、电气设备及其零件、纺织原料及纺织制品、生皮、皮革、毛皮及其制品以及贱金属及其制品等，但占比分布主要集中在机器、机械器具及其零件。四川从缅甸进口的商品较为分散，主要涉及食品工业残渣及配制的动物饲料、木及木制品、木炭、矿产品以及纺织原料及纺织制品等。通过对比可知，重庆与四川对缅甸的产品进口结构存在较大差异，进口产品结构相似度较低，在与缅甸的进口贸易中不存在明显的竞争关系。

表 MM-6　2019 年重庆和四川从缅甸进口货物的结构对比

单位：万元、%

重庆			四川		
商品名称	进口额	占比	商品名称	进口额	占比
品目 8443 所列设备用其他零件及附件	12217.94	83.04	饲料用鱼粉	165.25	25.89

续表

重庆			四川		
锰矿砂及其精矿	858.32	5.83	未列名热带木木材，经纵锯、纵切、刨切或旋切，厚＞6mm	137.87	21.60
其他有接头电导体（额定电压≤80V）	624.56	4.24	铬矿砂及其精矿	117.90	18.47
合成纤维制女式上衣	258.23	1.76	未列名木制品	45.79	7.17
未列名未装配的光学元件	238.80	1.62	未列名化纤女式带风帽防寒短上衣、防风衣等	31.68	4.96
合成纤维制女裤	164.59	1.12	5903、5906 或 5907 的织物制其他女式服装	19.64	3.08
双筒望远镜	89.69	0.61	化纤针织或钩编女大衣，带帽防寒短上衣，风衣	13.99	2.19
以皮革或再生皮革作面的手提包	78.81	0.54	未列名化纤女式大衣、雨衣、斗篷等	10.29	1.61
未锻轧的精炼铅	68.87	0.47	未列名化纤男式带风帽防寒短上衣、防风衣等	9.68	1.52
以塑料片或纺织材料作面的手提包	15.30	0.10	原状或粗加修整的大理石及石灰华	8.42	1.32

数据来源：中国海关总署

表 MM-7 展示了 2019 年重庆和四川对缅甸出口货物前十的商品名称、进口额及其占比情况。从表中可知，重庆和四川对缅甸出口排名前十的商品具有一定的同质性，但四川对缅甸出口的货物更加多元化。从重庆和四川出口缅甸前十的商品来看，重庆对缅甸出口的商品种类主要包括车辆及其零件附件、纺织原料及纺织制品、机器、机械器具、电气设备及其零件以及录音机及放声机、电视图像、声音的录制和重放设备及其零件、附件。四川对缅甸出口的商品种类主要为车辆及其零件、附件、化学工业及其相关工业的产品、玻璃及其制品、纺织原料及纺织制品以及机器、机械器具、电气设备及其零件。进一步通过对比发现，重庆和四川对缅甸出口前十的产品都包括往复式内燃机摩托车等（100cc ＜排量≤ 125cc）、苎麻≥ 85% 未漂白机织物和手持（包括车载）式无线电话机，说明重庆和四川对缅甸的出口货物具有一定的相似度，存在一定的竞争关系。

表 MM-7　2019 年重庆和四川对缅甸出口货物的结构对比

单位：万元、%

重庆			四川		
商品名称	出口额	占比	商品名称	出口额	占比
往复式内燃机摩托车等，100cc ＜排量≤ 125cc	63738.03	30.15	往复式内燃机摩托车等，100cc ＜排量≤ 125cc	5254.62	9.58
摩托车（包括机器脚踏两用车）用零件、附件	11973.91	5.66	未列名胶粘敷料及其他有胶粘涂层的物品	3630.66	6.62
苎麻≥ 85% 未漂白机织物	8082.85	3.82	光学仪器用未经光学加工的光学元件毛坯	3617.87	6.60
手持（包括车载）式无线电话机	8046.64	3.81	其他输出功率≤ 14kw 的压燃式活塞内燃发动机	2784.53	5.08
车用往复活塞发动机，50ml ＜排量≤ 250ml	7071.70	3.34	其他柴油货车，5 吨＜车总重≤ 14 吨	2739.99	5.00
其他点燃式活塞内燃发动机的零件	6613.40	3.13	氰化钠	2295.00	4.19
往复式内燃机摩托车等，150cc ＜排量≤ 200cc	5247.62	2.48	尿素，不论是否水溶液	2047.77	3.73
往复式内燃机摩托车等，200cc ＜排量≤ 250cc	4410.01	2.09	苎麻≥ 85% 未漂白机织物	1803.91	3.29
往复式内燃机摩托车等，125cc ＜排量≤ 150cc	4408.61	2.09	硫化钠	1537.64	2.80
未列名点燃式活塞内燃发动机	4269.93	2.02	手持（包括车载）式无线电话机	1221.73	2.23

数据来源：中国海关总署

4.5 中缅关税承诺的对比及影响

根据《区域全面经济伙伴关系协定》（RCEP），《中国对东盟成员国关税承诺表》适用于东盟的 10 个国家，共 264 页，几乎涵盖所有的大类。缅甸对中国的关税承诺主要体现在《缅甸关税承诺表》中，此承诺表适用于 RCEP 其他 14 个国家，共 245 页，几乎涵盖所有的大类。在前文统计的基础上，表 MM-8—MM-11 列出了重庆和四川进出口缅甸前十位商品的关税承诺情况。

4.5.1 中缅进口关税承诺

表 MM-8 反映了 2019 年重庆从缅甸进口前十位货物的关税变化趋势。由表可知，在 RCEP 签署后的第 1 年，除合成纤维制女式上衣和以皮革或再生皮革作面的手提包外，其余商品的税率均保持或降至 0%，随着时间的推移，上述两个商品的税率也在逐渐降低。表明 RCEP 的签署，将会降低重庆从缅甸进口商品的关税成本，有利于重庆从缅甸进口贸易的发展。根据关税承诺表可计算得到税率变化对重庆从缅甸进口成本的影响，加入 RCEP 的第一年，重庆从缅甸进口前十位商品的成本将降低 68.84 万元。

表 MM-8　加入 RCEP 对重庆进口缅甸前十位货物税率的影响

商品代码	商品名称	基准税率	第 1 年	第 5 年	第 10 年税率	第 1 年进口成本减少（万元）
84439990	品目 8443 所列设备用其他零件及附件	0.0%	0.0%	0.0%	0.0%	0
26020000	锰矿砂及其精矿	0.0%	0.0%	0.0%	0.0%	0
85444219	其他有接头电导体（额定电压≤ 80V）	0.0%	0.0%	0.0%	0.0%	0
62043300	合成纤维制女式上衣	17.5%	16.3%	11.7%	5.8%	3.10
90019090	未列名未装配的光学元件	8.0%	0.0%	0.0%	0.0%	19.10
62046300	合成纤维制女裤	17.5%	0.0%	0.0%	0.0%	28.80
90051000	双筒望远镜	15.0%	0.0%	0.0%	0.0%	13.45
42022100	以皮革或再生皮革作面的手提包	10.0%	9.0%	5.0%	0.0%	0.79
78011000	未锻轧的精炼铅	3.0%	0.0%	0.0%	0.0%	2.07
42022200	以塑料片或纺织材料作面的手提包	10.0%	0.0%	0.0%	0.0%	1.53

数据来源：《区域全面经济伙伴关系协定》中国关税承诺表

注：/ 表示不涉及。

表 MM-9 反映了 2019 年四川从缅甸进口前十位货物的关税变化趋势。由表可知，RCEP 签署后的第 1 年，除未列名化纤女式带风帽防寒短上衣、防风衣等和未列名化纤男式带风帽防寒短上衣、防风衣等外，其余商品的税率均为 0%。随着时间的推移，第 10 年所有商品税率均为 0%。表明 RCEP 的签署，将会降低四川从缅甸进口的关税成本，有利于四川从缅甸进口贸易的发展。根据关税承诺表可计算得到税率变化对四川从缅甸进口成本的影响，加入 RCEP 的第一年，四川从缅甸进口前十位商品的成本将降低 11.90 万元。

表 MM-9　加入 RCEP 对四川进口缅甸前十位货物税率的影响

商品代码	商品名称	基准税率	第 1 年	第 5 年	第 10 年税率	第一年进口成本减少（万元）
23012010	饲料用鱼粉	2.0%	0.0%	0.0%	0.0%	3.31
44072990	未列名热带木木材，经纵锯、纵切、刨切或旋切，厚＞6mm	0.0%	0.0%	0.0%	0.0%	0
26100000	铬矿砂及其精矿	0.0%	0.0%	0.0%	0.0%	0
44219990	未列名木制品	/	/	/	/	不涉及
62029390	未列名化纤女式带风帽防寒短上衣、防风衣等	17.5%	15.8%	8.8%	0.0%	0.54
62105000	5903、5906 或 5907 的织物制其他女式服装	16.0%	0.0%	0.0%	0.0%	3.14
61023000	化纤针织或钩编女大衣，带帽防寒短上衣，风衣	17.5%	0.0%	0.0%	0.0%	2.45
62021390	未列名化纤女式大衣、雨衣、斗篷等	19.0%	0.0%	0.0%	0.0%	1.96
62019390	未列名化纤男式带风帽防寒短上衣、防风衣等	17.5%	15.8%	8.8%	0.0%	0.16
25151100	原状或粗加修整的大理石及石灰华	4.0%	0.0%	0.0%	0.0%	0.34

数据来源：《区域全面经济伙伴关系协定》中国关税承诺表

注：/ 表示不涉及。

4.5.2 中缅出口关税承诺

表 MM-10 反映了 2019 年重庆对缅甸出口前十位货物的关税变化趋势。由表可知，在 RCEP 签署后的第 1 年，除摩托车用零件、附件和车用往复活塞发动机（50ml ＜排量≤ 250ml）外，其余商品的税率均未发生变化或不涉及。随着时间的推移，关税承诺表所涉及部分商品的税率呈下降趋势，但手持（包括车载）式无线电话机和未列名点燃式活塞内燃发动机的税率在第 1

年到第 10 年均无变化。表明 RCEP 的签署，将会降低重庆出口缅甸部分商品的关税成本，长期来看有利于重庆汽摩等行业的发展。

表 MM-10 加入 RCEP 对重庆出口缅甸前十位货物税率的影响

商品代码	商品名称	基准税率	第 1 年	第 5 年	第 10 年税率
87112020	往复式内燃机摩托车等（100cc ＜排量≤ 125cc）	5.0%	5.0%	4.0%	3.0%
87141000	摩托车用零件、附件	5.0%	4.0%	3.0%	2.0%
53110012	苎麻≥ 85% 未漂白机织物	/	/	/	/
85171210	手持（包括车载）式无线电话机	10.0%	10.0%	10.0%	10.0%
84073200	车用往复活塞发动机（50ml ＜排量≤ 250ml）	5.0%	4.0%	3.0%	2.0%
84099199	其他点燃式活塞内燃发动机的零件	/	/	/	/
87112040	往复式内燃机摩托车等（150cc ＜排量≤ 200cc）	/	/	/	/
87112050	往复式内燃机摩托车等（200cc ＜排量≤ 250cc）	/	/	/	/
87112030	往复式内燃机摩托车等（125cc ＜排量≤ 150cc）	/	/	/	/
84079090	未列名点燃式活塞内燃发动机	1.0%	1.0%	1.0%	1.0%

数据来源：《区域全面经济伙伴关系协定》缅甸关税承诺表

注：/ 表示不涉及。

表 MM-11 反映了 2019 年四川对缅甸出口前十位货物的关税变化趋势。由表可知，在 RCEP 签署后的第 1 年，除未列名胶粘敷料及其他有胶粘涂层的物品、光学仪器用未经光学加工的光学元件毛坯和硫化钠外，其余商品的税率均未发生变化或不涉及。随着时间的推移，关税承诺表所涉及部分商品的税率呈下降趋势，但其他输出功率≤ 14kw 的压燃式活塞内燃发动机、氰化钠和手持（包括车载）式无线电话机的税率在第 1 年到第 10 年均无变化。表明 RCEP 的签署，将会降低四川出口缅甸部分商品的关税成本，有利于四川汽摩、化学工业等行业的出口和发展。

表 MM-11　加入 RCEP 对四川出口缅甸前十位货物税率的影响

商品代码	商品名称	基准税率	第 1 年	第 5 年	第 10 年税率
87112020	往复式内燃机摩托车等（100cc ＜排量≤ 125cc）	5.0%	5.0%	4.0%	3.0%
30051090	未列名胶粘敷料及其他有胶粘涂层的物品	2.0%	0.0%	0.0%	0.0%
70140010	光学仪器用未经光学加工的光学元件毛坯	5.0%	4.0%	3.0%	2.0%
84089091	其他输出功率≤ 14kw 的压燃式活塞内燃发动机	1.0%	1.0%	1.0%	1.0%
87042230	其他柴油货车（5 吨＜车总重≤ 14 吨）	/	/	/	/
28371110	氰化钠	1.0%	1.0%	1.0%	1.0%
31021000	尿素（不论是否水溶液）	0.0%	0.0%	0.0%	0.0%
53110012	苎麻≥ 85% 未漂白机织物	/	/	/	/
28301010	硫化钠	1.0%	0.0%	0.0%	0.0%
85171210	手持式无线电话机	10.0%	10.0%	10.0%	10.0%

数据来源:《区域全面经济伙伴关系协定》缅甸关税承诺表

注：/ 表示不涉及。

5　泰国

5.1 成渝双城经济圈与泰国货物贸易总览

由表 TH-1 可知，2019 年，成渝对泰国货物进出口总额为 248.02 亿元，占成渝对全球货物进出口总额的 4.07%。其中出口额为 97.48 亿元，占成渝出口全球货物总额的 2.55%，进口额为 150.54 亿元，占成渝从全球进口货物总额的6.86%，贸易逆差53.06亿元。重庆对泰国货物进出口总额为164.27亿元，占重庆对全球货物进出口总额的 2.84%。其中，出口额为 42.44 亿元，占重庆出口全球货物总额的 1.14%，进口额为 121.83 亿元，占重庆从全球进口货物总额的 5.86%，贸易逆差 79.39 亿元。四川对泰国货物进出口总额为 83.75 亿元，占四川对全球货物进出口总额的 1.23%。其中，出口额为 55.04 亿元，占四川出口全球货物总额的 1.41%，进口额为 28.71 亿元，占四川从全球货物进口总额的 0.99%，贸易顺差 26.33 亿元。

表 TH-1　2019 年成渝对泰国进出口情况

单位：亿元、%

	进口额	占比	出口额	占比	进出口总额	占比	顺 / 逆差
重庆	121.83	5.86	42.44	1.14	164.27	2.84	–79.39
四川	28.71	0.99	55.04	1.41	83.75	1.23	26.33
成渝	150.54	6.86	97.48	2.55	248.02	4.07	–53.06

数据来源：中国海关总署

5.2 重庆与泰国货物贸易情况

5.2.1 重庆从泰国进口情况

2019 年，重庆从泰国进口货物排前十位的是硬盘驱动器，4001 所列产品与本编码所列产品的混合物，鲜龙眼，技术分类天然橡胶（TSNR），鲜榴莲，其他集成电路，四层及以下的印刷电路，未列名点燃式活塞内燃发动机，鲜或干的山竹果，品目 8471 所列其他机器的零件、附件。其中，硬盘驱动器进口额最高，达到 601344.02 万元，占重庆从泰国进口总额的 49.36%；其次是

4001 所列产品与本编码所列产品的混合物，达到 277517.91 万元，占重庆从泰国进口总额的 22.78%；进口额排名第三的产品为鲜龙眼，达到 79052.79 万元，占重庆从泰国进口总额的 6.49%。排名前十位产品的进口总额为 113.18 亿元，占比高达 92.90%。从商品类别来看，重庆从泰国进口排名前十的主要商品类别为机器、机械器具、电气设备及其零件、橡胶及其制品和食用水果及坚果（见表 TH–2）。

表 TH–2　2019 年重庆从泰国进口货物前十位

单位：万元、%

商品编码	商品名称	商品类别	进口额	占比	排名
84717010	硬盘驱动器	机器、机械器具、电气设备及其零件	601344.02	49.36	1
40028000	4001 所列产品与本编码所列产品的混合物	橡胶及其制品	277517.91	22.78	2
08109030	鲜龙眼	食用水果及坚果	79052.79	6.49	3
40012200	技术分类天然橡胶（TSNR）	橡胶及其制品	60353.42	4.95	4
08106000	鲜榴莲	食用水果及坚果	28632.97	2.35	5
85423990	其他集成电路	电机、电气设备及其零件	21563.09	1.77	6
85340090	四层及以下的印刷电路	电机、电气设备及其零件	18534.56	1.52	7
84079090	未列名点燃式活塞内燃发动机	机器、机械器具、电气设备及其零件	16648.62	1.37	8
08045030	鲜或干的山竹果	食用水果及坚果	14462.41	1.19	9
84733090	品目 8471 所列其他机器的零件、附件	机器、机械器具、电气设备及其零件	13679.22	1.12	10

数据来源：中国海关总署

5.2.2 重庆对泰国出口情况

2019 年，重庆出口到泰国货物排前十位的是其他重量不超过 10 千克的便携式自动数据处理设备，微型机的处理部件，无线网络接口卡，微型自动数据处理机，系统形式的微型机，摩托车（包括机器脚踏两用车）用零件、附件，铝合金矩形板、片（0.2mm ＜厚＜ 0.28mm），其他用作存储器的集成电路、其他具有打复印及传真两种及以上功能的机器，高锰酸钾。其中，其他重量不超过 10 千克的便携式自动数据处理设备出口额最高，达到 190977.02

万元，占重庆出口泰国货物总额的 45%；其次是微型机的处理部件，达到 19606.38 万元，占重庆出口泰国货物总额的 4.62%；排名第三的产品为无线网络接口卡，达到 18420.19 万元，占重庆出口泰国货物总额的 4.34%。排名前十位产品的出口总额为 27.67 亿元，占比为 65.21%。从商品类别来看，重庆出口泰国排名前十的主要商品类别为机器、机械器具、电机、电气设备及其零件（见表 TH-3）。

表 TH-3　2019 年重庆出口泰国货物前十位

单位：万元、%

商品编码	商品名称	商品类别	出口额	占比	排名
84713090	其他重量不超过 10 千克的便携式自动数据处理设备	机器、机械器具、电气设备及其零件	190977.02	45.00	1
84715040	微型机的处理部件	机器、机械器具、电气设备及其零件	19606.38	4.62	2
85176292	无线网络接口卡	电机、电气设备及其零件	18420.19	4.34	3
84714140	微型自动数据处理机	机器、机械器具、电气设备及其零件	10745.82	2.53	4
84714940	系统形式的微型机	机器、机械器具、电气设备及其零件	9582.08	2.26	5
87141000	摩托车（包括机器脚踏两用车）用零件、附件	车辆、航空器、船舶及有关运输设备	7033.56	1.66	6
76061220	铝合金矩形板、片（0.2mm ＜厚＜ 0.28mm）	贱金属及其制品	6130.91	1.44	7
85423290	其他用作存储器的集成电路	电机、电气设备及其零件	5510.57	1.30	8
84433190	其他具有打复印及传真两种及以上功能的机器	机器、机械器具、电气设备及其零件	4480.98	1.06	9
28416100	高锰酸钾	无机化学品	4259.87	1.00	10

数据来源：中国海关总署

5.3 四川与泰国货物贸易情况

5.3.1 四川从泰国进口情况

2019 年，四川从泰国进口货物排前十位的是手持式无线电话机的零件

（天线除外），片式钽电容器，品目 8471 所列其他机器的零件、附件，鲜榴莲，其他集成电路，硬盘驱动器，其他活的对虾及活、鲜或冷的小虾（种苗除外），集成电路的零件，鲜或干的山竹果，其他用作处理器及控制器的集成电路。其中，手持式无线电话机的零件（天线除外）进口额最高，达到 54087.49 万元，占四川从泰国进口总额的 18.84%；其次是片式钽电容器，达到 32575.73 万元，占四川从泰国进口总额的 11.35%；进口额排名第三的产品为品目 8471 所列其他机器的零件、附件，达到 24880.21 万元，占四川从泰国进口总额的 8.67%。排名前十位产品的进口总额为 22 亿元，占比高达 76.65%。从商品类别来看，四川从泰国进口排名前十的主要商品类别为机器、机械器具、电机、电气设备及其零件（见表 TH-4）。

表 TH-4　2019 年四川从泰国进口货物前十位

单位：万元、%

商品编码	商品名称	商品类别	进口额	占比	排名
85177030	手持式无线电话机的零件（天线除外）	电机、电气设备及其零件	54087.49	18.84	1
85322110	片式钽电容器	电机、电气设备及其零件	32575.73	11.35	2
84733090	品目 8471 所列其他机器的零件、附件	机器、机械器具、电气设备及其零件	24880.21	8.67	3
08106000	鲜榴莲	食用水果及坚果	23263.80	8.10	4
85423990	其他集成电路	电机、电气设备及其零件	18123.81	6.31	5
84717010	硬盘驱动器	机器、机械器具、电气设备及其零件	17617.08	6.14	6
03063690	其他活的对虾及活、鲜或冷的小虾（种苗除外）	鱼、甲壳动物、软体动物及其他水生无脊椎动物	17610.74	6.13	7
85429000	集成电路的零件	电机、电气设备及其零件	12828.68	4.47	8
08045030	鲜或干的山竹果	食用水果及坚果	12257.13	4.27	9
85423190	其他用作处理器及控制器的集成电路	电机、电气设备及其零件	68，279，668	2.38	10

数据来源：中国海关总署

5.3.2 四川对泰国出口情况

2019 年，四川出口到泰国货物排前十位的是平板电脑、其他重量不超过

2019 年，四川出口到泰国货物排前十位的是平板电脑，其他重量不超过 10 千克的便携式自动数据处理设备，手持式无线电话机的零件（天线除外），其他用作处理器及控制器的集成电路，钢轨，钛白粉，未列名电灯及照明装置，三聚氰胺（蜜胺），未列名食品，稀土的永磁铁及磁化后准备制永磁铁的物品。其中，平板电脑出口额最高，达到 149525.38 万元，占四川出口泰国货物总额的 27.17%；其次是其他重量不超过 10 千克的便携式自动数据处理设备，出口额为 82794.20 万元，占四川出口泰国货物总额的 15.04%；排名第三的产品为手持式无线电话机的零件（天线除外），达到 75187.07 万元，占四川出口泰国货物总额的 13.66%。排名前十位产品的出口总额为 37.60 亿元，占比为 68.33%。从商品类别来看，四川出口泰国排名前十的主要商品类别为电机、机器、机械器具、电气设备及其零件（见表 TH-5）。

表 TH-5　2019 年四川出口泰国货物前十位

单位：万元、%

商品编码	商品名称	商品类型	出口额	占比	排名
84713010	平板电脑	机器、机械器具、电气设备及其零件	149525.38	27.17	1
84713090	其他重量不超过 10 千克的便携式自动数据处理设备	机器、机械器具、电气设备及其零件	82794.20	15.04	2
85177030	手持式无线电话机的零件（天线除外）	电机、电气设备及其零件	75187.07	13.66	3
85423190	其他用作处理器及控制器的集成电路	电机、电气设备及其零件	17182.60	3.12	4
73021000	钢轨	钢铁制品	13283.45	2.41	5
32061110	钛白粉	化学工业及相关工业的产品	10771.29	1.96	6
94054090	未列名电灯及照明装置	杂项制品	8721.33	1.58	7
29336100	三聚氰胺（蜜胺）	化学工业及相关工业的产品	7022.12	1.28	8
21069090	未列名食品	杂项食品	5821.86	1.06	9
85051110	稀土的永磁铁及磁化后准备制永磁铁的物品	电机、电气设备及其零件	5724.17	1.04	10

数据来源：中国海关总署

5.4 重庆与四川对泰国货物贸易的对比分析

5.4.1 贸易数量

由图 TH–1 可知，重庆对泰国货物贸易的进口额和进出口总额高于四川，但出口额却低于四川。具体来看，重庆从泰国货物进口额为 121.83 亿元，比四川多 93.12 亿元；重庆对泰国的货物出口额为 42.44 亿元，比四川少 12.6 亿元；重庆和四川对泰国的货物进出口总额分别为 164.27 亿元和 83.75 亿元，差距高达 80.52 亿元。同时，重庆与泰国逆差 79.39 亿元，而四川与泰国顺差 26.33 亿元。

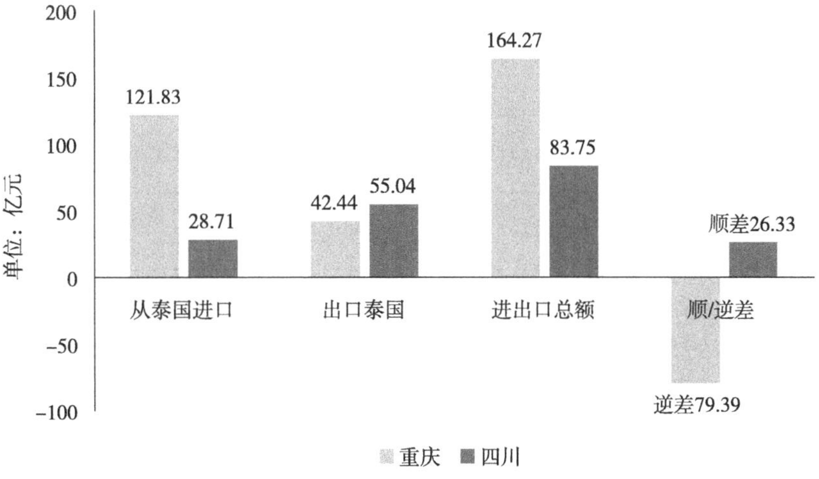

图 TH–1　2019 年重庆与四川对泰国货物贸易的总额对比

5.4.2 贸易结构

TH–6 展示了 2019 年重庆和四川从泰国进口货物排名前十的商品名称、商品类别、进口额以及占比情况。从表中可知，重庆和四川从泰国进口排名前十的商品同质较高，且商品类别差异更小。重庆和四川从泰国进口的前十商品中，相同的商品有硬盘驱动器、鲜龙眼、鲜榴莲、其他集成电路、鲜或干的山竹果、品目 8471 所列其他机器的零件、附件，且商品类别均聚焦在电机、机器、机械器具、电气设备及其零件、食用水果及坚果。通过对比发现，重庆与四川对泰国的产品进口结构存在明显相似性，在与泰国的进口贸易中存在一定的竞争关系。

表 TH-6　2019 年重庆与四川对泰国进口货物贸易的结构对比

单位：万元、%

重庆				四川			
商品名称	类别	进口额	占比	商品名称	类别	进口额	占比
硬盘驱动器	机器、机械器具、电气设备及其零件	601344.02	49.36	手持式无线电话机的零件（天线除外）	电机、电气设备及其零件	54087.49	18.84
4001 所列产品与本编码所列产品的混合物	橡胶及其制品	277517.91	22.78	片式钽电容器	电机、电气设备及其零件	32575.73	11.35
鲜龙眼	食用水果及坚果	79052.79	6.49	品目 8471 所列其他机器的零件、附件	机器、机械器具、电气设备及其零件	24880.21	8.67
技术分类天然橡胶（TSNR）	橡胶及其制品	60353.42	4.95	鲜榴莲	食用水果及坚果	23263.80	8.10
鲜榴莲	食用水果及坚果	28632.97	2.35	其他集成电路	电机、电气设备及其零件	18123.81	6.31
其他集成电路	电机、电气设备及其零件	21563.09	1.77	硬盘驱动器	机器、机械器具、电气设备及其零件	17617.08	6.14
四层及以下的印刷电路	电机、电气设备及其零件	18534.56	1.52	其他活的对虾及活、鲜或冷的小虾（种苗除外）	鱼、甲壳动物、软体动物及其他水生无脊椎动物	17610.74	6.13
未列名点燃式活塞内燃发动机	机器、机械器具、电气设备及其零件	16648.62	1.37	集成电路的零件	电机、电气设备及其零件	12828.68	4.47
鲜或干的山竹果	食用水果及坚果	14462.41	1.19	鲜或干的山竹果	食用水果及坚果	12257.13	4.27
品目 8471 所列其他机器的零件、附件	机器、机械器具、电气设备及其零件	13679.22	1.12	其他用作处理器及控制器的集成电路	电机、电气设备及其零件	68，279，668	2.38

数据来源：中国海关总署

TH-7 展示了 2019 年重庆和四川对泰国出口货物排名前十的商品名称、商品类别、进口额以及占比情况。从表中可知，重庆和四川对泰国出口排名前十的商品同质性较低，但商品类别差异较小。重庆和四川对泰国出口的前十商品中，相同的商品仅有其他重量不超过 10 千克的便携式自动数据处理设备和其他用作存储器的集成电路，但商品类别均聚焦在电机、机器、机械器具、电气设备及其零件。通过对比发现，重庆与四川对泰国的产品出口结构存在较高相似性，在与泰国的出口贸易中也存在一定的竞争关系。

表 TH–7　2019 年重庆与四川对泰国出口货物贸易的结构对比

单位：万元、%

重庆				四川			
商品名称	类别	出口额	占比	商品名称	类别	出口额	占比
其他重量不超过 10 千克的便携式自动数据处理设备	机器、机械器具、电气设备及其零件	190977.02	45.00	平板电脑	机器、机械器具、电气设备及其零件	149525.38	27.17
微型机的处理部件	机器、机械器具、电气设备及其零件	19606.38	4.62	其他重量不超过 10 千克的便携式自动数据处理设备	机器、机械器具、电气设备及其零件	82794.20	15.04
无线网络接口卡	电机、电气设备及其零件	18420.19	4.34	手持式无线电话机的零件（天线除外）	电机、电气设备及其零件	75187.07	13.66
微型自动数据处理机	机器、机械器具、电气设备及其零件	10745.82	2.53	其他用作处理器及控制器的集成电路	电机、电气设备及其零件	17182.60	3.12
系统形式的微型机	机器、机械器具、电气设备及其零件	9582.08	2.26	钢轨	钢铁制品	13283.45	2.41
摩托车（包括机器脚踏两用车）用零件、附件	车辆、航空器、船舶及有关运输设备	7033.56	1.66	钛白粉	化学工业及相关工业的产品	10771.29	1.96
铝合金矩形板、片（0.2mm ＜厚＜ 0.28mm）	贱金属及其制品	6130.91	1.44	未列名电灯及照明装置	杂项制品	8721.33	1.58
其他用作存储器的集成电路	电机、电气设备及其零件	5510.57	1.30	三聚氰胺（蜜胺）	化学工业及相关工业的产品	7022.12	1.28

续表

重庆				四川			
其他具有打复印及传真两种及以上功能的机器	机器、机械器具、电气设备及其零件	4480.98	1.06	未列名食品	杂项食品	5821.86	1.06
高锰酸钾	无机化学品	4259.87	1.00	稀土的永磁铁及磁化后准备制永磁铁的物品	电机、电气设备及其零件	5724.17	1.04

数据来源：中国海关总署

5.5 中泰关税承诺的对比及影响

根据《区域全面经济伙伴关系协定》（RCEP），泰国的关税承诺表主要体现在《泰国共同减让清单》中，此清单适用于其他 14 个国家，共 265 页，几乎涵盖所有的大类。而根据《泰国对中国部分产品关税承诺表》，并基于前文的统计基础，下面的表 TH-8—TH-11 列出了重庆和四川进出口泰国前十位商品的关税承诺表。

5.5.1 中泰进口关税承诺

从表格可以看出：第一，就成渝双城经济圈进口泰国的前十位商品而言，重庆比四川对进口泰国关税减免的覆盖范围更广。其中，重庆与四川各有 1 类商品不涉及关税减免。第二，RCEP 实施之后，成渝两地从泰国进口的前十位商品中，除了税率持续为 0% 的商品外，其他商品的进口税率都有逐渐下降的趋势。第三，经过测算发现 RCEP 实施之后的第 1 年，重庆从泰国进口前十位商品可以节省成本 19460.76 万元，四川从泰国进口前十位商品可以节省成本达到 6491.33 万元，成渝双城经济圈从泰国进口前十位商品可以节省成本合计为 25952.09 万元。

表 TH-8 加入 RCEP 对重庆进口泰国前十位货物税率的影响

商品代码	产品名称	基准税率	第 1 年	第 5 年	第 10 年税率	第 1 年进口成本减少（万元）
84717010	硬盘驱动器	0%	0%	0%	0%	0
40028000	4001 所列产品与本编码所列产品的混合物	7.5%	6.8%	3.8%	0%	1878.70

续表

商品代码	产品名称	基准税率	第 1 年	第 5 年	第 10 年税率	第 1 年进口成本减少（万元）
08109030	鲜龙眼	12%	0%	0%	0%	9486.33
40012200	技术分类天然橡胶（TSNR）	20%	U	U	U	0
08106000	鲜榴莲	20%	0%	0%	0%	5726.59
85423990	其他集成电路	0%	0%	0%	0%	0
85340090	四层及以下的印刷电路	0%	0%	0%	0%	0
84079090	未列名点燃式活塞内燃发动机	18%	16.8%	12.0%	6.0%	199.78
08045030	鲜或干的山竹果	15%	0%	0%	0%	2169.36
84733090	品目 8471 所列其他机器的零件、附件	0%	0%	0%	0%	0

数据来源：《区域全面经济伙伴关系协定》中国关税承诺表

注：U 表示产品排除在降低关税或取消关税的承诺之外。

表 TH-9　加入 RCEP 对四川进口泰国前十位货物税率的影响

商品代码	产品名称	基准税率	第 1 年	第 5 年	第 10 年税率	第 1 年进口成本减少（万元）
76061220	手持式无线电话机的零件（天线除外）	0%	0%	0%	0%	0
28416100	片式钽电容器	0%	0%	0%	0%	0
76061259	鲜榴莲	20%	0%	0%	0%	4652.76
84079090	品目 8471 所列其他机器的零件、附件	0%	0%	0%	0%	0
31054000	其他活的对虾及活、鲜或冷的小虾（种苗除外）	无	无	无	无	0
84089091	硬盘驱动器	0%	0%	0%	0%	0
84137099	集成电路的零件	0%	0%	0%	0%	0
76061230	鲜或干的山竹果	15%	0%	0%	0%	1838.57
63026010	其他集成电路	0%	0%	0%	0%	0
85423190	其他用作处理器及控制器的集成电路	0%	0%	0%	0%	0

数据来源：《区域全面经济伙伴关系协定》中国关税承诺表

5.5.2 中泰出口关税承诺

从表格可以看出：第一，就成渝双城经济圈出口泰国的前十位商品而言，重庆比四川对出口泰国关税减免的覆盖范围更广。第二，RCEP 实施之后，成渝两地对泰国出口的前十位商品中，除了税率持续为 0% 的商品外，其他商品的出口税率都呈逐渐下降的趋势。第三，成渝双城经济圈出口泰国的前十位商品中，绝大多数商品的税率均在第十年及以后变为 0%。

表 TH-10　加入 RCEP 对重庆出口泰国前十位货物税率的影响

商品编码	商品名称	基准税率	第 1 年	第 5 年	第 10 年
84715040	微型机的处理部件	0%	0%	0%	0%
85176292	无线网络接口卡	0%	0%	0%	0%
84714140	微型自动数据处理机	0%	0%	0%	0%
84714940	系统形式的微型机	0%	0%	0%	0%
87141000	摩托车（包括机器脚踏两用车）用零件、附件	30.0%	28.5%	22.5%	15.0%
76061220	铝合金矩形板、片（0.2mm <厚< 0.28mm）	6.0%	5.4%	3.0%	0%
85423290	其他用作存储器的集成电路	5%	4.50%	2.50%	4.50%
84433190	其他具有打复印及传真两种及以上功能的机器	0%	0%	0%	0%
28416100	高锰酸钾	5.5%	0%	0%	0%
84713090	其他重量不超过 10 千克的便携式自动数据处理设备	0%	0%	0%	0%

数据来源：《区域全面经济伙伴关系协定》中国关税承诺表

表 TH-11　加入 RCEP 对四川出口泰国前十位货物税率的影响

商品代码	产品名称	基准税率	第 1 年	第 5 年	第 10 年
84713010	平板电脑	0%	0%	0%	0%
84713090	其他重量不超过 10 千克的便携式自动数据处理设备	0%	0%	0%	0%
85177030	手持式无线电话机的零件（天线除外）	0%	0%	0%	0%
85423190	其他用作处理器及控制器的集成电路	0%	0%	0%	0%
73021000	钢轨	0.0%	1%	0.50%	0%

续表

商品代码	产品名称	基准税率	第 1 年	第 5 年	第 10 年
32061110	钛白粉	0.0%	0%	0%	0%
94054090	未列名电灯及照明装置	10.0%	9.0%	5.0%	0%
29336100	三聚氰胺（蜜胺）	0.0%	1%	0%	0%
21069090	未列名食品	0.0%	5%	2.50%	0%
85051110	稀土的永磁铁及磁化后准备制永磁铁的物品	7.0%	0%	0%	0%

数据来源：《区域全面经济伙伴关系协定》中国关税承诺表

从目前的关税承诺表我们可以预测到：随着泰国进口关税的削减，成渝地区双城经济圈对泰国的出口前十位商品将更具价格优势，出口额有可能会进一步增加。与此同时，RCEP 对成渝地区双城经济圈进口泰国前十位商品也具有关税削减的利好驱动。

6　菲律宾

6.1 成渝地区双城经济圈与菲律宾货物贸易总览

由表 PH–1 可知，2019 年，成渝对菲律宾货物进出口总额为 125.72 亿元，占成渝对全球货物进出口总额的 1%，其中出口额为 68.06 亿元，占成渝出口全球货物总额的 0.89%，进口额为 57.66 亿元，占成渝从全球进口货物总额的 1.16%，顺差为 10.4 亿元。重庆对菲律宾货物进出口总额为 74.38 亿元，占重庆对全球货物进出口总额的 1.28%，其中出口为 42.9 亿元，占重庆出口全球货物总额的 1.16%，进口为 31.48 亿元，占重庆从全球进口货物总额的 1.51%，顺差为 11.42 亿元。四川对菲律宾货物进出口总额为 51.34 亿元，占四川对全球货物进出口总额的 0.76%，其中出口为 25.16 亿元，占四川出口全球货物总额的 0.65%，进口为 26.18 亿元，占四川从全球货物进口总额的 0.91%，贸易逆差为 1.02 亿元。从货物贸易的平衡状况来看，成渝地区双城经济圈与菲律宾整体上货物出口额大于进口额，处于贸易顺差状态。

表 PH–1　2019 年成渝对菲律宾进出口情况

单位：亿元、%

	进口额	占比	出口额	占比	进出口总额	占比	顺 / 逆差
重庆	31.48	1.51	42.9	1.16	74.38	1.28	11.42
四川	26.18	0.91	25.16	0.65	51.34	0.76	–1.02
成渝	57.66	1.16	68.06	0.89	125.72	1.00	10.4

数据来源：中国海关总署

6.2 重庆与菲律宾货物贸易情况

6.2.1 重庆从菲律宾进口情况

2019 年，重庆从菲律宾进口货物排前十位的是：硬盘驱动器；品目 8471 所列其他机器的零件、附件；其他集成电路；其他用作处理器及控制器的集成电路；其他功率＜ 1kW 直流稳压电源，精度＜ 1/10000；耗散功率≥ 1 瓦的晶体管；其他用作放大器的集成电路；正辛醇；镍矿砂及其精矿；已装配的压电晶体。其中，硬盘驱动器进口额最高，达到127058.42万元，占重庆从菲律宾进口总额的40.36%；其次是品目8471所列其他机器的零件、附件，达到73815.31万元，占重庆从菲律宾进口总额的23.45%；进口额排名第三的产品为其他集成电路，达到43116.33万元，占重庆从菲律宾进口总额的13.70%。排名前十位产品的进口总额为30.42亿元，占比高达96.63%。从商品类别来看，重庆从菲律宾进口排名前十的主要商品类别为机器、机械器具、电气设备及其零件；录音机及放声机，电视图像，声音的录制和重放设备及其零件；化学工业及其相关工业的产品和矿产品（见表PH-2）。

表 PH-2　2019 年重庆从菲律宾进口货物前十位

单位：万元、%

商品编码	商品名称	商品类别	进口额	占比	排名
84717010	硬盘驱动器	机器、机械器具、电气设备及其零件；录音机及放声机，电视图像，声音的录制和重放设备及其零件	127058.42	40.36	1
84733090	品目8471所列其他机器的零件、附件	机器、机械器具、电气设备及其零件；录音机及放声机，电视图像，声音的录制和重放设备及其零件	73815.31	23.45	2
85423990	其他集成电路	机器、机械器具、电气设备及其零件；录音机及放声机，电视图像，声音的录制和重放设备及其零件	43116.33	13.70	3
85423190	其他用作处理器及控制器的集成电路	机器、机械器具、电气设备及其零件；录音机及放声机，电视图像，声音的录制和重放设备及其零件	38044.86	12.09	4
85044014	其他功率＜1kW直流稳压电源，精度＜1/10000	机器、机械器具、电气设备及其零件；录音机及放声机，电视图像，声音的录制和重放设备及其零件	10575.88	3.36	5
85412900	耗散功率≥1瓦的晶体管	机器、机械器具、电气设备及其零件；录音机及放声机，电视图像，声音的录制和重放设备及其零件	3500.78	1.11	6
85423390	其他用作放大器的集成电路	机器、机械器具、电气设备及其零件；录音机及放声机，电视图像，声音的录制和重放设备及其零件	3492.86	1.11	7
29051610	正辛醇	化学工业及其相关工业的产品	1783.83	0.57	8
26040000	镍矿砂及其精矿	矿产品	1681.74	0.53	9

续表

商品编码	商品名称	商品类别	进口额	占比	排名
85416000	已装配的压电晶体	机器、机械器具、电气设备及其零件；录音机及放声机，电视图像，声音的录制和重放设备及其零件	1124.84	0.36	10

数据来源：中国海关总署

6.2.2 重庆对菲律宾出口情况

2019 年，重庆出口到菲律宾货物排前十位的是：其他重量不超过 10 千克的便携式自动数据处理设备；往复式内燃机摩托车等，100cc ＜排量≤ 125cc；往复式内燃机摩托车等，125cc ＜排量≤ 150cc；仅装有点燃往复式活塞内燃发动机的小轿车，1000cc ＜排量≤ 1500cc；微型机的处理部件；往复式内燃机摩托车等，150cc ＜排量≤ 200cc；往复式内燃机摩托车等，50cc ＜排量≤ 100cc；未列名点燃式活塞内燃发动机；转速＜ 10000 转 / 分的其他离心泵；其他初级形状的氯丁二烯（氯丁）橡胶。

其中，其他重量不超过 10 千克的便携式自动数据处理设备出口额最高，达到 125101.48 万元，占重庆出口菲律宾货物总额的 29.16%；其次是往复式内燃机摩托车等，100cc ＜排量≤ 125cc，达到 62700.35 万元，占重庆出口菲律宾货物总额的 14.62%；排名第三的产品为往复式内燃机摩托车等，125cc ＜排量≤ 150cc，达到 43568.19 万元，占重庆出口菲律宾货物总额的 10.16%。排名前十位产品的出口总额为 33.73 亿元，占比为 78.62%。从商品类别来看，重庆出口菲律宾排名前十的主要商品类别为机器、机械器具、电气设备及其零件；录音机及放声机，电视图像，声音的录制和重放设备及其零件；车辆，航空器，船舶及有关运输设备；塑料及其制品；橡胶及其制品。（见表 PH-3）。

表 PH-3　2019 年重庆出口菲律宾货物前十位

单位：万元、%

商品编码	商品名称	商品类别	出口额	占比	排名
84713090	其他重量不超过 10 千克的便携式自动数据处理设备	机器、机械器具、电气设备及其零件；录音机及放声机，电视图像，声音的录制和重放设备及其零件	125101.48	29.16	1

续表

商品编码	商品名称	商品类别	出口额	占比	排名
87112020	往复式内燃机摩托车等，100cc ＜排量≤ 125cc	车辆，航空器，船舶及有关运输设备	62700.35	14.62	2
87112030	往复式内燃机摩托车等，125cc ＜排量≤ 150cc	车辆，航空器，船舶及有关运输设备	43568.19	10.16	3
87032230	仅装有点燃往复式活塞内燃发动机的小轿车，1000cc ＜排量≤ 1500cc	车辆，航空器，船舶及有关运输设备	39342.29	9.17	4
84715040	微型机的处理部件	机器、机械器具、电气设备及其零件；录音机及放声机，电视图像，声音的录制和重放设备及其零件	29821.30	6.95	5
87112040	往复式内燃机摩托车等，150cc ＜排量≤ 200cc	车辆，航空器，船舶及有关运输设备	15654.67	3.65	6
87112010	往复式内燃机摩托车等，50cc ＜排量≤ 100cc	车辆，航空器，船舶及有关运输设备	7941.04	1.85	7
84079090	未列名点燃式活塞内燃发动机	机器、机械器具、电气设备及其零件；录音机及放声机，电视图像，声音的录制和重放设备及其零件	6666.58	1.55	8
84137099	转速＜ 10000 转 / 分的其他离心泵	机器、机械器具、电气设备及其零件；录音机及放声机，电视图像，声音的录制和重放设备及其零件	3477.13	0.81	9
40024910	其他初级形状的氯丁二烯（氯丁）橡胶	塑料及其制品；橡胶及其制品	2985.82	0.70	10

数据来源：中国海关总署

6.3 四川与菲律宾货物贸易情况

6.3.1 四川从菲律宾进口情况

2019 年，四川从菲律宾进口货物排前十位的是硬盘驱动器；其他集成电路；其他用作处理器及控制器的集成电路；四层以上的印刷电路；品目 8471 所列其他机器的零件、附件；未列名风机、风扇；褐煤，不论是否粉化，但未制成型；镍矿砂及其精矿；其他用作放大器的集成电路；耗散功率≥1瓦的晶体管。其中，硬盘驱动器进口额最高，达到50821.78万元，占四川从菲律宾进口总额的19.42%；其次是其他集成电路，达到38168.93万元，占四川从菲律宾进口总额的14.58%；进口额排名第三的产品为其他用作处理器及控制器的集成电路，达到33736.53万元，占四川从菲律宾进口总额的12.89%。排名前十位产品的进口总额为23.57亿元，占比高达90.03%。从商品类别看，四川从菲律宾进口排名前十的主要商品类别为机器、机械器具、电气设备及其零件；录音机及放声机、电视图像、声音的录制和重放设备及其零件；矿产品。（见表 PH-4）。

表 PH-4　2019 年四川从菲律宾进口货物前十位

单位：万元、%

商品编码	商品名称	商品类别	进口额	占比	排名
84717010	硬盘驱动器	机器、机械器具、电气设备及其零件；录音机及放声机、电视图像、声音的录制和重放设备及其零件	50821.78	19.42	1
85423990	其他集成电路	机器、机械器具、电气设备及其零件；录音机及放声机、电视图像、声音的录制和重放设备及其零件	38168.93	14.58	2
85423190	其他用作处理器及控制器的集成电路	机器、机械器具、电气设备及其零件；录音机及放声机、电视图像、声音的录制和重放设备及其零件	33736.53	12.89	3
85340010	四层以上的印刷电路	机器、机械器具、电气设备及其零件；录音机及放声机、电视图像、声音的录制和重放设备及其零件	27112.24	10.36	4
84733090	品目 8471 所列其他机器的零件、附件	机器、机械器具、电气设备及其零件；录音机及放声机、电视图像、声音的录制和重放设备及其零件	23958.87	9.15	5
84145990	未列名风机、风扇	机器、机械器具、电气设备及其零件；录音机及放声机、电视图像、声音的录制和重放设备及其零件	19928.69	7.61	6
27021000	褐煤，不论是否粉化，但未制成型	矿产品	17770.69	6.79	7
26040000	镍矿砂及其精矿	矿产品	11474.68	4.38	8
85423390	其他用作放大器的集成电路	机器、机械器具、电气设备及其零件；录音机及放声机、电视图像、声音的录制和重放设备及其零件	6422.33	2.45	9

续表

商品编码	商品名称	商品类别	进口额	占比	排名
85412900	耗散功率≥1瓦的晶体管	机器、机械器具、电气设备及其零件；录音机及放声机、电视图像、声音的录制和重放设备及其零件	6263.02	2.39	10

数据来源：中国海关总署

6.3.2 四川对菲律宾出口情况

2019年，四川出口到菲律宾货物排前十位的是其他用作处理器及控制器的集成电路；未列名调味汁及其制品、混合调味品；其他处理部件；手持（包括车载）式无线电话机；其他表面活性剂制品、洗涤剂及清洁剂；发光二极管（LED）灯泡（管）；钛白粉；未列名化学工业及其相关工业的化学产品及配制品；未列名玩具及模型；微型机的处理部件。其中，其他用作处理器及控制器的集成电路出口额最高，达到46939.94万元，占四川出口菲律宾货物总额的18.66%；其次是未列名调味汁及其制品、混合调味品；出口额为23776.70万元，占四川出口菲律宾货物总额的9.45%；排名第三的产品为其他处理部件，达到9185.85万元，占四川出口菲律宾货物的3.65%。排名前十位产品的出口总额为11.9亿元，占比为47.3%。从商品类别来看，四川出口菲律宾排名前十的主要商品类别为机器、机械器具、电气设备及其零件；录音机及放声机、电视图像、声音的录制和重放设备及其零件；食品；饮料，酒及醋；烟草，烟草及烟草代用品的制品；化学工业及其相关工业的产品；杂项制品（见表PH–5）。

表 PH–5 2019年四川出口菲律宾货物前十位

单位：万元、%

商品编码	商品名称	商品类型	出口额	占比	排名
85423190	其他用作处理器及控制器的集成电路	机器、机械器具、电气设备及其零件；录音机及放声机、电视图像、声音的录制和重放设备及其零件	46939.94	18.66	1
21039090	未列名调味汁及其制品、混合调味品	食品；饮料，酒及醋；烟草，烟草及烟草代用品的制品	23776.70	9.45	2

续表

商品编码	商品名称	商品类型	出口额	占比	排名
84715090	其他处理部件	机器、机械器具、电气设备及其零件；录音机及放声机、电视图像、声音的录制和重放设备及其零件	9185.85	3.65	3
85171210	手持（包括车载）式无线电话机	机器、机械器具、电气设备及其零件；录音机及放声机、电视图像、声音的录制和重放设备及其零件	8198.50	3.26	4
34029000	其他表面活性剂制品、洗涤剂及清洁剂	化学工业及其相关工业的产品	7415.71	2.95	5
85395000	发光二极管（LED）灯泡（管）	机器、机械器具、电气设备及其零件；录音机及放声机、电视图像、声音的录制和重放设备及其零件	6867.66	2.73	6
32061110	钛白粉	化学工业及其相关工业的产品	5000.49	1.99	7
38249999	未列名化学工业及其相关工业的化学产品及配制品	化学工业及其相关工业的产品	4474.45	1.78	8
95030089	未列名玩具及模型	杂项制品	3684.54	1.46	9
84715040	微型机的处理部件	机器、机械器具、电气设备及其零件；录音机及放声机、电视图像、声音的录制和重放设备及其零件	3459.10	1.37	10

数据来源：中国海关总署

6.4 重庆与四川对菲律宾货物贸易的对比分析

6.4.1 贸易数量

由图 PH–1 可知，重庆对菲律宾货物贸易的出口额、进口额、进出口总额以及顺差均高于四川。具体来看，重庆从菲律宾货物进口额为 31.48 亿元，是四川从菲律宾货物进口额的 1.2 倍；重庆对菲律宾的货物出口额为 42.9 亿元，是四川对菲律宾的货物出口额的 1.71 倍；货物进出口总额为 74.38 亿元，是四川从菲律宾货物进出口总额的 1.45 倍。同时，重庆对菲律宾货物贸易的顺差为 11.42 亿元，四川对菲律宾货物贸易为逆差，逆差金额为 1.02 亿元。与四川相比，重庆对菲律宾的货物贸易具有绝对优势。

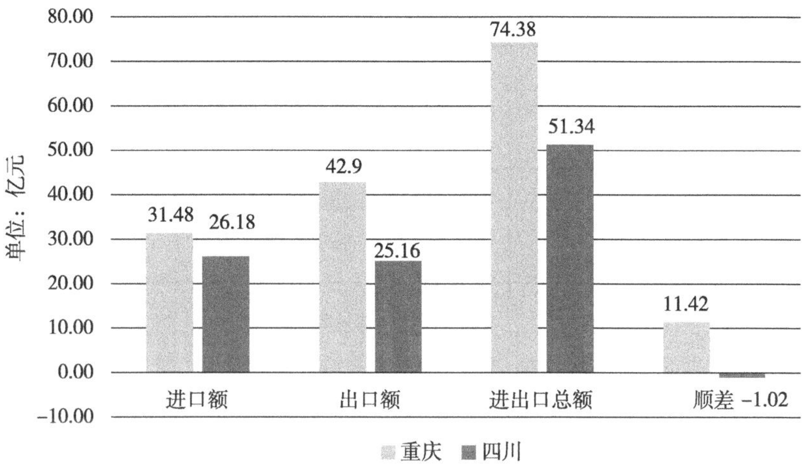

图 PH-1　2019 年重庆与四川对菲律宾货物贸易数量对比

6.4.2 贸易结构

PH-6 展示了 2019 年重庆和四川从菲律宾进口货物排名前十的商品名称、进口额以及占比情况。从表中可知，重庆和四川从菲律宾进口排名前十的货物结构较为相似，从商品类别来看，均属于机器、机械器具、电气设备及其零件；录音机及放声机，电视图像，声音的录制和重放设备及其零件；矿产品。从集中度来看，重庆从菲律宾进口的商品较为集中，排在首位的硬盘驱动器占总额四成以上。四川从菲律宾进口的商品集中度不如重庆，排在首位的虽然也是硬盘驱动器，但其所占比例不到总额的 2 成。由以上分析可知，重庆与四川从菲律宾进口的产品类别相似度较高，具体产品也较为相似。因此，在与菲律宾的进口贸易中，两地存在明显的竞争关系。

表 PH-6　2019 年重庆与四川从菲律宾进口货物贸易结构对比

单位：万元、%

重庆			四川		
商品名称	进口额	占比	商品名称	进口额	占比
硬盘驱动器	127058.42	40.36	硬盘驱动器	50821.78	19.42
品目 8471 所列其他机器的零件、附件	73815.31	23.45	其他集成电路	38168.93	14.58
其他集成电路	43116.33	13.70	其他用作处理器及控制器的集成电路	33736.53	12.89

续表

重庆			四川		
其他用作处理器及控制器的集成电路	38044.86	12.09	四层以上的印刷电路	27112.24	10.36
其他功率＜ 1kW 直流稳压电源，精度＜ 1/10000	10575.88	3.36	品目 8471 所列其他机器的零件、附件	23958.87	9.15
耗散功率≥ 1 瓦的晶体管	3500.78	1.11	未列名风机、风扇	19928.69	7.61
其他用作放大器的集成电路	3492.86	1.11	褐煤，不论是否粉化，但未制成型	17770.69	6.79
正辛醇	1783.83	0.57	镍矿砂及其精矿	11474.68	4.38
镍矿砂及其精矿	1681.74	0.53	其他用作放大器的集成电路	6422.33	2.45
已装配的压电晶体	1124.84	0.36	耗散功率≥ 1 瓦的晶体管	6263.02	2.39

数据来源：中国海关总署

PH-7 展示了 2019 年重庆和四川对菲律宾出口货物排名前十的商品名称、出口额以及占比情况。从表中可知，重庆和四川对菲律宾出口排名前十的商品类别差异较小。重庆对菲律宾出口的商品种类主要是三类：机器、机械器具、电气设备及其零件；录音机及放声机，电视图像，声音的录制和重放设备及其零件；车辆，航空器，船舶及有关运输设备；塑料及其制品、橡胶及其制品。四川对菲律宾出口的商品种类主要是四类：机器、机械器具、电气设备及其零件；录音机及放声机、电视图像、声音的录制和重放设备及其零件；食品；饮料，酒及醋；烟草，烟草及烟草代用品的制品；化学工业及其相关工业的产品；杂项制品。通过对比发现，重庆与四川对菲律宾的产品出口结构相似度较大，均以机器、机械器具、电气设备及其零件；录音机及放声机，电视图像，声音的录制和重放设备及其零件产品为主，但从具体产品来看，重庆与四川对菲律宾的出口的产品又具有差异。因此，在与菲律宾的出口贸易中，两地不会构成明显的竞争关系。

表 PH-7 2019 年重庆与四川对菲律宾出口货物贸易的结构对比

单位：万元、%

重庆			四川		
商品名称	出口额	占比	商品名称	出口额	占比
其他重量不超过 10 千克的便携式自动数据处理设备	125101.48	29.16	其他用作处理器及控制器的集成电路	46939.94	18.66
往复式内燃机摩托车等，100cc ＜排量≤ 125cc	62700.35	14.62	未列名调味汁及其制品、混合调味品	23776.70	9.45
往复式内燃机摩托车等，125cc ＜排量≤ 150cc	43568.19	10.16	其他处理部件	9185.85	3.65
仅装有点燃往复式活塞内燃发动机的小轿车，1000cc ＜排量≤ 1500cc	39342.29	9.17	手持（包括车载）式无线电话机	8198.50	3.26
微型机的处理部件	29821.30	6.95	其他表面活性剂制品、洗涤剂及清洁剂	7415.71	2.95
往复式内燃机摩托车等，150cc ＜排量≤ 200cc	15654.67	3.65	发光二极管（LED）灯泡（管）	6867.66	2.73
往复式内燃机摩托车等，50cc ＜排量≤ 100cc	7941.04	1.85	钛白粉	5000.49	1.99
未列名点燃式活塞内燃发动机	6666.58	1.55	未列名化学工业及其相关工业的化学产品及配制品	4474.45	1.78
转速＜ 10000 转 / 分的其他离心泵	3477.13	0.81	未列名玩具及模型	3684.54	1.46
其他初级形状的氯丁二烯（氯丁）橡胶	2985.82	0.70	微型机的处理部件	3459.10	1.37

数据来源：中国海关总署

6.5 中菲关税承诺的对比及影响

根据《区域全面经济伙伴关系协定》（RCEP），菲律宾的关税承诺表主要体现在《菲律宾共同减让清单》中，此清单适用于其他 14 个国家，共 265 页，几乎涵盖所有的大类。而根据《菲律宾对中国部分产品关税承诺表》，01、02 和 07 下的部分产品排除在降低关税或取消关税的承诺之外。在前文统计的基础上，下面的表 PH-8—PH-11 列出了重庆和四川进出口菲律宾前十位商品的关税承诺表。

6.5.1 中菲进口关税承诺

从表 PH-8 和 PH-9 可以看出：就成渝地区双城经济圈进口菲律宾的前十位商品而言，四川节约的进口成本大于重庆。RCEP 实施之前，两地从菲律宾进口的前十位商品有 7 种已经是零关税；RCEP 实施之后，两地从菲律宾进口的前十位商品（除去 7 种已经是零关税的商品），有 1 种不涉及，有 2 种关税明显下降。从第 1 年的进口成本减少金额来看，第 1 年重庆从菲律宾进口前十商品可以节省成本 749.23 万元，四川从菲律宾进口前十商品可以节省成本 2127.42 万元，四川的进口成本节约幅度比重庆更大。

表 PH-8　加入 RCEP 对重庆进口菲律宾前十位货物税率的影响

商品代码	产品名称	基准税率	第 1 年	第 5 年	第 10 年税率	第 1 年进口成本减少（万元）
84717010	硬盘驱动器	0.0%	0.0%	0.0%	0.0%	0
84733090	品目 8471 所列其他机器的零件、附件	0.0%	0.0%	0.0%	0.0%	0
85423990	其他集成电路	0.0%	0.0%	0.0%	0.0%	0
85423190	其他用作处理器及控制器的集成电路	0.0%	0.0%	0.0%	0.0%	0
85044014	其他功率＜ 1kW 直流稳压电源，精度＜ 1/10000	7.0%	0.0%	0.0%	0.0%	740.31
85412900	耗散功率≥ 1 瓦的晶体管	0.0%	0.0%	0.0%	0.0%	0
85423390	其他用作放大器的集成电路	/	/	/	/	不涉及
29051610	正辛醇	5.5%	5.0%	2.8%	0.0%	8.92
26040000	镍矿砂及其精矿	0.0%	0.0%	0.0%	0.0%	0
85416000	已装配的压电晶体	0.0%	0.0%	0.0%	0.0%	0

数据来源：《区域全面经济伙伴关系协定》中国关税承诺表

注：/ 表示不涉及。

表 PH-9 加入 RCEP 对四川进口菲律宾前十位货物税率的影响

商品代码	产品名称	基准税率	第 1 年	第 5 年	第 10 年税率	第 1 年进口成本减少（万元）
84717010	硬盘驱动器	0.0%	0.0%	0.0%	0.0%	0
85423990	其他集成电路	0.0%	0.0%	0.0%	0.0%	0
85423190	其他用作处理器及控制器的集成电路	0.0%	0.0%	0.0%	0.0%	0
85340010	四层以上的印刷电路	0.0%	0.0%	0.0%	0.0%	0
84733090	品目 8471 所列其他机器的零件、附件	0.0%	0.0%	0.0%	0.0%	0
84145990	未列名风机、风扇	8.0%	0.0%	0.0%	0.0%	1594.30
27021000	褐煤，不论是否粉化，但未制成型	3.0%	0.0%	0.0%	0.0%	533.12
26040000	镍矿砂及其精矿	0.0%	0.0%	0.0%	0.0%	0
85423390	其他用作放大器的集成电路	/	/	/	/	不涉及
85412900	耗散功率≥ 1 瓦的晶体管	0.0%	0.0%	0.0%	0.0%	0

数据来源：《区域全面经济伙伴关系协定》中国关税承诺表

注：/ 表示不涉及。

6.5.2中菲出口关税承诺

从表 PH-10 和表 PH-11 可以看出：就成渝地区双城经济圈出口菲律宾的前十位商品而言，重庆的受益面大于四川。RCEP 实施之后，重庆出口菲律宾的 5 种商品（出口额排前 10 位的商品中）降低了关税，降幅最大的商品是未列名点燃式活塞内燃发动机（84079090），从 10% 的基准税率降低到 0。RCEP 实施之后，四川出口菲律宾的 2 种商品（出口额排前 10 位的商品中）降低了进口关税，降幅最大的商品是未列名调味汁及其制品、混合调味品（21039090），从 7% 的基准税率降低到 0。因此，加入 RCEP 后，菲律宾关税减免对重庆出口的利好面比四川更大。

表 PH-10　加入 RCEP 对重庆出口菲律宾前十位货物税率的影响

商品代码	产品名称	基准税率	第 1 年	第 5 年	第 10 年税率
84713090	其他重量不超过 10 千克的便携式自动数据处理设备	0.0%	0.0%	0.0%	0.0%
87112020	往复式内燃机摩托车等，100cc <排量≤ 125cc	30.0%	30.0%	28.0%	25.0%
87112030	往复式内燃机摩托车等，125cc <排量≤ 150cc	/	/	/	/
87032230	仅装有点燃往复式活塞内燃发动机的小轿车，1000cc <排量≤ 1500cc	/	/	/	/
84715040	微型机的处理部件	/	/	/	/
87112040	往复式内燃机摩托车等，150cc <排量≤ 200cc	/	/	/	/
87112010	往复式内燃机摩托车等，50cc <排量≤ 100cc	30.0%	30.0%	28.0%	25.0%
84079090	未列名点燃式活塞内燃发动机	10.0%	0.0%	0.0%	0.0%
84137099	转速< 10000 转 / 分的其他离心泵	1.0%	0.0%	0.0%	0.0%
40024910	其他初级形状的氯丁二烯（氯丁）橡胶	1.0%	0.0%	0.0%	0.0%

数据来源：《区域全面经济伙伴关系协定》菲律宾关税承诺表

注：U 表示产品排除在降低关税或取消关税的承诺之外。

表 PH-11　加入 RCEP 四川出口菲律宾前十位货物税率的影响

商品代码	产品名称	基准税率	第 1 年	第 5 年	第 10 年税率
85423190	其他用作处理器及控制器的集成电路	/	/	/	/
21039090	未列名调味汁及其制品；混合调味品	7.0%	0.0%	0.0%	0.0%
84715090	其他处理部件	0.0%	0.0%	0.0%	0.0%
85171210	手持（包括车载）式无线电话机	/	/	/	/
34029000	其他表面活性剂制品、洗涤剂及清洁剂	/	/	/	/

续表

商品代码	产品名称	基准税率	第 1 年	第 5 年	第 10 年税率
85395000	发光二极管（LED）灯泡（管）	/	/	/	/
32061110	钛白粉	3.0%	0.0%	0.0%	0.0%
38249999	未列名化学工业及其相关工业的化学产品及配制品	/	/	/	/
95030089	未列名玩具及模型	/	/	/	/
84715040	微型机的处理部件	/	/	/	/

数据来源：《区域全面经济伙伴关系协定》菲律宾关税承诺表

注：/ 表示不涉及。

综合以上的分析，有以下发现：就覆盖面而言，中国对菲律宾的关税减免涉及商品更多、覆盖面更广。菲律宾将 01、02 和 07 下的多种产品都排除在降低关税或取消关税的承诺之外。但这些商品基本都包含在中国对菲律宾的关税减免范围中。从目前的关税承诺表我们可以预测，随着进口关税的削减，成渝地区双城经济圈从菲律宾进口商品的成本明显下降，菲律宾商品将更具有价格优势；成渝地区双城经济圈从菲律宾进口的货物数量有可能进一步提高。相应地，菲律宾的关税税率也有一定程度降低，成渝地区双城经济圈出口菲律宾的前十位商品的价格优势也有一定程度提高，这将刺激成渝地区双城经济圈对菲律宾的出口增加。但是，RCEP 对成渝地区双城经济圈出口的利好面不如进口利好面大，出口的增长效应可能不如进口的增长效应明显。

7 马来西亚

7.1 成渝双城经济圈与马来西亚货物贸易总览

由表 MY-1 可知，2019 年，成渝地区对马来西亚货物进出口总额为 623.78 亿元，占成渝对全球货物进出口总额的 4.97%。其中，出口额为 304.61 亿元，占成渝出口全球货物总额的 4.01%，进口额为 319.17 亿元，占成渝从全球进口货物总额的 6.44%，贸易逆差 14.56 亿元。重庆对马来西亚货物进出口总额为 306.71 亿元，占重庆对全球货物进出口总额的 5.29%。其中，出口额为 80.47 亿元，占重庆出口全球货物总额的 2.17%，进口额为 226.24 亿元，占重庆从全球进口货物总额的 10.88%，贸易逆差 145.78 亿元。四川对马来西亚货物进出口总额为 317.08 亿元，占四川对全球货物进出口总额的 4.69%。其中，出口额为 224.15 亿元，占四川出口全球货物总额的 5.76%，进口为 92.93 亿元，占四川从全球货物进口总额的 3.23%，贸易顺差 131.22 亿元。

表 MY-1　2019 年成渝对马来西亚进出口情况

单位：亿元、%

地区	进口额	占比	出口额	占比	进出口总额	占比	顺 / 逆差
重庆	226.24	10.88	80.46	2.17	306.70	5.29	-145.78
四川	92.93	3.23	224.15	5.76	317.08	4.69	131.22
成渝	319.17	6.44	304.61	4.01	623.78	4.97	-14.56

数据来源：中国海关总署

7.2 重庆与马来西亚的货物贸易情况

7.2.1 重庆从马来西亚进口情况

2019 年，重庆从马来西亚进口货物排前十位的是其他用作处理器及控制器的集成电路、硬盘驱动器、4001 所列产品与本编码所列产品的混合物、品目 8443 所列设备用其他零件及附件、其他集成电路、其他芳烃混合物、其他蒸馏高温煤焦油所得油类等产品及类似品、对二甲苯、水性喷墨墨水、自动贴片机。其中，其他用作处理器及控制器的集成电路进口额最高，达到

1689122.17 万元，占重庆从马来西亚进口总额的 74.66%；其次是硬盘驱动器，达到 228848.90 万元，占重庆从马来西亚进口总额的 10.12%；进口排名第三的产品为 4001 所列产品与本编码所列产品的混合物，达到 83784.53 万元，占重庆从马来西亚进口总额的 3.70%。排名前十产品的进口总额为 215.87 亿元，占比高达 95.42%。从商品类别来看，重庆从马来西亚进口排名前十的主要商品类别为电气设备、机器及机械器具、橡胶及其制品、矿产品、化学工业及其相关工业的产品、有机化学品（见表 MY-2）。

表 MY-2　2019 年重庆从马来西亚进口货物前十位

单位：万元、%

商品编码	商品名称	商品类别	进口额	占比	排名
85423190	其他用作处理器及控制器的集成电路	电气设备	1689122.17	74.66	1
84717010	硬盘驱动器	机器及机械器具	228848.90	10.12	2
40028000	4001 所列产品与本编码所列产品的混合物	橡胶及其制品	83784.53	3.70	3
84439990	品目 8443 所列设备用其他零件及附件	机器及机械器具	44091.23	1.95	4
85423990	其他集成电路	电气设备	40233.53	1.78	5
27075000	其他芳烃混合物	矿产品	24177.40	1.07	6
27079990	其他蒸馏高温煤焦油所得油类等产品及类似品	矿产品	15582.62	0.69	7
29024300	对二甲苯	化学工业及其相关工业的产品	13062.24	0.58	8
32159020	水性喷墨墨水	有机化学品	10254.82	0.45	9
84798962	自动贴片机	机器及机械器具	9564.91	0.42	10

数据来源：中国海关总署

7.2.2 重庆对马来西亚出口情况

2019 年，重庆出口到马来西亚货物排前十位的是其他重量不超过 10 千克的便携式自动数据处理设备、四层以上的印刷电路、其他用作处理器及控制器的集成电路、瓷制固定卫生设备、其他可直接连接品目 84.71 的自动数据处理设备的彩色液晶监视器、未列名玩具及模型、枝形吊灯及天花板或墙壁上的电气照明装置、微型机的处理部件、有线网络接口卡、其他铅酸蓄电池。其中，其他重量不超过10千克的便携式自动数据处理设备，达到122301.11万元，占重庆出口马来西亚货物总额的15.20%；其次是四层以上的印刷电路，达到52873.26万元，占重庆出口马来西亚货物总额的6.57%；排名第三的产品为其他用作处理器及控制器的集成电路，达到50391.05万元，占重庆出口马来西亚货物总额的6.26%。排名前十位产品的出口总额为33.28亿元，占比为41.63%。从商品类别来看，重庆出口马来西亚排名前十的主要商品类别为各种机器及机械器具、电气设备等、陶瓷产品和杂项制品（见表MY-3）。

表MY-3　2019年重庆对马来西亚出口货物前十位

单位：万元、%

商品编码	商品名称	商品类别	出口额	占比	排名
84713090	其他重量不超过10千克的便携式自动数据处理设备	各种机器及机械器具	122301.11	15.20	1
85340010	四层以上的印刷电路	电气设备等	52873.26	6.57	2
85423190	其他用作处理器及控制器的集成电路	电气设备等	50391.05	6.26	3
69101000	瓷制固定卫生设备	陶瓷产品	24960.35	3.10	4
85285212	其他可直接连接品目84.71的自动数据处理设备的彩色液晶监视器	电气设备等	16934.16	2.10	5
95030089	未列名玩具及模型	杂项制品	15496.61	1.93	6
94051000	枝形吊灯及天花板或墙壁上的电气照明装置	杂项制品	13955.31	1.73	7
84715040	微型机的处理部件	各种机器及机械器具	13645.05	1.70	8
85176237	有线网络接口卡	电气设备等	11875.11	1.48	9
85072000	其他铅酸蓄电池	电气设备等	10373.91	1.29	10

数据来源：中国海关总署

7.3 四川与马来西亚的货物贸易情况

7.3.1 四川从马来西亚进口情况

2019年，四川从马来西亚进口货物排前十位的是其他用作处理器及控制器的集成电路；品目9030所列仪器和装置的零件及附件；品目8541所列货品的零件；硬盘驱动器；其他装有记录装置用于电量检测的仪器装置；其他集成电路；测试或检验半导体晶片或元器件用仪器及装置；其他用作放大器的集成电路；未列名测量或检验仪器和器具及机器；生物柴油及其混合物，不含或含有按重量计低于70%的石油或从沥青矿物提取的油类。其中，其他用作处理器及控制器的集成电路进口额最高，达到565883.59万元，占四川从马来西亚进口总额的60.90%；其次是品目9030所列仪器和装置的零件及附件，达到63836.89万元，占四川从马来西亚进口总额的6.87%；进口排名第三的产品为品目8541所列货品的零件，达到49904.56万元，占四川从马来西亚进口总额的5.37%。排名前十产品的进口总额为80.12亿元，占比高达86.22%。从商品类别来看，四川从马来西亚进口排名前十的主要商品类别为电气设备、化学工业及其相关工业的产品和光学、照相、电影、计量、检验等物品的零件、附件（见表MY4）。

表 MY-4　2019 年四川从马来西亚进口货物前十位

单位：万元、%

商品编码	商品名称	商品类别	进口额	占比	排名
85423190	其他用作处理器及控制器的集成电路	电气设备等	565883.59	60.90	1
90309000	品目 9030 所列仪器和装置的零件及附件	光学、照相、电影、计量、检验等物品的零件、附件	63836.89	6.87	2
85419000	品目 8541 所列货品的零件	电气设备等	49904.56	5.37	3
84717010	硬盘驱动器	各种机器及机械器具	32677.50	3.52	4
90308490	其他装有记录装置用于电量检测的仪器装置	光学、照相、电影、计量、检验等物品的零件、附件	23848.02	2.57	5
85423990	其他集成电路	电气设备等	22402.86	2.41	6
90308200	测试或检验半导体晶片或元器件用仪器及装置	光学、照相、电影、计量、检验等物品的零件、附件	12252.07	1.32	7
85423390	其他用作放大器的集成电路	电气设备等	11495.77	1.24	8
90318090	未列名测量或检验仪器、器具及机器	光学、照相、电影、计量、检验等物品的零件、附件	9458.30	1.02	9
38260000	生物柴油及其混合物，不含或含有按重量计低于 70% 的石油或从沥青矿物提取的油类	化学工业及其相关工业的产品	9428.37	1.01	10

数据来源：中国海关总署

7.3.2 四川对马来西亚出口情况

2019 年，四川出口到马来西亚货物排前十位的是其他用作处理器及控制器的集成电路；其他重量不超过 10 千克的便携式自动数据处理设备；生物柴油及其混合物，不含或含有按重量计低于 70% 的石油或从沥青矿物提取的油类；瓷制固定卫生设备；化学改性动植物油脂等，但品目 516 的产品除外，但包括混合制非食用油脂等；枝形吊灯及天花板或墙壁上的电气照明装置；未列名玩具及模型；未列名电灯及照明装置；钛白粉；圣诞节用品。其中，其他用作处理器及控制器的集成电路，达到 1617549.55 万元，占四川出口马来西亚货物总额的 72.16%；其次是其他重量不超过 10 千克的便携式自动数据处理设备，达到 54545.88 万元，占四川出口马来西亚货物总额的 2.43%；排名第三的产品为生物柴油及其混合物，不含或含有按重量计低于 70% 的石油或从沥青矿物提取的油类，达到 23848.57 万元，占四川出口马来西亚货物总额的 1.06%。排名前十位产品的出口总额为 177 亿元，占比为 79.36%。从商品类别来看，四川出口马来西亚排名前十的主要商品类别为电气设备等、各种机器及机械器具、化学工业及其相关工业的产品、陶瓷产品、动植物油和脂及其分解产品和杂项制品（见表 MY-5）。

表 MY-5　2019 年四川对马来西亚出口货物前十位

单位：万元、%

商品编码	商品名称	商品类别	出口额	占比	排名
85423190	其他用作处理器及控制器的集成电路	电气设备等	1617549.55	72.16	1
84713090	其他重量不超过 10 千克的便携式自动数据处理设备	各种机器及机械器具	54545.88	2.43	2
38260000	生物柴油及其混合物，不含或含有按重量计低于 70% 的石油或从沥青矿物提取的油类	化学工业及其相关工业的产品	23848.57	1.06	3
69101000	瓷制固定卫生设备	陶瓷产品	16182.89	0.72	4
15180000	化学改性动植物油脂等，但品目 516 的产品除外；混合制非食用油脂等	动、植物油和脂及其分解产品	14316.14	0.64	5
94051000	枝形吊灯及天花板或墙壁上的电气照明装置	杂项制品	12492.66	0.56	6
95030089	未列名玩具及模型	杂项制品	12029.86	0.54	7

续表

商品编码	商品名称	商品类别	出口额	占比	排名
94054090	未列名电灯及照明装置	杂项制品	9516.18	0.42	8
32061110	钛白粉	化学工业及其相关工业的产品	9213.15	0.41	9
95051000	圣诞节用品	杂项制品	9181.29	0.41	10

数据来源：中国海关总署

7.4 重庆与四川对马来西亚货物贸易的对比分析

7.4.1 贸易数量

由图 MY-1 可知，重庆对马来西亚货物贸易的进口额高于四川，但出口额和进出口总额却低于四川。具体来看，重庆从马来西亚货物进口额为 226.24 亿元，比四川从马来西亚货物进口额多 133.31 亿元；重庆对马来西亚的货物出口额为 80.46 亿元，比四川对马来西亚的货物出口额少 143.69 亿元；重庆和四川对马来西亚的货物进出口总额分别为 306.7 亿元和 317.08 亿元，差距仅为 10.38 亿元。同时，重庆与马来西亚逆差 145.78 亿元，而四川与马来西亚顺差 131.22 亿元。

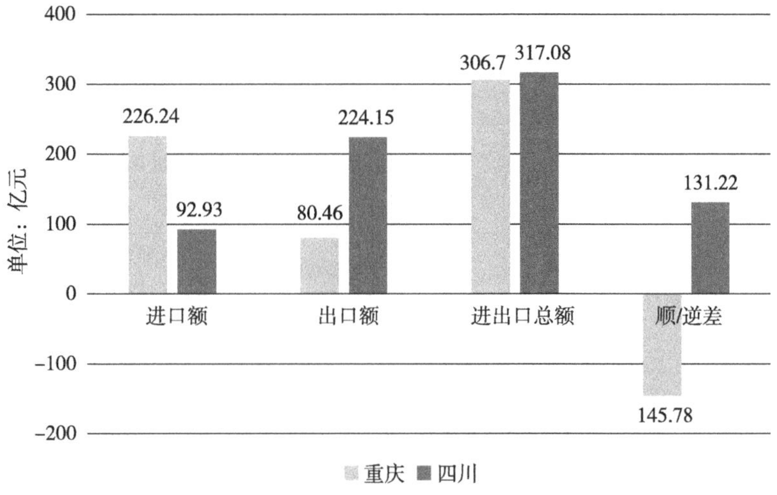

图 MY-1　2019 年重庆与四川对马来西亚货物贸易的总额对比

7.4.2 贸易结构

MY-6 展示了 2019 年重庆和四川从马来西亚进口货物排名前十的商品名称、商品类别、进口额以及占比情况。从表中可知，重庆和四川从马来西亚进口排名前十的货物结构同质性偏高。重庆和四川从马来西亚进口第一名的商品均为其他用作处理器及控制器的集成电路，分别占比高达 74.66% 和 60.90%。此外，从商品类别看，电气设备等、各种机器及机械器具和化学工业及其相关工业的产品都位列重庆和四川进口马来西亚前十的商品类别中。通过对比发现，重庆与四川对马来西亚的产品进口结构存在明显相似性，在与马来西亚的进口贸易中存在一定的竞争关系。

表 MY-6　2019 年重庆与四川对马来西亚进口货物贸易的结构对比

单位：亿元、%

重庆				四川			
商品名称	类别	进口额	占比	商品名称	类别	进口额	占比
其他用作处理器及控制器的集成电路	电气设备等	168.91	74.66	其他用作处理器及控制器的集成电路	电气设备等	56.59	60.90
硬盘驱动器	机器及机械器具	22.88	10.12	品目 9030 所列仪器和装置的零件及附件	光学、照相、电影、计量、检验等物品的零件、附件	6.38	6.87
4001 所列产品与本编码所列产品的混合物	橡胶及其制品	8.38	3.70	品目 8541 所列货品的零件	电气设备等	4.99	5.37
品目 8443 所列设备用其他零件及附件	机器及机械器具	4.41	1.95	硬盘驱动器	各种机器及机械器具	3.27	3.52
其他集成电路	电气设备等	4.02	1.78	其他装有记录装置用于电量检测的仪器装置	光学、照相、电影、计量、检验等物品的零件、附件	2.38	2.57
其他芳烃混合物	矿产品	2.42	1.07	其他集成电路	电气设备等	2.24	2.41
其他蒸馏高温煤焦油所得油类等产品及类似品	矿产品	1.56	0.69	测试或检验半导体晶片或元器件用仪器及装置	光学、照相、电影、计量、检验等物品的零件、附件	1.23	1.32

续表

重庆				四川			
对二甲苯	化学工业及其相关工业的产品	1.31	0.58	其他用作放大器的集成电路	电气设备等	1.15	1.24
水性喷墨墨水	有机化学品	1.03	0.45	未列名测量或检验仪器、器具及机器	光学、照相、电影、计量、检验等物品的零件、附件	0.95	1.02
自动贴片机	各种机器及机械器具	0.96	0.42	生物柴油及其混合物，不含或含有按重量计低于70%的石油或从沥青矿物提取的油类	化学工业及其相关工业的产品	0.94	1.01

数据来源：中国海关总署

MY-7 展示了 2019 年重庆与四川对马来西亚出口货物排名前十的商品名称、商品类别、进口额以及占比情况。从表中可知，重庆和四川对马来西亚出口排名前十的商品同质性更高，且商品类别差异更小。重庆和四川对马来西亚出口的前十商品中，相同的商品有其他重量不超过 10 千克的便携式自动数据处理设备、其他用作处理器及控制器的集成电路、瓷制固定卫生设备、未列名玩具及模型，且商品类别均聚焦在各种机器及机械器具、电气设备等、陶瓷产品和杂项制品。通过对比发现，重庆与四川对马来西亚的产品出口结构存在明显相似性，在与马来西亚的出口贸易中也存在一定的竞争关系。

表 MY-7　2019 年重庆与四川对马来西亚出口货物贸易的结构对比

单位：亿元、%

重庆				四川			
商品名称	类别	出口额	占比	商品名称	类别	出口额	占比
其他重量不超过 10 千克的便携式自动数据处理设备	各种机器及机械器具	12.23	15.20	其他用作处理器及控制器的集成电路	电气设备等	161.75	72.16

续表

重庆				四川			
四层以上的印刷电路	电气设备等	5.29	6.57	其他重量不超过10千克的便携式自动数据处理设备	各种机器及机械器具	5.45	2.43
其他用作处理器及控制器的集成电路	电气设备等	5.04	6.26	生物柴油及其混合物，不含或含有按重量计低于70%的石油或从沥青矿物提取的油类	化学工业及其相关工业的产品	2.38	1.06
瓷制固定卫生设备	陶瓷产品	2.50	3.10	瓷制固定卫生设备	陶瓷产品	1.62	0.72
其他可直接连接品目84.71的自动数据处理设备的彩色液晶监视器	电气设备等	1.69	2.10	化学改性动植物油脂等，但品目516的产品除外；混合制非食用油脂等	动、植物油和脂及其分解产品	1.43	0.64
未列名玩具及模型	杂项制品	1.55	1.93	枝形吊灯及天花板或墙壁上的电气照明装置	杂项制品	1.25	0.56
枝形吊灯及天花板或墙壁上的电气照明装置	杂项制品	1.40	1.73	未列名玩具及模型	杂项制品	1.20	0.54
微型机的处理部件	各种机器及机械器具	1.36	1.70	未列名电灯及照明装置	杂项制品	0.95	0.42
有线网络接口卡	电气设备等	1.19	1.48	钛白粉	化学工业及其相关工业的产品	0.92	0.41
其他铅酸蓄电池	电气设备等	1.04	1.29	圣诞节用品	杂项制品	0.92	0.41

数据来源：中国海关总署

7.5 中马关税承诺的对比及影响

根据《区域全面经济伙伴关系协定》(RCEP)，马来西亚的关税承诺表主要体现在《马来西亚共同减让清单》中，此清单适用于其他14个国家，共265页，几乎涵盖所有的大类。而根据《马来西亚对中国部分产品关税承诺表》，并基于前文的统计基础，下面的表MY-8—MY-11列出了重庆和四川进出口马来西亚前十位商品的关税承诺表。

7.5.1 中马进口关税承诺

从表格可以看出：第一，就成渝双城经济圈进口马来西亚的前十位商品而言，重庆比四川对进口马来西亚关税减免的覆盖范围更广，四川有 1 类商品不涉及关税减免。第二，RCEP 实施之后，成渝两地从马来西亚进口的前十位商品中，除了税率持续为 0% 的商品外，其他商品的进口税率都有逐渐下降的趋势。第三，经过测算发现 RCEP 实施之后的第 1 年，重庆从马来西亚进口前十位商品可以节省成本 2504.37 万元，四川从马来西亚进口前十位商品可以节省成本达到 6905.91 万元，成渝双城经济圈从马来西亚进口前十位商品可以节省成本合计为 9410.28 万元。

表 MY-8 加入 RCEP 对重庆进口马来西亚前十位货物税率影响

商品编码	商品名称	基准税率	第 1 年	第 5 年	第 10 年	第 1 年进口成本减少（万元）
85423190	其他用作处理器及控制器的集成电路	0%	0%	0%	0%	0
84717010	硬盘驱动器	0%	0%	0%	0%	0
40028000	4001 所列产品与本编码所列产品的混合物	7.5%	6.8%	3.8%	0%	586.60
84439990	品目 8443 所列设备用其他零件及附件	0%	0%	0%	0%	0
85423990	其他集成电路	0%	0%	0%	0%	0
27075000	其他芳烃混合物	7%	0%	0%	0%	1692.42
27079990	其他蒸馏高温煤焦油所得油类等产品及类似品	7%	6.3%	3.5%	0%	109.20
29024300	对二甲苯	2%	1.9%	1.5%	1%	13.06
32159020	水性喷墨墨水	10%	9%	5%	0%	102.55
84798962	自动贴片机	0%	0%	0%	0%	0

数据来源：《区域全面经济伙伴关系协定》中国关税承诺表

表 MY-9 加入 RCEP 对四川进口马来西亚前十位货物税率影响

商品编码	商品名称	基准税率	第 1 年	第 5 年	第 10 年	第 1 年进口成本减少（万元）
85423190	其他用作处理器及控制器的集成电路	0%	0%	0%	0%	0

续表

商品编码	商品名称	基准税率	第 1 年	第 5 年	第 10 年	第 1 年进口成本减少（万元）
90309000	品目 9030 所列仪器和装置的零件及附件	7%	0%	0%	0%	4468.58
85419000	品目 8541 所列货品的零件	0%	0%	0%	0%	0
84717010	硬盘驱动器	0%	0%	0%	0%	0
90308490	其他装有记录装置用于电量检测的仪器装置	8%	0%	0%	0%	1907.84
85423990	其他集成电路	0%	0%	0%	0%	0
90308200	测试或检验半导体晶片或元器件用仪器及装置	0%	0%	0%	0%	0
85423390	其他用作放大器的集成电路	/	/	/	/	不涉及
90318090	未列名测量或检验仪器、器具及机器	5%	0%	0%	0%	472.92
38260000	生物柴油及其混合物，不含或含有按重量计低于70%的石油或从沥青矿物提取的油类	6.5%	5.9%	3.3%	0.5%	56.57

数据来源：《区域全面经济伙伴关系协定》中国关税承诺表

注：/ 表示不涉及。

7.5.2中马出口关税承诺

从表格可以看出：第一，就成渝双城经济圈出口马来西亚的前十位商品而言，部分出口商品的基准税率较高，且四川比重庆对出口马来西亚关税减免的覆盖范围更广，重庆有 1 类商品不涉及关税减免。第二，RCEP 实施之后，成渝两地对马来西亚出口的前十位商品中，除了税率持续为 0%、15% 或不存在的商品外，其他商品的出口税率均呈下降趋势。第三，成渝双城经济圈的大多数出口马来西亚前十位商品中，绝大多数商品的税率均在第十年及以后变为 0%。

表 MY-10 加入 RCEP 对重庆出口马来西亚前十位货物税率的影响

商品编码	商品名称	基准税率	第 1 年	第 5 年	第 10 年
84713090	其他重量不超过 10 千克的便携式自动数据处理设备	0%	0%	0%	0%
85340010	四层以上的印刷电路	0%	0%	0%	0%
85423190	其他用作处理器及控制器的集成电路	0%	0%	0%	0%
69101000	瓷制固定卫生设备	25%	25%	22.7%	11.4%
85285212	其他可直接连接品目 84.71 的自动数据处理设备的彩色液晶监视器	0%	0%	0%	0%
95030089	未列名玩具及模型	0%	0%	0%	0%
94051000	枝形吊灯及天花板或墙壁上的电气照明装置	25%	22.5%	12.5%	0%
84715040	微型机的处理部件	/	/	/	/
85176237	有线网络接口卡	0%	0%	0%	0%
85072000	其他铅酸蓄电池	0%	0%	0%	0%

数据来源：《区域全面经济伙伴关系协定》马来西亚关税承诺表

注：/ 表示不涉及。

表 MY-11 加入 RCEP 对四川出口马来西亚前十位货物税率的影响

商品编码	商品名称	基准税率	第 1 年	第 5 年	第 10 年
85423190	其他用作处理器及控制器的集成电路	0%	0%	0%	0%
84713090	其他重量不超过 10 千克的便携式自动数据处理设备	0%	0%	0%	0%
38260000	生物柴油及其混合物，不含或含有按重量计低于 70% 的石油或从沥青矿物提取的油类	0%	0%	0%	0%
69101000	瓷制固定卫生设备	25%	25%	22.7%	11.4%
15180000	化学改性动植物油脂等，但品目 516 的产品除外；混合制非食用油脂等	0%	0%	0%	0%
94051000	枝形吊灯及天花板或墙壁上的电气照明装置	25%	22.5%	12.5%	0%
95030089	未列名玩具及模型	0%	0%	0%	0%
94054090	未列名电灯及照明装置	5%	4.5%	2.5%	0%

续表

商品编码	商品名称	基准税率	第 1 年	第 5 年	第 10 年
32061110	钛白粉	15%	15%	15%	15%
95051000	圣诞节用品	0%	0%	0%	0%

数据来源：《区域全面经济伙伴关系协定》马来西亚关税承诺表

从目前的关税承诺表我们可以预测到：随着马来西亚进口关税的削减，成渝双城经济圈对马来西亚的出口前十位商品将更具价格优势，出口额有可能会持续增加。与此同时，RCEP 对成渝双城经济圈进口马来西亚前十位商品也具有关税削减的利好驱动。

8　文莱

8.1 成渝地区双城经济圈对文莱货物贸易总览

由表 BN-1 可知，2019 年，成渝地区对文莱货物进出口总额为 6550.64 万元，占成渝对全球货物进出口总额的 0.0052%。其中，出口额为 6549.49 万元，占成渝出口全球货物总额的 0.0086%，进口额为 1.15 万元，贸易顺差 6548.34 万元。重庆对文莱货物进出口总额为 763.76 万元，占重庆对全球货物进出口总额的 0.0013%。其中，出口额为 763.61 万元，占重庆出口全球货物总额的 0.0021%，进口额为 0.15 万元，贸易顺差 763.46 万元。四川对文莱货物进出口总额为 5786.87 万元，占四川对全球货物进出口总额的 0.0085%。其中，出口额为 5785.87 万元，占四川出口全球货物总额的 0.0149%，进口为 1 万元，贸易顺差 5784.87 万元。可见，在成渝的货物进出口贸易中，与文莱的货物贸易规模还十分小，不到成渝对全球货物进出口总额规模的万分之一（约 0.0052%）。但是，鉴于文莱独特的产业优势，随着 RCEP 的签署，成渝与文莱未来将有合作拓展空间。

表 BN-1　2019 年成渝对文莱进出口情况

单位：万元、%

地区	进口额	占比	出口额	占比	进出口总额	占比	顺 / 逆差
重庆	0.15	–	763.61	0.0021	763.76	0.0013	763.46
四川	1.00	–	5785.87	0.0149	5786.87	0.0085	5784.87
成渝	1.15	–	6549.49	0.0086	6550.64	0.0052	6548.34

数据来源：中国海关总署

8.2 重庆对文莱进出口情况

8.2.1 进口

2019 年，重庆从文莱进口货物仅有 1 种：矿物油＜ 70% 的润滑剂，进口金额为 0.1472 万元。

表 BN-2 2019 年重庆从文莱进口货物

单位：万元、%

商品编码	商品名称	商品类别	进口额	占比	排名
34031900	矿物油＜70%的润滑剂	化学工业及其相关工业的产品	0.1472	100	1

数据来源：中国海关总署

8.2.2 出口

2019 年，重庆对文莱的货物出口金额为 763.61 万元，涉及产品种类 165 种，其中出口金额排前十位的是：未列名水泥、混凝土或人造石制品；初级形状的羧甲基纤维素及其盐；品目 8426、8429 及 8430 所列机械的未列名零件；非电动的滑车及提升机；普通钢铁的锻造条、杆；未列名玩具及模型；其他贱金属焊条等、贱金属粉制金属喷镀丝条；其他钢铁结构体、钢结构体用部件及加工钢材；未列名浮动结构体；其他带软垫的金属框架坐具。

其中，未列名水泥、混凝土或人造石制品出口金额最高，达到 137.86 万元，占重庆出口文莱货物总额的 18.05%；其次是初级形状的羧甲基纤维素及其盐、普通钢铁的锻造条杆，达到 66.84 万元，占重庆出口文莱货物总额的：8.75%；排名第三的产品为品目 8426、8429 及 8430 所列机械的未列名零件，达到 45.28 万元，占重庆出口文莱货物总额的 5.93%。排名前十位产品的出口总额为 452.49 万元，占比为 59.26%。从商品类别来看，重庆出口文莱排名前十的主要商品类别为石料、石膏、水泥、石棉、云母及类似材料的制品，塑料及其制品，机器、机械器具及其零件。

表 BN-3 2019 年重庆出口文莱货物前十位

单位：万元、%

商品编码	商品名称	商品类别	出口额	占比	排名
68109990	未列名水泥、混凝土或人造石制品	石料、石膏、水泥、石棉、云母及类似材料的制品	137.8573	18.05	1
39123100	初级形状的羧甲基纤维素及其盐	塑料及其制品	66.8422	8.75	2
84314999	品目 8426、8429 及 8430 所列机械的未列名零件	核反应堆、锅炉、机器、机械器具及其零件	45.2773	5.93	3

续表

商品编码	商品名称	商品类别	出口额	占比	排名
84251900	非电动的滑车及提升机	核反应堆、锅炉、机器、机械器具及其零件	39.8956	5.22	4
72141000	普通钢铁的锻造条、杆	贱金属及其制品	39.3255	5.15	5
95030089	未列名玩具及模型	杂项制品	37.4490	4.90	6
83119000	其他贱金属焊条等；贱金属粉制金属喷镀丝条	贱金属及其制品	24.3979	3.20	7
73089000	其他钢铁结构体；钢结构体用部件及加工钢材	贱金属及其制品	21.4726	2.81	8
89079000	未列名浮动结构体	车辆、航空器、船舶及有关运输设备	21.3945	2.80	9
94017190	其他带软垫的金属框架坐具	杂项制品	18.5794	2.43	10

数据来源：中国海关总署

8.3 四川对文莱进出口情况

8.3.1 进口

2019 年，四川从文莱进口货物同样仅有 1 种：低值简易通关商品，进口金额为 0.9989 万元。

表 BN-4　2019 年四川从文莱进口货物

单位：万元、%

商品编码	商品名称	商品类别	贸易方式	进口额	占比	排名
98040000	低值简易通关商品	特殊交易品及未分类商品	一般贸易	0.9989	100	1

数据来源：中国海关总署

8.3.2 出口

2019 年，四川对文莱的货物出口金额为 5785.87 万元，涉及产品 189 种，其中出口金额排前十位的是：机械密封件；其他活性炭；未列名化学工业及其相关工业的化学产品及配制品；其他工业用钢铁制品；瓷制固定卫生设备；其他金属家具；硅胶；未列名电灯及照明装置；未列名已加工大理石、石灰华及蜡石制品；其他螺钉及螺栓，抗拉强度在800兆帕以下。

其中，机械密封件出口金额最高，达1880.83万元，占四川对文莱出口总额的32.51%；其次是其他活性炭，出口额为680.56万元，占四川对文莱出口总额的11.76%；第三是未列名化学工业及其相关工业的化学产品及配制品，出口金额达625.60万元，占四川对文莱出口总额10.81%；排名前十位产品的出口总额为4106.56万元，占比为70.97%。从商品类别来看，四川出口文莱排名前十的主要商品类别机器、机械器具及其零件；化学工业及其相关工业的产品、贱金属及其制品、陶瓷产品等。

表BN-5　2019年四川出口文莱货物前十位

单位：万元、%

商品编码	商品名称	商品类别	出口额	占比	排名
84842000	机械密封件	核反应堆、锅炉、机器、机械器具及其零件	1880.83	32.51	1
38021090	其他活性炭	化学工业及其相关工业的产品	680.56	11.76	2
38249999	未列名化学工业及其相关工业的化学产品及配制品	化学工业及其相关工业的产品	625.60	10.81	3
73269019	其他工业用钢铁制品	贱金属及其制品	213.05	3.68	4
69101000	瓷制固定卫生设备	陶瓷产品	211.11	3.65	5
94032000	其他金属家具	杂项制品	115.53	2	6
28112210	硅胶	化学工业及其相关工业的产品	103.09	1.78	7
94054090	未列名电灯及照明装置	杂项制品	99.53	1.72	8
68029190	未列名已加工大理石、石灰华及蜡石制品	石料、石膏、水泥、石棉、云母及类似材料的制品	89.74	1.55	9
73181590	其他螺钉及螺栓，抗拉强度在800兆帕以下	贱金属及其制品	87.52	1.51	10

数据来源：中国海关总署

8.4 重庆与四川对文莱货物贸易的对比分析

8.4.1 贸易数量

由图BN-1可知，四川对文莱货物贸易的进口额和出口额都高于重庆。重庆对文莱的货物出口额为763.61万元，比四川对文莱的货物出口额少5022.26

万元；重庆和四川对文莱的货物进出口总额分别为 763.76 万元和 5786.87 万元，差距为 5023.11 万元。同时，重庆与文莱顺差为 763.46 万元，而四川与文莱的顺差为 5784.87 万元。总体来说，重庆、四川与文莱的货物贸易的规模和占比都非常小。

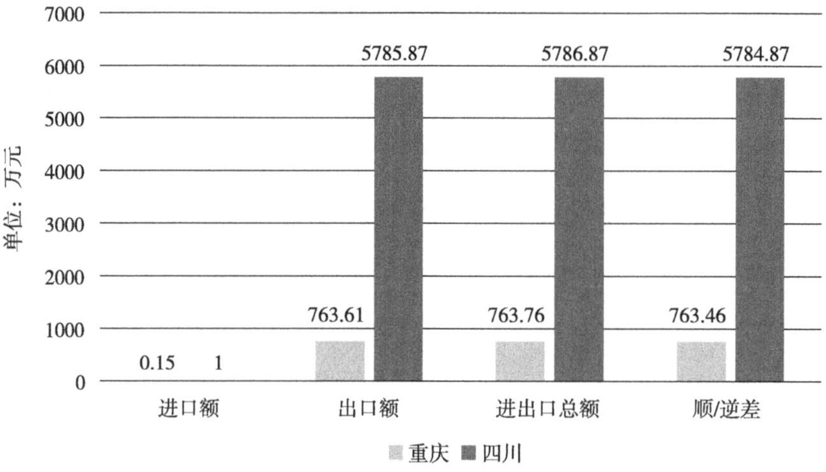

图 BN-1　2019 年重庆与四川对文莱货物贸易的总额对比

数据来源：中国海关总署

8.4.2 贸易结构

2019 年，重庆与四川分别从文莱进口一种商品，进口金额极小，因此本文仅对重庆、四川对文莱的出口货物贸易结构进行比较。

表 BN-6 展示了 2019 年重庆与四川对文莱出口货物排名前十的商品名称、商品类别、进口额以及占比情况。从表中可知，重庆和四川对文莱出口排名前十的商品具有一定的同质性，且商品类别差异较小。重庆和四川对文莱出口的前十商品中商品类别主要聚焦在各种机器及机械器具、化工制品、贱金属和杂项制品。通过对比发现，重庆与四川对文莱的产品出口结构存在一定的相似性，目前与文莱的出口贸易中存在一定的竞争关系。但是由于出口品类金额目前规模总体较小，单品变化易引发出口的结构性改变。

表 BN-6　2019 年重庆与四川对文莱出口货物贸易的结构对比

单位：万元、%

重庆				四川			
商品名称	商品类别	进口额	占比	商品名称	类别	进口额	占比
未列名水泥、混凝土或人造石制品	石料、石膏、水泥、石棉、云母及类似材料的制品	137.8573	18.05	机械密封件	核反应堆、锅炉、机器、机械器具及其零件	1880.83	32.51
初级形状的羧甲基纤维素及其盐	塑料及其制品	66.8422	8.75	其他活性炭	化学工业及其相关工业的产品	680.56	11.76
品目 8426、8429 及 8430 所列机械的未列名零件	核反应堆、锅炉、机器、机械器具及其零件	45.2773	5.93	未列名化学工业及其相关工业的化学产品及配制品	化学工业及其相关工业的产品	625.6	10.81
非电动的滑车及提升机	核反应堆、锅炉、机器、机械器具及其零件	39.8956	5.22	其他工业用钢铁制品	贱金属及其制品	213.05	3.68
普通钢铁的锻造条、杆	贱金属及其制品	39.3255	5.15	瓷制固定卫生设备	陶瓷产品	211.11	3.65
未列名玩具及模型	杂项制品	37.4490	4.90	其他金属家具	杂项制品	115.53	2.00
其他贱金属焊条等；贱金属粉制金属喷镀丝条	贱金属及其制品	24.3979	3.20	硅胶	化学工业及其相关工业的产品	103.09	1.78
其他钢铁结构体；钢结构体用部件及加工钢材	贱金属及其制品	21.4726	2.81	未列名电灯及照明装置	杂项制品	99.53	1.72
未列名浮动结构体	车辆、航空器、船舶及有关运输设备	21.3945	2.80	未列名已加工大理石、石灰华及蜡石制品	石料、石膏、水泥、石棉、云母及类似材料的制品	89.74	1.55
其他带软垫的金属框架坐具	杂项制品	18.5794	2.43	其他螺钉及螺栓，抗拉强度在 800 兆帕以下	贱金属及其制品	87.52	1.51

数据来源：中国海关总署

8.5 中国文莱关税承诺的对比及影响

根据《区域全面经济伙伴关系协定》(RCEP),文莱的关税承诺表主要体现在《共同减让清单》中,此清单适用于其他 14 个国家,共 265 页,几乎涵盖所有的大类。而根据《文莱对中国部分产品关税承诺表》,并基于前文的统计基础,下面的表 BN-7 ~ BN-9 列出了重庆和四川进出口文莱前十位商品的关税承诺表。

8.5.1 中国文莱进口关税承诺

由表 BN-7 可知,重庆从文莱进口货物为 10% 基准税率,第一年税率减为 9%,随后逐年减少,在第十年及以后均为 0%,加入 RCEP 后重庆从文莱进口货物的关税成本降低,有利于进口。从数量来看,加入 RCEP 的第一年重庆从文莱进口前十商品的成本将下降 0.0015 万元。

表 BN-7 加入 RCEP 后重庆从文莱进口货物关税变化趋势

商品编码	商品名称	基准税率	第 1 年	第 5 年	第 10 年	第 1 年进口成本减少(万元)
34031900	矿物油< 70%的润滑剂	10%	9%	5%	0%	0.0015

数据来源:中国自由贸易区服务网

2019 年,四川从文莱进口货物同样仅有 1 种:低值简易通关商品(98040000),进口金额为 0.9989 万元。该货物未纳入 RCEP 关税承诺表,不受关税改变影响。

8.5.2中国文莱出口关税承诺

由表 BN-8 可知,加入 RCEP 后,重庆现有对文莱出口货物规模排前十位的产品关税基准税率全部为 0% 或者未纳入关税承诺表,因此,重庆现有对文莱出口商品不受关税承诺的变化影响。

表 BN-8 加入 RCEP 后重庆对文莱出口货物前十位的关税变化趋势

商品编码	商品名称	基准税率	第 1 年	第 5 年	第 10 年	第 1 年进口成本减少(万元)
68109990	未列名水泥、混凝土或人造石制品	0.0%	0.0%	0.0%	0.0%	0

续表

商品编码	商品名称	基准税率	第1年	第5年	第10年	第1年进口成本减少（万元）
39123100	初级形状的羧甲基纤维素及其盐	0.0%	0.0%	0.0%	0.0%	0
84314999	品目8426、8429及8430所列机械的未列名零件	\	\	\	\	\
84251900	非电动的滑车及提升机	0.0%	0.0%	0.0%	0.0%	0
72141000	普通钢铁的锻造条、杆	0.0%	0.0%	0.0%	0.0%	0
95030089	未列名玩具及模型	\	\	\	\	\
83119000	其他贱金属焊条等；贱金属粉制金属喷镀丝条	0.0%	0.0%	0.0%	0.0%	0
73089000	其他钢铁结构体；钢结构体用部件及加工钢材	0.0%	0.0%	0.0%	0.0%	0
89079000	未列名浮动结构体	0.0%	0.0%	0.0%	0.0%	0
94017190	其他带软垫的金属框架坐具	\	\	\	\	\

数据来源：中国自由贸易区服务网

由表BN-9可知，加入RCEP后，四川现有对文莱出口货物规模排前十位的产品关税基准税率有9种为0%或者未纳入关税承诺表。其中其他金属家具（94032000）关税从5%逐渐递减，并于第14年实现0关税。

表BN-9 加入RCEP后四川对文莱出口货物前十位的关税变化趋势

商品编码	商品名称	基准税率	第1年	第5年	第10年	第1年进口成本减少（万元）
84842000	机械密封件	0.0%	0.0%	0.0%	0.0%	0
38021090	其他活性炭	0.0%	0.0%	0.0%	0.0%	0
38249999	未列名化学工业及其相关工业的化学产品及配制品	0.0%	0.0%	0.0%	0.0%	0
73269019	其他工业用钢铁制品	0.0%	0.0%	0.0%	0.0%	0
69101000	瓷制固定卫生设备	0.0%	0.0%	0.0%	0.0%	0
94032000	其他金属家具	5.0%	5.0%	3.0%	2.0%	0
28112210	硅胶	0.0%	0.0%	0.0%	0.0%	0
94054090	未列名电灯及照明装置	\	\	\	\	\

续表

商品编码	商品名称	基准税率	第 1 年	第 5 年	第 10 年	第 1 年进口成本减少（万元）
68029190	未列名已加工大理石、石灰华及蜡石制品	0.0%	0.0%	0.0%	0.0%	0
73181590	其他螺钉及螺栓，抗拉强度在 800 兆帕以下	0.0%	0.0%	0.0%	0.0%	0

数据来源：中国自由贸易区服务网

9 印度尼西亚

9.1 成渝双城经济圈对印度尼西亚货物贸易总览

由表 IDN-1 可知，2019 年，成渝对印度尼西亚货物进出口总额为 129.91 亿元，占成渝对全球货物进出口总额的 1.33%，其中出口额为 102.53 亿元，占成渝出口全球货物总额的 1.78%，进口额为 26.38 亿元，占成渝从全球进口货物总额的 0.47%，贸易顺差为 76.34 亿元。重庆对印度尼西亚货物进出口总额为 76.76 亿元，占重庆对全球货物进出口总额的 1.33%，其中出口为 66.05 亿元，占重庆出口全球货物总额的 1.78%，进口为 9.71 亿元，占重庆从全球货物进口总额的 0.47%，贸易顺差为 56.34 亿元。四川对印度尼西亚货物进出口总额为 53.15 亿元，占四川对全球货物进出口总额的 0.79%，其中出口为 36.48 亿元，占四川出口全球货物总额的 0.94%，进口为 16.67 亿元，占四川从全球进口货物总额的 0.581%，贸易顺差为 19.81 亿元。从货物贸易的平衡状况来看，重庆和四川与印度尼西亚整体上货物出口额大于进口额，处于贸易顺差状态。

表 IDN-1　2019 年成渝对印度尼西亚进出口情况

单位：亿元、%

	进口额	占比	出口额	占比	进出口总额	占比	顺 / 逆差
重庆	9.71	0.47	66.05	1.78	76.76	1.33	56.34
四川	16.67	0.58	36.48	0.94	53.15	0.79	19.81
成渝	26.38	0.47	102.53	1.78	129.91	1.33	76.34

数据来源：中国海关总署

9.2 重庆与印度尼西亚货物贸易情况

9.2.1 重庆从印度尼西亚进口情况

2019 年，重庆从印度尼西亚进口货物排前十位的是半漂白或漂白非针叶木烧碱木浆或硫酸盐木浆；片式铝电解电容器；褐煤，不论是否粉化，但未制成型；片式钽电容器；未列名固定电容器；其他煤；生物柴油及其混合物，不含或含有按重量计低于70%的石油或从沥青矿物提取的油类；橡胶或塑料制外底，纺织材料制鞋面的其他鞋靴；其他烟煤；气体或烟雾分析仪。其中，半漂白或漂白非针叶木烧碱木浆或硫酸盐木浆进口额最高，达到29366.2万元，占重庆从印度尼西亚进口总额的30.24%；其次是片式铝电解电容器，达到13275.39万元，占重庆从印度尼西亚进口总额的13.67 %；进口额排名第三的产品为褐煤，不论是否粉化，但未制成型，达到7519.08万元，占重庆从印度尼西亚进口总额的7.74 %。排名前十位产品的进口总额为7.99亿元，占比高达82.27%。从商品类别来看，重庆从印度尼西亚进口排名前十的主要商品类别为机器、机械器具、电气设备及其零件、录音机及放声机、电视图像、声音的录制和重放设备及其零件；矿产品；木浆及其他纤维状纤维素浆、回收；化学工业及其相关工业的产品；化学工业及其相关工业的产品；光学、照相、电影、计量、检验、医疗或外科用仪器及设备、精密仪器及设备、钟表、乐器、上述物品；鞋、帽、伞、杖、鞭及其零件、已加工的羽毛及其制品、人造花、人发制品。从贸易方式来看，主要为一般贸易，有少量的海关特殊监管区域物流货物方式和保税监管场所进出境货物方式（见表IDN-2）。

表 IDN-2　2019 年重庆从印度尼西亚进口货物前十位

单位：万元、%

商品编码	商品名称	商品类别	进口额	占比	排名
47032900	半漂白或漂白非针叶木烧碱木浆或硫酸盐木浆	木浆及其他纤维状纤维素浆、回收	29366.20	30.24	1
85322210	片式铝电解电容器	机器、机械器具、电气设备及其零件、录音机及放声机、电视图像、声音的录制和重放设备及其零件	13275.39	13.67	2
27021000	褐煤，不论是否粉化，但未制成型	矿产品	7519.08	7.74	3
85322110	片式钽电容器	机器、机械器具、电气设备及其零件；录音机及放声机、电视图像、声音的录制和重放设备及其零件	6738.53	6.94	4
85322900	未列名固定电容器	机器、机械器具、电气设备及其零件、录音机及放声机、电视图像、声音的录制和重放设备及其零件	4680.48	4.82	5
27011900	其他煤	矿产品	4451.05	4.58	6

续表

商品编码	商品名称	商品类别	进口额	占比	排名
38260000	生物柴油及其混合物，不含或含有按重量计低于70%的石油或从沥青矿物提取的油类	化学工业及其相关工业的产品	4267.26	4.39	7
64041990	橡胶或塑料制外底，纺织材料制鞋面的其他鞋靴	鞋、帽、伞、杖、鞭及其零件、已加工的羽毛及其制品、人造花、人发制品	3498.63	3.60	8
27011290	其他烟煤	矿产品	3267.43	3.36	9
90271000	气体或烟雾分析仪	光学、照相、电影、计量、检验、医疗或外科用仪器及设备、精密仪器及设备、钟表、乐器、上述物品	2825.70	2.91	10

数据来源：中国海关总署

9.2.2 重庆对印度尼西亚出口情况

2019 年，重庆出口到印度尼西亚货物排前十位的是其他重量不超过 10 千克的便携式自动数据处理设备；系统形式的微型机；微型机的处理部件；未列名点燃式活塞内燃发动机；装有点燃式活塞内燃发动机的发电机组；仅装有点燃往复式活塞内燃发动机的小客车（9 座及以下），1000cc ＜排量≤ 1500cc；微型自动数据处理机；紧凑型热阴极荧光灯；摩托车（包括机器脚踏两用车）用零件、附件；往复式内燃机摩托车等，150cc ＜排量≤ 200cc。其中，其他重量不超过 10 千克的便携式自动数据处理设备出口额最高，达到 371810.58 万元，占重庆出口印度尼西亚货物总额的 56.29%；其次是系统形式的微型机，达到 32389.99 万元，占重庆出口印度尼西亚货物总额的 4.90%；排名第三的产品为微型机的处理部件，达到 23551.20 万元，占重庆出口印度尼西亚货物总额的 3.57%。排名前十位产品的出口总额为 50.74 亿元，占比为 76.81%。从商品类别来看，重庆出口印度尼西亚排名前十的主要商品类别为机器、机械器具、电气设备及其零件、录音机及放声机、电视图像、声音的录制和重放设备及其零件；车辆、航空器、船舶及有关运输设备。从贸易方式来看，主要为一般贸易，有少量的进料加工贸易（见表 IDN-3）。

表 IDN-3　2019 年重庆出口印度尼西亚货物前十位

单位：万元、%

商品编码	商品名称	商品类别	出口额	占比	排名
84713090	其他重量不超过 10 千克的便携式自动数据处理设备	机器、机械器具、电气设备及其零件；录音机及放声机、电视图像、声音的录制和重放设备及其零件	371810.58	56.29	1
84714940	系统形式的微型机	机器、机械器具、电气设备及其零件；录音机及放声机、电视图像、声音的录制和重放设备及其零件	32389.99	4.90	2
84715040	微型机的处理部件	机器、机械器具、电气设备及其零件；录音机及放声机、电视图像、声音的录制和重放设备及其零件	23551.20	3.57	3
84079090	未列名点燃式活塞内燃发动机	机器、机械器具、电气设备及其零件；录音机及放声机、电视图像、声音的录制和重放设备及其零件	16849.29	2.55	4
85022000	装有点燃式活塞内燃发动机的发电机组	机器、机械器具、电气设备及其零件；录音机及放声机、电视图像、声音的录制和重放设备及其零件	15621.45	2.36	5
87032250	仅装有点燃往复式活塞内燃发动机的小客车（9 座及以下），1000cc <排量≤ 1500cc	车辆、航空器、船舶及有关运输设备	13060.97	1.98	6
84714140	微型自动数据处理机	机器、机械器具、电气设备及其零件；录音机及放声机、电视图像、声音的录制和重放设备及其零件	12362.93	1.87	7
85393191	紧凑型热阴极荧光灯	机器、机械器具、电气设备及其零件；录音机及放声机、电视图像、声音的录制和重放设备及其零件	10214.02	1.55	8
87141000	摩托车（包括机器脚踏两用车）用零件、附件	车辆、航空器、船舶及有关运输设备	5859.70	0.89	9
87112040	往复式内燃机摩托车等，150cc <排量≤ 200cc	车辆、航空器、船舶及有关运输设备	5641.39	0.85	10

数据来源：中国海关总署

9.3 四川与印度尼西亚货物贸易情况

9.3.1 四川从印度尼西亚进口情况

2019 年，四川从印度尼西亚进口货物排前十位的是褐煤，不论是否粉化，但未制成型；镍矿砂及其精矿；其他烟煤；其他煤；片式钽电容器；半漂白或漂白非针叶木烧碱木浆或硫酸盐木浆；生物柴油及其混合物，不含或含有按重量计低于 70% 的石油或从沥青矿物提取的油类；未列名食用植物产品；醚酚、醚醇酚及其卤、磺、硝或亚硝化衍生物；未列名测量或检验仪器、器具及机器。其中，褐煤，不论是否粉化，但未制成型，达到 54174.07 万元，占四川从印度尼西亚进口总额的 32.50%；其次是镍矿砂及其精矿，达到 27573.88 万元，占四川从印度尼西亚进口总额的 16.54%；进口额排名第三的产品为其他烟煤，达到 19608.52 万元，占四川从印度尼西亚进口总额的 11.76%。排名前十位产品的进口总额为 15.17 亿元，占比高达 91.01%。从商品类别来看，四川从印度尼西亚进口排名前十的主要商品类别为矿产品；化学工业及其相关工业的产品；机器、机械器具、电气设备及其零件、录音机及放声机、电视图像、声音的录制和重放设备及其零件；植物产品；光学、照相、电影、计量、检验、医疗或外科用仪器及设备、精密仪器及设备、钟表、乐器、上述物品。从贸易方式来看，主要为一般贸易，其次为进料加工贸易、海关特殊监管区域物流货物和保税监管场所进出境货物（见表 IDN–4）。

表 IDN–4　2019 年四川从印度尼西亚进口货物前十位

单位：万元、%

商品编码	商品名称	商品类别	进口额	占比	排名
27021000	褐煤，不论是否粉化，但未制成型	矿产品	54174.07	32.50	1
26040000	镍矿砂及其精矿	矿产品	27573.88	16.54	2
27011290	其他烟煤	矿产品	19608.52	11.76	3
27011900	其他煤	矿产品	18538.30	11.12	4
85322110	片式钽电容器	机器、机械器具、电气设备及其零件；录音机及放声机、电视图像、声音的录制和重放设备及其零件	9521.44	5.71	5

续表

商品编码	商品名称	商品类别	进口额	占比	排名
47032900	半漂白或漂白非针叶木烧碱木浆或硫酸盐木浆	木浆及其他纤维状纤维素浆；回收	6572.84	3.94	6
38260000	生物柴油及其混合物，不含或含有按重量计低于 70% 的石油或从沥青矿物提取的油类	化学工业及其相关工业的产品	5618.61	3.37	7
12129999	未列名食用植物产品	植物产品	3805.76	2.28	8
29095000	醚酚、醚醇酚及其卤、磺、硝或亚硝化衍生物	化学工业及其相关工业的产品	3193.34	1.92	9
90318090	未列名测量或检验仪器、器具及机器	光学、照相、电影、计量、检验、医疗或外科用仪器及设备、精密仪器及设备、钟表、乐器、上述物品	3085.01	1.85	10

数据来源：中国海关总署

9.3.2 四川对印度尼西亚出口情况

2019 年，四川出口到印度尼西亚货物排前十位的是其他重量不超过 10 千克的便携式自动数据处理设备，钛白粉，部分或全部去梗的烤烟，硫酸二钠，其他钢铁结构体、钢结构体用部件及加工钢材，其他植物产品制得的胶液及增稠剂，未列名电灯及照明装置，品目 8426、8429 及 8430 所列机械的未列名零件，其他有机磷衍生物，其他阀门。其中，其他重量不超过 10 千克的便携式自动数据处理设备出口额最高，达到 29679.80 万元，占四川出口印度尼西亚货物总额的 8.14%；其次是钛白粉，出口额为 17974.24 万元，占四川出口印度尼西亚货物总额的 4.93%；排名第三的产品为部分或全部去梗的烤烟，达到 10589.90 万元，占四川出口印度尼西亚货物总额的 2.90%。排名前十位产品的出口总额为 10.93 亿元，占比为 29.95%。从商品类别来看，四川出口印度尼西亚排名前十的主要商品类别为化学工业及其相关工业的产品；机器、机械器具、电气设备及其零件、录音机及放声机、电视图像、声音的录制和重放设备及其零件；食品、饮料、酒及醋、烟草、烟草及烟草代用品的制品；贱金属及其制品；植物产品；杂项制品。从贸易方式来看，主要为一般贸易，有少量的进料加工贸易（见表 IDN–5）。

表 IDN-5　2019 年四川出口印度尼西亚货物前十位

单位：万元、%

商品编码	商品名称	商品类型	出口额	占比	排名
84713090	其他重量不超过 10 千克的便携式自动数据处理设备	机器、机械器具、电气设备及其零件；录音机及放声机、电视图像、声音的录制和重放设备及其零件	29679.80	8.14	1
32061110	钛白粉	化学工业及其相关工业的产品	17974.24	4.93	2
24012010	部分或全部去梗的烤烟	食品、饮料、酒及醋、烟草、烟草及烟草代用品的制品	10589.90	2.90	3
28331100	硫酸二钠	化学工业及其相关工业的产品	9266.10	2.54	4
73089000	其他钢铁结构体、钢结构体用部件及加工钢材	贱金属及其制品	8372.29	2.29	5
13023990	其他植物产品制得的胶液及增稠剂	植物产品	7746.75	2.12	6
94054090	未列名电灯及照明装置	杂项制品	7537.33	2.07	7
84314999	品目 8426、8429 及 8430 所列机械的未列名零件	机器、机械器具、电气设备及其零件、录音机及放声机、电视图像、声音的录制和重放设备及其零件	7060.10	1.94	8
29313990	其他有机磷衍生物	化学工业及其相关工业的产品	5557.82	1.52	9
84818040	其他阀门	机器、机械器具、电气设备及其零件；录音机及放声机、电视图像、声音的录制和重放设备及其零件	5485.87	1.50	10

数据来源：中国海关总署

9.4 重庆与四川对印度尼西亚货物贸易的对比分析

9.4.1 贸易数量

由图 IDN-1 可知，重庆对印度尼西亚货物贸易的出口额、进出口总额以及净出口等方面均高于四川，而四川对印度尼西亚货物贸易的进口额高于重庆。具体来看，四川从印度尼西亚货物进口额为 16.67 亿元，是重庆从印度尼西亚货物进口额的 1.72 倍；重庆对印度尼西亚的货物出口额为 66.05 亿元，是四川对印度尼西亚的货物出口额的 1.81 倍；货物进出口总额为 76.76 亿元，是四川从印度尼西亚货物进出口总额的 1.44 倍。同时，重庆对印度尼西亚货物贸易顺差优势相较于四川更加凸显。

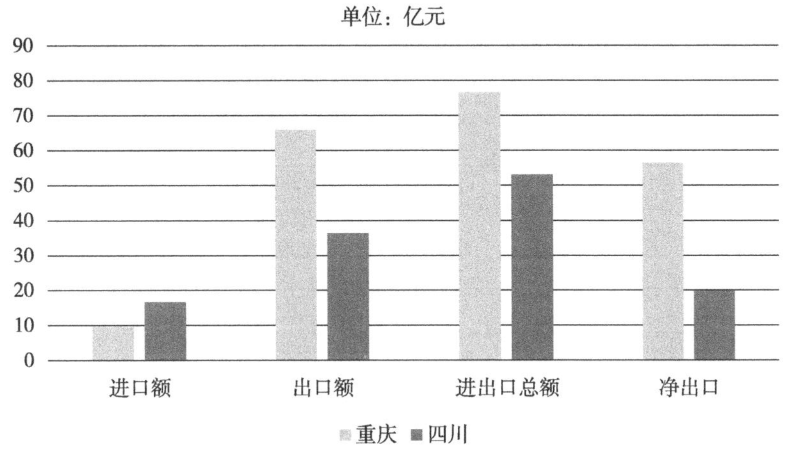

图 IDN-1　2019 年重庆与四川对印度尼西亚货物贸易数量对比

9.4.2 贸易结构

IDN-6 展示了 2019 年重庆和四川从印度尼西亚进口货物排名前十的商品名称、商品类别、进口额以及占比情况。从表中可知，重庆和四川从印度尼西亚进口排名前十的货物结构存在较大差异。重庆从印度尼西亚进口的商品较为分散，主要包括机器、机械器具、电气设备及其零件、录音机及放声机、电视图像、声音的录制和重放设备及其零件；矿产品；木浆及其他纤维状纤维素浆、回收；化学工业及其相关工业的产品；化学工业及其相关工业的产品；光学、照相、电影、计量、检验、医疗或外科用仪器及设备、精密仪器及设备、钟表、乐器、上述物品；鞋、帽、伞、杖、鞭及其零件、已加工的羽毛及其制品、人造花、人发制品等，而四川从印度尼西亚进口的商品主要包括矿产品；化学工业及其相关工业的产品；机器、机械器具、电气设备及其零件、录音机及放声机、电视图像、声音的录制和重放设备及其零件；植物产品；光学、照相、电影、计量、检验、医疗或外科用仪器及设备、精密仪器及设备、钟表、乐器、上述物品。通过对比发现，重庆与四川对印度尼西亚的产品进口结构存在一定差异，进口产品有少数几种相似，但整体进口结构相似度较低，在与印度尼西亚的进口贸易中不存在强烈的竞争关系。

表 IDN-6　2019 年重庆与四川对印度尼西亚进口货物贸易结构对比

单位：万元、%

重庆			四川		
商品名称	进口额	占比	商品名称	进口额	占比
半漂白或漂白非针叶木烧碱木浆或硫酸盐木浆	29366.2	30.24	褐煤，不论是否粉化，但未制成型	54174.07	32.5
片式铝电解电容器	13275.39	13.67	镍矿砂及其精矿	27573.88	16.54
褐煤，不论是否粉化，但未制成型	7519.08	7.74	其他烟煤	19608.52	11.76
片式钽电容器	6738.53	6.94	其他煤	18538.3	11.12
未列名固定电容器	4680.48	4.82	片式钽电容器	9521.44	5.71
其他煤	4451.05	4.58	半漂白或漂白非针叶木烧碱木浆或硫酸盐木浆	6572.84	3.94
生物柴油及其混合物，不含或含有按重量计低于70%的石油或从沥青矿物提取的油类	4267.26	4.39	生物柴油及其混合物，不含或含有按重量计低于 70%的石油或从沥青矿物提取的油类	5618.61	3.37
橡胶或塑料制外底，纺织材料制鞋面的其他鞋靴	3498.63	3.6	未列名食用植物产品	3805.76	2.28
其他烟煤	3267.43	3.36	醚酚、醚醇酚及其卤、磺、硝或亚硝化衍生物	3193.34	1.92
气体或烟雾分析仪	2825.7	2.91	未列名测量或检验仪器、器具及机器	3085.01	1.85

数据来源：中国海关总署

IDN-7 展示了 2019 年重庆和四川对印度尼西亚出口货物排名前十的商品名称、商品类别、进口额以及占比情况。从表中可知，重庆和四川对印度尼西亚出口排名前十的商品同质性较低，但商品类别差异较小。重庆对印度尼西亚出口的商品种类较为集中，最多的是机器、机械器具、电气设备及其零件；录音机及放声机、电视图像、声音的录制和重放设备及其零件，还包括车辆、航空器、船舶及有关运输设备等，而四川对印度尼西亚出口的商品主要包括化学工业及其相关工业的产品；机器、机械器具、电气设备及其零件、录音机及放声机、电视图像、声音的录制和重放设备及其零件；食品、饮料、酒及醋、烟草、烟草及烟草代用品的制品；贱金属及其制品；植物产品；杂项制品。通过对比发现，重庆与四川对印度尼西亚的产品出口商品中，重庆以机器、机械器具、电气设备及其零件为主；四川进口商品结构较为分散，出口产品结构具有一定差异性。从具体产品来看，重庆与四川对印度尼西亚的出口的产品差异性更大，因此在与印度尼西亚的出口贸易中不会构成明显的竞争关系。

表 IDN-7　2019 年重庆与四川对印度尼西亚出口货物贸易的结构对比

单位：万元、%

重庆			四川		
商品名称	出口额	占比	商品名称	出口额	占比
其他重量不超过 10 千克的便携式自动数据处理设备	371810.58	56.29	其他重量不超过 10 千克的便携式自动数据处理设备	29679.8	8.14
系统形式的微型机	32389.99	4.9	钛白粉	17974.24	4.93
微型机的处理部件	23551.2	3.57	部分或全部去梗的烤烟	10589.9	2.9
未列名点燃式活塞内燃发动机	16849.29	2.55	硫酸二钠	9266.1	2.54
装有点燃式活塞内燃发动机的发电机组	15621.45	2.36	其他钢铁结构体、钢结构体用部件及加工钢材	8372.29	2.29
仅装有点燃往复式活塞内燃发动机的小客车（9 座及以下），1000cc <排量≤ 1500cc	13060.97	1.98	其他植物产品制得的胶液及增稠剂	7746.75	2.12
微型自动数据处理机	12362.93	1.87	未列名电灯及照明装置	7537.33	2.07
紧凑型热阴极荧光灯	10214.02	1.55	品目 8426、8429 及 8430 所列机械的未列名零件	7060.1	1.94
摩托车（包括机器脚踏两用车）用零件、附件	5859.7	0.89	其他有机磷衍生物	5557.82	1.52
往复式内燃机摩托车等，150cc <排量≤ 200cc	5641.39	0.85	其他阀门	5485.87	1.5

数据来源：中国海关总署

9.5 中国与印尼关税承诺的对比及影响

根据《区域全面经济伙伴关系协定》（RCEP），印度尼西亚对中国的关税承诺表主要体现在《印度尼西亚对中国部分产品关税承诺表》中，共包含了

337 页的商品关税调整情况。在前文统计的基础上，下面的表 IDN-8—IDN-11 列出了重庆和四川进出口印度尼西亚前十位商品的关税承诺表。

9.5.1 中国与印尼进口关税承诺

从表格可以看出：第一，就进出口前十位商品而言，中国对印度尼西亚的关税减免覆盖面更广。中国对印度尼西亚进口商品的关税减免，前十位进口商品除 1 种商品（镍矿砂及其精矿）外，其他商品全部覆盖。印度尼西亚对中国出口商品的关税减免，有 11 类商品不涉及。第二，就成渝双城经济圈进出口印度尼西亚前十位商品，RCEP 对印度尼西亚出口的影响大于进口的影响。RCEP 实施之前，两地从印度尼西亚进口的前十商品一半以上是零关税，而且除一种商品外（未列名食用植物产品），其他商品均在第 1 或 5 或 10 年的税率降至 0.0%。经过测算，发现第 1 年重庆从印度尼西亚进口前十商品可以节省成本 671.53 万元，四川省成本节省更显著，第 1 年可节省 2813.15 万元。

表 IDN-8　加入 RCEP 对重庆进口印度尼西亚前十位货物税率的影响

商品代码	产品名称	基准税率	第 1 年	第 5 年	第 10 年税率	第 1 年进口成本减少（万元）
47032900	半漂白或漂白非针叶木烧碱木浆或硫酸盐木浆	0.0%	0.0%	0.0%	0.0%	0
85322210	片式铝电解电容器	0.0%	0.0%	0.0%	0.0%	0
27021000	褐煤，不论是否粉化，但未制成型	3.0%	0.0%	0.0%	0.0%	225.57
85322110	片式钽电容器	0.0%	0.0%	0.0%	0.0%	0
85322900	未列名固定电容器	0.0%	0.0%	0.0%	0.0%	0
27011900	其他煤	5.0%	0.0%	0.0%	0.0%	222.55
38260000	生物柴油及其混合物，不含或含有按重量计低于 70% 的石油或从沥青矿物提取的油类	6.5%	5.9%	3.3%	0.0%	25.60
64041990	橡胶或塑料制外底，纺织材料制鞋面的其他鞋靴	0.0%	0.0%	0.0%	0.0%	0
27011290	其他烟煤	0.0%	0.0%	0.0%	0.0%	0
90271000	气体或烟雾分析仪	7.0%	0.0%	0.0%	0.0%	197.80

数据来源：《区域全面经济伙伴关系协定》中国关税承诺表

表 IDN-9 加入 RCEP 对四川进口印度尼西亚前十位货物税率的影响

商品代码	产品名称	基准税率	第 1 年	第 5 年	第 10 年税率	第 1 年进口成本减少（万元）
27021000	褐煤，不论是否粉化，但未制成型	3.0%	0.0%	0.0%	0.0%	1625.22
26040000	镍矿砂及其精矿	/	/	/	/	不涉及
27011290	其他烟煤	0.0%	0.0%	0.0%	0.0%	0
27011900	其他煤	5.0%	0.0%	0.0%	0.0%	926.92
85322110	片式钽电容器	0.0%	0.0%	0.0%	0.0%	0
47032900	半漂白或漂白非针叶木烧碱木浆或硫酸盐木浆	0.0%	0.0%	0.0%	0.0%	0
38260000	生物柴油及其混合物，不含或含有按重量计低于 70% 的石油或从沥青矿物提取的油类	6.5%	5.9%	3.3%	0.0%	33.71
12129999	未列名食用植物产品	30.0%	28.5%	22.5%	15.0%	57.09
29095000	醚酚、醚醇酚及其卤、磺、硝或亚硝化衍生物	5.5%	5.0%	2.8%	0.0%	15.97
90318090	未列名测量或检验仪器、器具及机器	5.0%	0.0%	0.0%	0.0%	154.25

数据来源：《区域全面经济伙伴关系协定》中国关税承诺表

9.5.2中国与印尼出口关税承诺

从表格可以看出：第一，就出口前十位商品而言，印度尼西亚对中国的关税减免覆盖面小。中国前十位出口商品中有一半以上的商品不涉及。中国对印度尼西亚进口商品的关税减免，前十位进口商品全部涉及。第二，除部分或全部去梗的烤烟外，其他商品有的本身税率已为 0%，有的在第 1 年或第 10 年将为 0%。

表 IDN-10 加入 RCEP 对重庆出口印度尼西亚前十位货物税率的影响

商品代码	产品名称	基准税率	第 1 年	第 5 年	第 10 年税率
84713090	其他重量不超过 10 千克的便携式自动数据处理设备	0.0%	0.0%	0.0%	0.0%
84714940	系统形式的微型机	/	/	/	/

续表

商品代码	产品名称	基准税率	第 1 年	第 5 年	第 10 年税率
84715040	微型机的处理部件	/	/	/	/
84079090	未列名点燃式活塞内燃发动机	5.0%	4.5%	2.5%	0.0%
85022000	装有点燃式活塞内燃发动机的发电机组	/	/	/	/
87032250	仅装有点燃往复式活塞内燃发动机的小客车（9 座及以下），1000cc <排量≤ 1500cc	/	/	/	/
84714140	微型自动数据处理机	/	/	/	/
85393191	紧凑型热阴极荧光灯	/	/	/	/
87141000	摩托车（包括机器脚踏两用车）用零件、附件	/	/	/	/
87112040	往复式内燃机摩托车等，150cc <排量≤ 200cc	/	/	/	/

数据来源：《区域全面经济伙伴关系协定》印度尼西亚关税承诺表

注：U 表示产品排除在降低关税或取消关税的承诺之外。/ 表示不涉及。

表 IDN–11　加入 RCEP 四川出口印度尼西亚前十位货物税率的影响

商品代码	产品名称	基准税率	第 1 年	第 5 年	第 10 年税率
84713090	其他重量不超过 10 千克的便携式自动数据处理设备	0.0%	0.0%	0.0%	0.0%
32061110	钛白粉	5.0%	0.0%	0.0%	0.0%
24012010	部分或全部去梗的烤烟	5.0%	4.6%	3.3%	1.7%
28331100	硫酸二钠	5.0%	0.0%	0.0%	0.0%
73089000	其他钢铁结构体、钢结构体用部件及加工钢材	/	/	/	/
13023990	其他植物产品制得的胶液及增稠剂	5.0%	4.5%	2.5%	0.0%
94054090	未列名电灯及照明装置	/	/	/	/
84314999	品目 8426、8429 及 8430 所列机械的未列名零件	5%	0.0%	0.0%	0.0%
29313990	其他有机磷衍生物	/	/	/	/

续表

商品代码	产品名称	基准税率	第 1 年	第 5 年	第 10 年税率
84818040	其他阀门	0.0%	0.0%	0.0%	0.0%

数据来源：《区域全面经济伙伴关系协定》印度尼西亚关税承诺表

注：/ 表示不涉及。

从关税承诺表我们可以预测到：随着印度尼西亚进口关税的削减，成渝地区双城经济圈对印度尼西亚出口的部分商品将更具价格优势，出口额有可能进一步增加，但由于前十位商品中一半以上不涉及，因此影响作用相对有限。从印度尼西亚进口的前十商品的大多税率逐渐将为 0%，进口增长效应明显。

10 越南

10.1 成渝地区双城经济圈与越南货物贸易总览

成渝地区双城经济圈与越南的货物贸易关系密切。2019 年，成渝地区双城经济圈从越南进口 342.12 亿元，占进口总额的 6.91%，比全国水平高 3.81 个百分点；对越南出口 688.73 亿元，占出口总额的 9.06%，比全国水平高 5.14 个百分点；对越南的进出口总额为 1030.85 亿元，占成渝地区双城经济圈进出口总额的 8.21%，比全国水平高 4.66 个百分点；中国对越南贸易顺差 2316.7 亿元，其中成渝地区双城经济圈对越南的贸易顺差额为 346.61 亿元（见表 VIE-1）。

表 VIE-1　2019 年成渝地区双城经济圈对越南进出口货物情况

单位：亿元、%

地区	进口	进口占比	出口	出口占比	进出口	进出口占比
成渝地区双城经济圈	342.12	6.91	688.73	9.06	1030.85	8.21
中国	4433.10	3.10	6749.80	3.92	11183.00	3.55

数据来源：中国海关总署

10.2 重庆与越南的货物贸易情况

10.2.1 重庆从越南进口情况

2019 年，重庆从越南的进口总额为 266.79 亿元，占重庆进口总额的 12.83%。具体到 HS 八位数商品，重庆从越南进口的前十位商品分别为集成电路、通信设备零部件、视频信号录制或重放设备、取像模块、有机发光二极管显示屏、鲜火龙果、锂离子蓄电池、鞋靴、缝纫机针、机器零附件，累计进口占比高达 97.78%（见表 VIE-2）。重庆自越南的进口商品结构高度集中，其中其他用作处理器及控制器的集成电路（HS 编码 85423190）进口占比高达 80.92%，遥遥领先。

表 VIE-2 2019 年重庆从越南进口商品前十位

单位：万元、%

商品编码	商品名称	商品类别	进口额	占比
85423190	其他用作处理器及控制器的集成电路	集成电路	2158901.26	80.92
85177090	品目 8517 所列设备用其他零件	通信设备零部件	185759.25	6.96
85219090	未列名视频信号录制或重放设备	视频信号录制或重放设备	159309.64	5.97
85299042	非特种用途的取像模块	取像模块	40449.20	1.52
85299083	电视接收机用有机发光二极管显示屏	有机发光二极管显示屏	19446.69	0.73
08109080	鲜火龙果	鲜火龙果	12715.53	0.48
85076000	锂离子蓄电池	锂离子蓄电池	10700.12	0.40
64041990	橡胶或塑料制外底，纺织材料制鞋面的其他鞋靴	鞋靴	10453.75	0.39
84523000	缝纫机针	缝纫机针	6021.53	0.23
84733090	品目 8471 所列其他机器的零件、附件	机器零附件	4879.44	0.18

数据来源：中国海关总署

10.2.2 重庆对越南出口情况

2019 年，重庆对越南的出口总额为 60.27 亿元，占重庆出口总额的 1.62%。具体到 HS 八位数商品，重庆对越南出口的前十位商品分别为便携式自动数据处理设备、手持式无线电话机零件、铝合金矩形板片、印刷电路、汽油货车、铝合金制条杆、机动车辆零附件、有线网络接口卡、电气设备及装置、点燃式活塞内燃发动机零件，出口累计占比为 47.62%（见表 VIE-3）。相比重庆自越南的进口商品结构，重庆对越南的出口商品结构分散度更高。

表 VIE-3 2019 年重庆对越南出口商品前十位

单位：万元、%

商品编码	商品名称	商品类别	出口额	占比
84713090	其他重量不超过 10 千克的便携式自动数据处理设备	便携式自动数据处理设备	118761.26	19.70
85177030	手持式无线电话机的零件（天线除外）	手持式无线电话机零件	53707.01	8.91
76061220	铝合金矩形板、片，0.2mm＜厚＜0.28mm	铝合金矩形板片	23300.91	3.87

续表

商品编码	商品名称	商品类别	出口额	占比
85340010	四层以上的印刷电路	印刷电路	22753.23	3.78
87043100	其他汽油货车，车总重≤ 5 吨	汽油货车	16732.12	2.78
76042910	铝合金制条、杆	铝合金制条杆	12108.62	2.01
87082990	车身（包括驾驶室）的未列名零件、附件	机动车辆零附件	10447.66	1.73
85176237	有线网络接口卡	有线网络接口卡	10068.80	1.67
85437099	未列名具有独立功能的电气设备及装置	电气设备及装置	9668.59	1.60
84099199	其他点燃式活塞内燃发动机的零件	点燃式活塞内燃发动机零件	9479.06	1.57

数据来源：中国海关总署

10.3 四川与越南的货物贸易情况

10.3.1 四川从越南进口情况

2019 年，四川从越南进口 75.33 亿元，占进口总额的 2.62%。具体到 HS 八位数商品，四川从越南进口的前十位商品分别为集成电路、取像模块、手持式无线电话机用零件、有机发光二极管显示屏、液晶显示板、有接头电缆、纺织材料制鞋面的鞋靴、植物液汁及浸膏、皮革鞋面的鞋靴、聚氨基甲酸酯，累计进口占比高达 96.55%（见表 VIE-4）。四川自越南的进口商品结构高度集中，其中其他用作处理器及控制器的集成电路（HS 编码 85423190）进口占比高达 65.92%。

表 VIE-4　2019 年四川从越南进口商品前十位

单位：万元、%

商品编码	商品名称	商品类别	进口额	占比
85423190	其他用作处理器及控制器的集成电路	集成电路	496625.37	65.92
85299042	非特种用途的取像模块	取像模块	101958.03	13.53
85177030	手持式无线电话机的零件（天线除外）	手持式无线电话机零件	54740.19	7.27
85299083	电视接收机用有机发光二极管显示屏	有机发光二极管显示屏	38192.91	5.07
90138030	液晶显示板	液晶显示板	14923.91	1.98
85444211	有接头电缆，额定电压≤ 80V	有接头电缆	9244.03	1.23

续表

商品编码	商品名称	商品类别	进口额	占比
64041990	橡胶或塑料制外底，纺织材料制鞋面的其他鞋靴	纺织材料制鞋面的鞋靴	4119.89	0.55
13021990	其他植物液汁及浸膏	植物液汁及浸膏	3133.68	0.42
64039900	其他橡、塑或再生皮革外底，皮革鞋面的鞋靴	皮革鞋面的鞋靴	2510.19	0.33
39095000	初级形状的聚氨基甲酸酯	聚氨基甲酸酯	1929.43	0.26

数据来源：中国海关总署

10.3.2 四川对越南出口情况

2019 年，四川对越南的出口总额为 25.32 亿元，占四川出口总额的 0.65%。具体到 HS 八位数商品，四川对越南出口的前十位商品分别为用作处理器及控制器的集成电路、便携式自动数据处理设备、机器零附件、用作存储器的集成电路、铝合金矩形板片、手持式无线电话机零件、太阳能电池、钛白粉、其他集成电路、农林业机器，累计出口占比为 93.32%（见表 VIE-5）。四川对越南的出口商品结构高度集中，其中其他用作处理器及控制器的集成电路（HS 编码 85423190）进口占比高达 89.04%。

表 VIE-5　2019 年四川对越南出口商品前十位

单位：万元、%

商品编码	商品名称	商品类别	进口额	占比
85423190	其他用作处理器及控制器的集成电路	集成电路	5595720.59	89.04
84713090	其他重量不超过 10 千克的便携式自动数据处理设备	便携式自动数据处理设备	58620.00	0.93
84733090	品目 8471 所列其他机器的零件、附件	机器零附件	46718.17	0.74
85423290	其他用作存储器的集成电路	集成电路	43567.93	0.69
76061290	铝合金矩形板、片，厚度＞ 4mm	铝合金矩形板片	37993.49	0.60
85177030	手持式无线电话机的零件（天线除外）	手持式无线电话机零件	28209.53	0.45
85414020	太阳能电池	太阳能电池	20255.41	0.32
32061110	钛白粉	钛白粉	14244.81	0.23
85423990	其他集成电路	集成电路	9810.19	0.16

续表

商品编码	商品名称	商品类别	进口额	占比
84368000	其他农、林业机器	农林业机器	9601.86	0.15

数据来源：中国海关总署

10.4 重庆与四川对越南货物贸易的对比分析

10.4.1 贸易数量

成渝地区双城经济圈中，重庆对越南大量进口，贸易逆差额高达 206.52 亿元，四川对越南大量出口，贸易顺差额高达 553.13 亿元（见表 VIE–6）。具体而言，2019 年重庆自越南的进口额为 266.79 亿元，是四川自越南进口额 75.33 亿元的 3.54 倍，重庆自越南的进口比重比四川自越南的进口比重高 10.21 个百分点。四川对越南的出口额为 628.46 亿元，是重庆对越南出口额 60.27 亿元的 10.43 倍，四川对越南的出口比重比重庆对越南的出口比重高 14.52 个百分点。2019 年，四川对越南的进出口总额比重庆对越南进出口总额高 376.73 亿元。

表 VIE–6　2019 年重庆与四川对越南货物贸易金额的对比

单位：亿元、%

地区	进口	进口占比	出口	出口占比	进出口	进出口占比
重庆	266.79	12.83	60.27	1.62	327.06	5.65
四川	75.33	2.62	628.46	16.14	703.79	10.40

数据来源：中国海关总署

10.4.2 贸易结构

重庆与四川自越南的进口商品结构高度集中（见表 VIE–7）。2019 年，重庆自越南的进口商品涉及 46 章，第八十五章的商品进口占比高达 96.95%，进口排名前十章商品累计占比高达 99.61%。同期四川自越南的进口商品涉及 47 章，第八十五章的商品进口占比高达 94.31%，进口排名前十章商品累计占比高达 99.25%。

表 VIE–7 2019 年重庆与四川自越南进口商品结构的对比

单位：%

重庆			四川		
进口前十章	章标题	进口占比	进口前十章	章标题	进口占比
第八十五章	电气电子产品及其零件	96.95	第八十五章	电气电子产品及其零件	94.31
第八十四章	非电气的机器、机械器具及其零件	0.81	第九十章	光学、计量、医疗仪器、精密仪器及设备等	2.09
第六十四章	鞋靴	0.57	第六十四章	鞋靴	1.21
第八章	食用水果及坚果，柑橘属水果或甜瓜的果皮	0.48	第十三章	虫胶、树胶、树脂及其他植物液、汁	0.42
第九十章	光学、计量、医疗仪器、精密仪器及设备等	0.17	第五十二章	棉花及其机织物	0.35
第三章	鱼、甲壳动物、软体动物及其他水生无脊椎动物	0.16	第三十九章	塑料及其制品	0.26
第十章	谷物	0.16	第八章	食用水果及坚果，柑橘属水果或甜瓜的果皮	0.20
第十五章	动、植物油、脂及其分解产品；精制的食用油脂；动、植物蜡	0.12	第九十四章	家具、寝具、其他章未列名灯具和活动房屋等	0.16
第四十章	橡胶及其制品	0.11	第三十五章	蛋白质物质、改性淀粉、胶、酶	0.13
第四十八章	纸张及其制品	0.08	第六十一章	针织或钩编服装	0.12

数据来源：中国海关总署

相比重庆，四川对越南的出口商品结构更为集中（见表 VIE–8）。2019 年，重庆对越南的出口商品涉及 71 章，出口排名前十章商品累计占比为 81.67%。同期，四川对越南的出口商品涉及 77 章，出口排名前十章商品累计占比高达 97.83%，其中第八十五章电气电子产品及其零件出口占比达 91.80%。

表 VIE-8　2019 年重庆与四川对越南出口商品结构的对比

单位：%

重庆			四川		
出口前十章	章标题	出口占比	出口前十章	章标题	出口占比
第八十四章	非电气的机器、机械器具及其零件	37.74	第八十五章	电气电子产品及其零件	91.80
第八十五章	电气电子产品及其零件	27.55	第八十四章	非电气的机器、机械器具及其零件	3.38
第八十七章	其他陆上车辆	10.08	第七十六章	铝及其制品	0.65
第七十六章	铝及其制品	6.61	第三十九章	塑料及其制品	0.35
第四十八章	纸张及其制品	1.74	第七十三章	钢铁制品	0.31
第六十九章	成形后经过烧制的陶瓷制品	1.54	第二十九章	有机化合物	0.29
第二十九章	有机化合物	1.47	第三十二章	染料、颜料、油漆、油墨	0.28
第七十三章	钢铁制品	1.45	第九十章	光学、计量、医疗仪器、精密仪器及设备等	0.27
第三十九章	塑料及其制品	1.32	第五十五章	化学纤维短丝及其机织物	0.25
第二十八章	元素和无机化合物	1.28	第四十八章	纸张及其制品	0.23

数据来源：中国海关总署

10.5 中越关税承诺的对比及影响

根据《区域全面经济伙伴关系协定》的附件《中国对东盟成员国关税承诺表》，重庆和四川自越南进口的前十位商品的关税承诺表可见 VIE-10 和 VIE-11。重庆自越南进口的前十位商品中，有 4 种基准税率非零的商品承诺立即降至零关税，基准税率为 12% 的锂离子蓄电池承诺在二十年内降至零关税；四川自越南进口的前十位商品中，有 3 种基准税率非零的商品承诺立即降至零关税，基准税率为 5.0% 的液晶显示板承诺在十年内降至零关税，基准税率为 20.0% 的其他植物液汁及浸膏承诺在十五年内降至零关税。总体来说，加入 RCEP 第一年，以 2019 年进口额计算的重庆自越南进口前十位商品的成本将减少 40166.15 万元，四川自越南进口前十位商品的成本将减少 12726.75 万元。

表 VIE-10 加入 RCEP 对重庆进口越南前十位商品税率的影响

商品编码	商品名称	基准税率	第 1 年	第 5 年	第 10 年	第 1 年进口成本减少（万元）
85423190	其他用作处理器及控制器的集成电路	/	/	/	/	不涉及
85177090	品目 8517 所列设备用其他零件	0.0%	0.0%	0.0%	0.0%	0
85219090	未列名视频信号录制或重放设备	20.0%	0.0%	0.0%	0.0%	31861.93
85299042	非特种用途的取像模块	12.0%	0.0%	0.0%	0.0%	4853.90
85299083	电视接收机用有机发光二极管显示屏	15.0%	U	U	U	不涉及
08109080	鲜火龙果	20.0%	0.0%	0.0%	0.0%	2543.11
85076000	锂离子蓄电池	12.0%	11.4%	9.0%	6.0%	64.20
64041990	橡胶或塑料制外底，纺织材料制鞋面的其他鞋靴	/	/	/	/	不涉及
84523000	缝纫机针	14.0%	0.0%	0.0%	0.0%	843.01
84733090	品目 8471 所列其他机器的零件、附件	0.0%	0.0%	0.0%	0.0%	0

数据来源：《区域全面经济伙伴关系协定》的附件《中国对东盟成员国关税承诺表》

注：U 表示产品排除在降低关税或取消关税的承诺之外；/ 表示不涉及。

表 VIE-11 加入 RCEP 对四川进口越南前十位商品税率的影响

商品编码	商品名称	基准税率	第 1 年	第 5 年	第 10 年	第 1 年进口成本减少（万元）
85423190	其他用作处理器及控制器的集成电路	/	/	/	/	不涉及
85299042	非特种用途的取像模块	12.0%	0.0%	0.0%	0.0%	12234.96
85177030	手持式无线电话机的零件（天线除外）	0.0%	0.0%	0.0%	0.0%	0
85299083	电视接收机用有机发光二极管显示屏	15.0%	U	U	U	不涉及
90138030	液晶显示板	5.0%	4.5%	2.5%	0.0%	74.62
85444211	有接头电缆，额定电压≤ 80V	0.0%	0.0%	0.0%	0.0%	0
64041990	橡胶或塑料制外底，纺织材料制鞋面的其他鞋靴	/	/	/	/	不涉及
13021990	其他植物液汁及浸膏	20.0%	18.7%	14.7%	6.7%	40.74
64039900	其他橡、塑或再生皮革外底，皮革鞋面的鞋靴	10.0%	0.0%	0.0%	0.0%	251.02
39095000	初级形状的聚氨基甲酸酯	6.5.0%	0.0%	0.0%	0.0%	125.41

数据来源：《区域全面经济伙伴关系协定》的附件《中国对东盟成员国关税承诺表》

注：U 表示产品排除在降低关税或取消关税的承诺之外；/ 表示不涉及。

根据《区域全面经济伙伴关系协定》的附件《越南对中国关税承诺表》，重庆和四川出口越南的前十位商品的关税承诺表可见 VIE-12 和 VIE-13。重庆出口越南的前十位商品中，基准税率为 5% 的铝合金制条、杆承诺立即降至零关税，出口成本减少 605.43 万元；四川出口越南的前十位商品中，基准税率为 3% 的厚度大于 4mm 的铝合金矩形板、片承诺立即降至零关税，出口成本减少 1139.80 万元。

表 VIE-12 加入 RCEP 对重庆出口越南前十位商品税率的影响

商品编码	商品名称	基准税率	第 1 年	第 5 年	第 10 年	第 1 年进口成本减少（万元）
84713090	其他重量不超过 10 千克的便携式自动数据处理设备	0.0%	0.0%	0.0%	0.0%	0
85177030	手持式无线电话机的零件（天线除外）	/	/	/	/	不涉及
76061220	铝合金矩形板、片，0.2mm <厚< 0.28mm	0.0%	0.0%	0.0%	0.0%	0
85340010	四层以上的印刷电路	0.0%	0.0%	0.0%	0.0%	0
87043100	其他汽油货车，车总重≤ 5 吨	/	/	/	/	不涉及
76042910	铝合金制条、杆	5.0%	0.0%	0.0%	0.0%	605.43
87082990	车身（包括驾驶室）的未列名零件、附件	/	/	/	/	不涉及
85176237	有线网络接口卡	/	/	/	/	不涉及
85437099	未列名具有独立功能的电气设备及装置	/	/	/	/	不涉及
84099199	其他点燃式活塞内燃发动机的零件	/	/	/	/	不涉及

数据来源：《区域全面经济伙伴关系协定》的附件《越南对中国关税承诺表》

注：/ 表示不涉及。

表 VIE-13 加入 RCEP 对四川出口越南前十位商品税率的影响

商品编码	商品名称	基准税率	第 1 年	第 5 年	第 10 年	第 1 年进口成本减少（万元）
85423190	其他用作处理器及控制器的集成电路	/	/	/	/	不涉及
84713090	其他重量不超过 10 千克的便携式自动数据处理设备	0.0%	0.0%	0.0%	0.0%	0
84733090	品目 8471 所列其他机器的零件、附件	0.0%	0.0%	0.0%	0.0%	0

续表

商品编码	商品名称	基准税率	第 1 年	第 5 年	第 10 年	第 1 年进口成本减少（万元）
85423290	其他用作存储器的集成电路	/	/	/	/	不涉及
76061290	铝合金矩形板、片，厚度＞4mm	3.0%	0.0%	0.0%	0.0%	1139.80
85177030	手持式无线电话机的零件（天线除外）	/	/	/	/	不涉及
85414020	太阳能电池	/	/	/	/	不涉及
32061110	钛白粉	0.0%	0.0%	0.0%	0.0%	0
85423990	其他集成电路	/	/	/	/	不涉及
84368000	其他农、林业机器	/	/	/	/	不涉及

数据来源：《区域全面经济伙伴关系协定》的附件《越南对中国关税承诺表》

注：/ 表示不涉及

11　韩国

11.1 成渝地区双城经济圈与韩国货物贸易总览

由表 KR–1 可知，2019 年成渝地区双城经济圈对韩国货物进出口总额为 827.82 亿元，占成渝对全球货物进出口总额的 6.58%。其中，进口额为 553.02 亿元，占成渝从全球进口货物总额的 11.14%；出口额为 274.80 亿元，占成渝出口全球货物总额的 3.61%。重庆对韩国货物进出口总额为 506.45 亿元，占重庆对全球货物进出口总额的 8.74 %。其中，进口额为 308.32 亿元，占重庆从全球进口货物总额的 14.83%；出口额为 198.13 亿元，占重庆出口全球货物总额的 5.34%。四川对韩国货物进出口总额为 321.38 亿元，占四川对全球货物进出口总额的 4.73%。其中，进口额为 244.70 亿元，占四川从全球货物进口总额的 8.48%，出口额为 76.67 亿元，占四川出口全球货物总额的 1.96%。从货物贸易的平衡状况来看，重庆和四川对韩国整体上货物进口额大于出口额，处于贸易逆差状态。

表 KR–1　2019 年成渝地区双城经济圈对韩国进出口货物情况

单位：亿元、%

	进口额	占比	出口额	占比	进出口总额	占比	顺 / 逆差
重庆	308.32	14.83	198.13	5.34	506.45	8.74	–110.19
四川	244.70	8.48	76.67	1.96	321.38	4.73	–168.03
成渝	553.02	11.14	274.80	3.61	827.82	6.58	–278.22

数据来源：中国海关总署

11.2 重庆与韩国的货物贸易情况

11.2.1 重庆从韩国进口情况

2019 年重庆从韩国进口货物排前十位分别为：其他用作存储器的集成电路，用作存储器的多元件集成电路，硬盘驱动器，其他蒸馏高温煤焦油所得油类等产品及类似品，品目 8471 所列其他机器的零件、附件，其他铸制或轧制的非夹丝的玻璃板、片，对二甲苯，其他用作处理器及控制器的集成电路，其他集成电路，四层及以下的印刷电路。其中，其他用作存储器的集成电路进口额最高，达到134.49亿元，占重庆从韩国进口总额的43.62%。排名前十位产品的进口总额为252.15亿元，占比高达81.78%，商品类别主要为机器、机械器具、电气设备及其零件。（见表KR-2）

表KR-2 2019年重庆从韩国进口货物前十位

单位：万元、%

商品编码	商品名称	商品类别	进口额	占比	排名
85423290	其他用作存储器的集成电路	机器、机械器具、电气设备及其零件	1344882	43.62	1
85423210	用作存储器的多元件集成电路	机器、机械器具、电气设备及其零件	257143	8.34	2
84717010	硬盘驱动器	机器、机械器具、电气设备及其零件	243893	7.91	3
27079990	其他蒸馏高温煤焦油所得油类等产品及类似品	矿产品	161326	5.23	4
84733090	品目8471所列其他机器的零件、附件	机器、机械器具、电气设备及其零件	125500	4.07	5
70031900	其他铸制或轧制的非夹丝的玻璃板、片	玻璃及其制品	117718	3.82	6
29024300	对二甲苯	化学工业及其相关工业的产品	105122	3.41	7
85423190	其他用作处理器及控制器的集成电路	机器、机械器具、电气设备及其零件	86447	2.80	8
85423990	其他集成电路	机器、机械器具、电气设备及其零件	42546	1.38	9
85340090	四层及以下的印刷电路	机器、机械器具、电气设备及其零件	36958	1.20	10

数据来源：中国海关总署

11.2.2 重庆对韩国出口情况

2019年重庆出口到韩国货物前十位分别为：用作存储器的多元件集成电路，其他用作存储器的集成电路，其他重量不超过10千克的便携式自动数据处理设备，其他接收、转换并且发送或再生声音、图像或其他数据用的设备，苎麻≥85%未漂白机织物，液晶显示板，硬盘驱动器，客车或货运机动车辆用新的充气橡胶轮胎，微型机的处理部件，化纤制针织钩编套头衫、开襟衫、外穿背心等。其中，用作存储器的多元件集成电路的出口额最高，达到 60.76 亿元，占重庆出口韩国货物总额的 30.67%。排名前十位产品的出口总额为 155.96 亿元，占比高达 78.72%，商品类别主要为机器、机械器具、电气设备及其零件（见表 KR-3）。

表 KR-3　2019 年重庆对韩国出口货物前十位

单位：万元、%

商品编码	商品名称	商品类别	出口额	占比	排名
85423210	用作存储器的多元件集成电路	机器、机械器具、电气设备及其零件	607646	30.67	1
85423290	其他用作存储器的集成电路	机器、机械器具、电气设备及其零件	498036	25.14	2
84713090	其他重量不超过 10 千克的便携式自动数据处理设备	机器、机械器具、电气设备及其零件	173683	8.77	3
85176299	其他接收、转换并且发送或再生声音、图像或其他数据用的设备	机器、机械器具、电气设备及其零件	117756	5.94	4
53110012	苎麻≥ 85% 未漂白机织物	纺织原料及纺织制品	38826	1.96	5
90138030	液晶显示板	光学、照相、电影、计量、检验、医疗或外科用仪器及设备	32726	1.65	6
84717010	硬盘驱动器	机器、机械器具、电气设备及其零件	30481	1.54	7
40112000	客车或货运机动车辆用新的充气橡胶轮胎	橡胶及其制品	22740	1.15	8
84715040	微型机的处理部件	机器、机械器具、电气设备及其零件	19050	0.96	9
61103000	化纤制针织钩编套头衫、开襟衫、外穿背心等	纺织原料及纺织制品	18654	0.94	10

数据来源：中国海关总署

11.3 四川与韩国的货物贸易情况

11.3.1 四川从韩国进口情况

2019 年四川从韩国进口货物前十位分别为：其他用作处理器及控制器的

多元件集成电路，其他用作存储器的集成电路，其他制造平板显示器用的机器及装置，硬盘驱动器，其他升降、装卸、搬运单晶柱等的装置，品目 8486 所列设备用未列名零件及附件，锂离子蓄电池，制造平板显示器的扩散、氧化等热处理设备，其他用作处理器及控制器的集成电路，非特种用途的取像模块。其中，其他用作处理器及控制器的多元件集成电路进口额最高，达到 35.56 亿元，占四川从韩国进口总额的 14.53%。排名前十位产品的进口总额为 166.16 亿元，占比达到 67.90%，商品类别均为机器、机械器具、电气设备及其零件。（见表 KR–4）

表 KR–4　2019 年四川从韩国进口货物前十位

单位：万元、%

商品编码	商品名称	商品类别	进口额	占比	排名
85423119	其他用作处理器及控制器的多元件集成电路	机器、机械器具、电气设备及其零件	355608	14.53	1
85423290	其他用作存储器的集成电路	机器、机械器具、电气设备及其零件	286621	11.71	2
84863090	其他制造平板显示器用的机器及装置	机器、机械器具、电气设备及其零件	257740	10.53	3
84717010	硬盘驱动器	机器、机械器具、电气设备及其零件	211269	8.63	4
84864039	其他升降、装卸、搬运单晶柱等的装置	机器、机械器具、电气设备及其零件	107216	4.38	5
84869099	品目 8486 所列设备用未列名零件及附件	机器、机械器具、电气设备及其零件	102290	4.18	6
85076000	锂离子蓄电池	机器、机械器具、电气设备及其零件	92748	3.79	7
84863010	制造平板显示器的扩散、氧化等热处理设备	机器、机械器具、电气设备及其零件	90848	3.71	8
85423190	其他用作处理器及控制器的集成电路	机器、机械器具、电气设备及其零件	85118	3.48	9
85299042	非特种用途的取像模块	机器、机械器具、电气设备及其零件	72106	2.95	10

数据来源：中国海关总署

11.3.2 四川对韩国出口情况

2019 年四川出口到韩国货物前十位分别为：平板电脑，液晶显示板，其他重量不超过 10 千克的便携式自动数据处理设备，锂的碳酸盐，太阳能电池，钛白粉，氢氧化锂，其他用作处理器及控制器的集成电路，涡轮风扇喷气发动机（推力＞ 25kN），锂镍钴锰氧化物。其中，平板电脑出口额最高，达到 16.73 亿元，占四川出口韩国货物总额的 21.82%。排名前十位产品的出口总额为 43.73 亿元，占比达到 57.04%，商品类别主要为机器、机械器具、电气设备及其零件。（见表 KR–5）

表 KR–5　2019 年四川对韩国出口货物前十位

单位：万元、%

商品编码	商品名称	商品类别	出口额	占比	排名
84713010	平板电脑	机器、机械器具、电气设备及其零件	167281	21.82	1
90138030	液晶显示板	光学、照相、电影、计量、检验、医疗或外科用仪器及设备	58567	7.64	2
84713090	其他重量不超过 10 千克的便携式自动数据处理设备	机器、机械器具、电气设备及其零件	40994	5.35	3
28369100	锂的碳酸盐	化学工业及其相关工业的产品	38750	5.05	4
85414020	太阳能电池	机器、机械器具、电气设备及其零件	35585	4.64	5
32061110	钛白粉	化学工业及其相关工业的产品	28265	3.69	6
28252010	氢氧化锂	化学工业及其相关工业的产品	23868	3.11	7
85423190	其他用作处理器及控制器的集成电路	机器、机械器具、电气设备及其零件	15636	2.04	8
84111210	涡轮风扇喷气发动机（推力＞ 25kN ）	机器、机械器具、电气设备及其零件	14877	1.94	9
28429030	锂镍钴锰氧化物	化学工业及其相关工业的产品	13506	1.76	10

数据来源：中国海关总署

11.4 重庆与四川对韩国货物贸易的对比分析

11.4.1 贸易数量

由图 KR-1 可知，重庆对韩国货物贸易的进口额、出口额、进出口总额方面均高于四川。具体来看，重庆从韩国货物进口额为 308.32 亿元，是四川从韩国货物进口额的 1.26 倍；重庆对韩国的货物出口额为 198.13 亿元，是四川对韩国的货物出口额的 2.58 倍；重庆对韩国的货物进出口总额为 506.45 亿元，是四川对韩国的货物进出口总额的 1.58 倍。同时，四川对韩国的货物贸易逆差优势相较于重庆更加凸显。

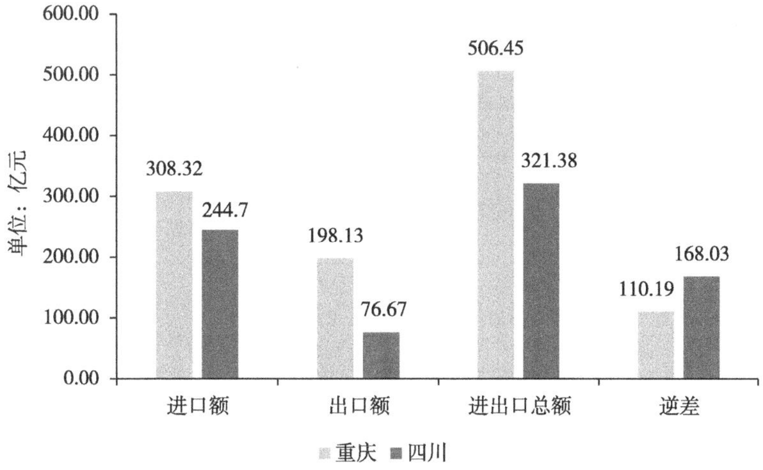

图 KR-1　2019 年重庆与四川对韩国货物贸易数量对比

11.4.2 贸易结构

2019 年重庆从韩国进口的商品种类为 985 种，与四川的 972 种相差不大。从具体的产品结构来看，重庆与四川从韩国进口的前十位商品结构相似度较高，主要类别均为机器、机械器具、电气设备及其零件，重庆与四川在对韩国的进口贸易中存在明显的竞争关系。不同的是，重庆从韩国进口的前十位商品包含少量的矿产品、玻璃及其制品，而四川从韩国进口的前十位商品只有机器、机械器具、电气设备及其零件这类商品。重庆排名前十位商品的进口总额为 252.15 亿元，占比高达 81.78%，而四川排名前十位商品的进口总额为166.16亿元，占比达到67.90%，表明重庆从韩国进口商品的种类比四川更集中（见表KR-6）。

表KR-6　2019年重庆与四川对韩国进口货物贸易的结构对比

单位：亿元、%

重庆				四川			
商品名称	商品类别	进口额	占比	商品名称	商品类别	进口额	占比
其他用作存储器的集成电路	机器、机械器具、电气设备及其零件	1344882	43.62	其他用作处理器及控制器的多元件集成电路	机器、机械器具、电气设备及其零件	355608	14.53
用作存储器的多元件集成电路	机器、机械器具、电气设备及其零件	257143	8.34	其他用作存储器的集成电路	机器、机械器具、电气设备及其零件	286621	11.71
硬盘驱动器	机器、机械器具、电气设备及其零件	243893	7.91	其他制造平板显示器用的机器及装置	机器、机械器具、电气设备及其零件	257740	10.53
其他蒸馏高温煤焦油所得油类等产品及类似品	矿产品	161326	5.23	硬盘驱动器	机器、机械器具、电气设备及其零件	211269	8.63
品目8471所列其他机器的零件、附件	机器、机械器具、电气设备及其零件	125500	4.07	其他升降、装卸、搬运单晶柱等的装置	机器、机械器具、电气设备及其零件	107216	4.38
其他铸制或轧制的非夹丝的玻璃板、片	玻璃及其制品	117718	3.82	品目8486所列设备用未列名零件及附件	机器、机械器具、电气设备及其零件	102290	4.18
对二甲苯	化学工业及其相关工业的产品	105122	3.41	锂离子蓄电池	机器、机械器具、电气设备及其零件	92748	3.79
其他用作处理器及控制器的集成电路	机器、机械器具、电气设备及其零件	86447	2.80	制造平板显示器的扩散、氧化等热处理设备	机器、机械器具、电气设备及其零件	90848	3.71
其他集成电路	机器、机械器具、电气设备及其零件	42546	1.38	其他用作处理器及控制器的集成电路	机器、机械器具、电气设备及其零件	85118	3.48
四层及以下的印刷电路	机器、机械器具、电气设备及其零件	36958	1.20	非特种用途的取像模块	机器、机械器具、电气设备及其零件	72106	2.95

数据来源：中国海关总署

2019年重庆对韩国出口的商品种类为1544种，四川对韩国出口的商品种类为 1361 种。从具体的产品结构来看，重庆与四川对韩国出口的前十位商品结构相似度较高，主要类别均为机器、机械器具、电气设备及其零件，重庆与四川在对韩国的出口贸易中存在明显的竞争关系。不同的是，重庆对韩国出口的前十位商品包含少量的纺织原料及纺织制品，而四川对韩国出口的前十位商品包含少量的化学工业及其相关工业的产品。重庆排名前十位产品的出口总额为 155.96 亿元，占比高达 78.72%，而四川排名前十位产品的出口总额为 43.73 亿元，占比达到 57.04%，表明重庆对韩国出口商品的种类比四川更集中（见表 KR-7）。

表 KR-7　2019 年重庆与四川对韩国出口货物贸易的结构对比

单位：万元、%

重庆				四川			
商品名称	商品类别	出口额	占比	商品名称	商品类别	出口额	占比
用作存储器的多元件集成电路	机器、机械器具、电气设备及其零件	607646	30.67	平板电脑	机器、机械器具、电气设备及其零件	167281	21.82
其他用作存储器的集成电路	机器、机械器具、电气设备及其零件	498036	25.14	液晶显示板	光学、照相、电影、计量、检验、医疗或外科用仪器及设备	58567	7.64
其他重量不超过 10 千克的便携式自动数据处理设备	机器、机械器具、电气设备及其零件	173683	8.77	其他重量不超过 10 千克的便携式自动数据处理设备	机器、机械器具、电气设备及其零件	40994	5.35
其他接收、转换并且发送或再生声音、图像或其他数据用的设备	机器、机械器具、电气设备及其零件	117756	5.94	锂的碳酸盐	化学工业及其相关工业的产品	38750	5.05
苎麻≥ 85% 未漂白机织物	纺织原料及纺织制品	38826	1.96	太阳能电池	机器、机械器具、电气设备及其零件	35585	4.64
液晶显示板	光学、照相、电影、计量、检验、医疗或外科用仪器及设备	32726	1.65	钛白粉	化学工业及其相关工业的产品	28265	3.69

续表

重庆				四川			
硬盘驱动器	机器、机械器具、电气设备及其零件	30481	1.54	氢氧化锂	化学工业及其相关工业的产品	23868	3.11
客车或货运机动车辆用新的充气橡胶轮胎	橡胶及其制品	22740	1.15	其他用作处理器及控制器的集成电路	机器、机械器具、电气设备及其零件	15636	2.04
微型机的处理部件	机器、机械器具、电气设备及其零件	19050	0.96	涡轮风扇喷气发动机，推力>25kN	机器、机械器具、电气设备及其零件	14877	1.94
化纤制针织钩编套头衫、开襟衫、外穿背心等	纺织原料及纺织制品	18654	0.94	锂镍钴锰氧化物	化学工业及其相关工业的产品	13506	1.76

数据来源：中国海关总署

11.5 中韩关税承诺的对比及影响

根据《区域全面经济伙伴关系协定》（RCEP），中国的关税承诺表主要体现在《中国对韩国关税承诺表》中，共 167 页。韩国的关税承诺表主要体现在《韩国对中国关税承诺表》中，共 359 页。

11.5.1 中韩进口关税承诺

2019 年中国对韩国进口关税基准税率为 0% 的产品数有 699 种，占全部 8 位数产品总数（8277）的 8.45%。协议后，第一年税率为 0% 的产品增至 3198 种，占比为 38.64%。到协议第十年，税率为 0% 的产品数为 6595，占比 79.68%。协议第二十年，税率为 0% 的产品有 7118 种，占比高达 86.00%。

就重庆与四川从韩国进口前十位商品而言，中国对韩国进口商品的关税减免，有 7 类商品不涉及，2 类商品排除在外。经过测算发现，加入 RCEP 第 1 年重庆从韩国进口前十位商品可以节省成本 3130.49 万元，而四川从韩国进口前十位商品可以减少 1401.35 万元的成本。加入 RCEP 对重庆从韩国进口前十位商品的利好更明显，重庆从韩国进口的总额可能进一步增加（见表 KR-7 和表 KR-8）。

表 KR-7 加入 RCEP 对重庆进口韩国前十位货物税率的影响

商品代码	产品名称	进口额（万元）	基准税率	第 1 年	第 5 年	第 10 年税率	第 1 年进口成本减少（万元）
85423290	其他用作存储器的集成电路	1344882	/	/	/	/	不涉及
85423210	用作存储器的多元件集成电路	257143	/	/	/	/	不涉及
84717010	硬盘驱动器	243893	0.0%	0.0%	0.0%	0.0%	0
27079990	其他蒸馏高温煤焦油所得油类等产品及类似品	161326	7.0%	6.3%	3.5%	0.0%	1129.28
84733090	品目 8471 所列其他机器的零件、附件	125500	0.0%	0.0%	0.0%	0.0%	0
70031900	其他铸制或轧制的非夹丝的玻璃板、片	117718	17.5%	15.8%	8.8%	0.0%	2001.21
29024300	对二甲苯	105122	2.0%	U	U	U	U
85423190	其他用作处理器及控制器的集成电路	86447	/	/	/	/	不涉及
85423990	其他集成电路	42546	/	/	/	/	不涉及
85340090	四层及以下的印刷电路	36958	0.0%	0.0%	0.0%	0.0%	0

数据来源:《区域全面经济伙伴关系协定》中国关税承诺表

注：/ 表示不涉及。U 表示产品排除在降低关税或取消关税的承诺之外。

表 KR-8 加入 RCEP 对四川进口韩国前十位货物税率的影响

商品代码	产品名称	进口额（万元）	基准税率	第 1 年	第 5 年	第 10 年税率	第 1 年进口成本减少（万元）
85423119	其他用作处理器及控制器的多元件集成电路	355608	/	/	/	/	不涉及
85423290	其他用作存储器的集成电路	286621	/	/	/	/	不涉及
84863090	其他制造平板显示器用的机器及装置	257740	0.0%	0.0%	0.0%	0.0%	0
84717010	硬盘驱动器	211269	0.0%	0.0%	0.0%	0.0%	0
84864039	其他升降、装卸、搬运单晶柱等的装置	107216	5.0%	4.5.0%	2.5%	0.0%	536.08

续表

商品代码	产品名称	进口额（万元）	基准税率	第 1 年	第 5 年	第 10 年税率	第 1 年进口成本减少（万元）
84869099	品目 8486 所列设备用未列名零件及附件	102290	0.0%	0.0%	0.0%	0.0%	0
85076000	锂离子蓄电池	92748	12.0%	U	U	U	U
84863010	制造平板显示器的扩散、氧化等热处理设备	90848	0.0%	0.0%	0.0%	0.0%	0
85423190	其他用作处理器及控制器的集成电路	85118	/	/	/	/	不涉及
85299042	非特种用途的取像模块	72106	12.0%	10.8%	6.0%	0.0%	865.27

数据来源：《区域全面经济伙伴关系协定》中国关税承诺表

注：/ 表示不涉及。U 表示产品排除在降低关税或取消关税的承诺之外。

11.5.2 中韩出口关税承诺

2019 年韩国对中国出口关税基准税率为 0% 的产品数有 1951 种，占全部 8 位数产品总数（12244）的 15.93%。协议后，第一年税率为 0% 的产品增至 6166 种，占比为 50.36%。到协议第十年，税率为 0% 的产品数为 9459，占比 77.25%。协议第二十年，税率为 0% 的产品有 10529 种，占比高达 85.99%。

就重庆与四川对韩国出口前十位商品而言，韩国对中国出口商品的关税减免，有 13 商品不涉及，0 类商品排除在外。经过测算发现，加入 RCEP 第 1 年重庆对韩国出口前十位商品可以节省成本 2618.08 万元，而四川对韩国出口前十位商品可以减少 6998.69 万元的成本。加入 RCEP 对四川对韩国进口前十位商品的利好更明显，四川对韩国出口的总额可能进一步增加。（见表 KR-9 和表 KR-10）

表 KR-9 加入 RCEP 对重庆出口韩国前十位货物税率的影响

商品代码	产品名称	出口额（万元）	基准税率	第 1 年	第 5 年	第 10 年税率	第 1 年出口成本减少（万元）
85423210	用作存储器的多元件集成电路	607646	/	/	/	/	不涉及
85423290	其他用作存储器的集成电路	498036	/	/	/	/	不涉及

续表

商品代码	产品名称	出口额（万元）	基准税率	第1年	第5年	第10年税率	第1年出口成本减少（万元）
84713090	其他重量不超过10千克的便携式自动数据处理设备	173683	/	/	/	/	不涉及
85176299	其他接收、转换并且发送或再生声音、图像或其他数据用的设备	117756	/	/	/	/	不涉及
53110012	苎麻≥85%未漂白机织物	38826	/	/	/	/	不涉及
90138030	液晶显示板	32726	8.0%	0%	0%	0%	2618.08
84717010	硬盘驱动器	30481	0%	0%	0%	0%	0
40112000	客车或货运机动车辆用新的充气橡胶轮胎	22740	/	/	/	/	不涉及
84715040	微型机的处理部件	19050	/	/	/	/	不涉及
61103000	化纤制针织钩编套头衫、开襟衫、外穿背心等	18654	/	/	/	/	不涉及

数据来源：《区域全面经济伙伴关系协定》韩国关税承诺表

注：/表示不涉及。

表 PH-11 加入 RCEP 四川出口韩国前十位货物税率的影响

商品代码	产品名称	出口额（万元）	基准税率	第1年	第5年	第10年税率	第1年出口成本减少（万元）
84713010	平板电脑	167281	/	/	/	/	不涉及
90138030	液晶显示板	58567	8.0%	0%	0%	0%	4685.36
84713090	其他重量不超过10千克的便携式自动数据处理设备	40994	/	/	/	/	不涉及
28369100	锂的碳酸盐	38750	5.5%	0%	0%	0%	213.13
85414020	太阳能电池	35585	/	/	/	/	不涉及
32061110	钛白粉	28265	/	/	/	/	不涉及
28252010	氢氧化锂	23868	5.5%	0%	0%	0%	1312.74
85423190	其他用作处理器及控制器的集成电路	15636	/	/	/	/	不涉及

续表

商品代码	产品名称	出口额（万元）	基准税率	第 1 年	第 5 年	第 10 年税率	第 1 年出口成本减少（万元）
84111210	涡轮风扇喷气发动机，推力＞ 25kN	14877	3.0%	2.7%	1.5%	0%	44.63
28429030	锂镍钴锰氧化物	13506	5.5%	0%	0%	0%	742.83

数据来源：《区域全面经济伙伴关系协定》韩国关税承诺表

注：/ 表示不涉及。

12　日本

12.1 成渝地区双城经济圈与日本货物贸易总览

由表 JP-1 可知，2019 年，成渝双城经济圈对日本货物进出口总额为 619.02 亿元，占成渝对全球货物进出口总额的 4.93%，其中出口额为 321.00 亿元，占成渝出口全球货物总额的 4.22%，进口额为 298.02 亿元，占成渝从全球进口货物总额的 6.02%，贸易顺差为 22.98 亿元。重庆对日本货物进出口总额为 233.90 亿元，占重庆对全球货物进出口总额的 4.04%，其中出口为 137.60 亿元，占重庆出口全球货物总额的 3.71%，进口为 96.30 亿元，占重庆从全球进口货物总额的 4.63%，贸易顺差为 41.30 亿元。四川对日本货物进出口总额为 385.12 亿元，占四川对全球货物进出口总额的 5.69%，其中出口为 183.40 亿元，占四川出口全球货物总额的 4.71%，进口为 201.72 亿元，占四川从全球货物进口总额的 7.02%，贸易逆差为 18.32 亿元。从货物贸易的平衡状况来看，成渝与日本整体上货物出口额大于进口额，处于贸易顺差状态。

表 JP-1　2019 年成渝对日本进出口情况

单位：亿元、%

	进口额	占比	出口额	占比	进出口总额	占比	顺 / 逆差
重庆	96.30	4.63	137.60	3.71	233.90	4.04	41.30
四川	201.72	7.02	183.40	4.71	385.12	5.69	–18.32
成渝	298.02	6.02	321.00	4.22	619.02	4.93	22.98

数据来源：中国海关总署

12.2 重庆与日本货物贸易情况

12.2.1 重庆对日本进口情况

由表 JP-2 可知，2019 年重庆对日本进口货物排名前十的商品有对二甲苯、未列名机动车辆用变速箱及其零件、压力 / 差压变送器、未锻轧铜含量＞ 99.9935% 的精炼铜阴极、小轿车用自动换挡变速箱及其零件、章注释 9（3）规定的其他装配封装机器及装置、未列名测量或检验仪器、器具及机器、感光乳液、自动贴片机、片式多层瓷介电容器。其中，对二甲苯进口额最高，达到 123683.31 万元，占重庆从日本进口总额的 12.84%；其次是未列名机动车辆用变速箱及其零件，达到 121615.05 万元，占重庆从日本进口总额的 12.63%；排名第三的是压力 / 差压变送器，货值为 32172.46 万元，占重庆从日本进口总额的 3.34%。排名前十位产品的进口总额为 41.92 亿元，占比高达 43.53%。从商品类别来看，重庆从日本进口排名前十的主要商品类别为化学工业及相关工业的产品、车辆及有关运输设备、精密仪器及设备、贱金属及其制品、机器及机械器具、电气设备及其零件；从贸易方式来看，位居前十名商品的贸易方式包括一般贸易、海关特殊监管区域进口设备、海关特殊监管区域物流货物、外商投资企业作为投资进口的设备 / 物品、进料加工贸易、来料加工贸易以及其他，其中有八种商品采用了两种或两种以上的贸易方式。

表 JP-2　2019 年重庆从日本进口货物前十位

单位：万元、%

商品编码	商品名称	商品类别	进口额	占比	排名
29024300	对二甲苯	化学工业及相关工业的产品	123683.31	12.84	1
87084099	未列名机动车辆用变速箱及其零件	车辆及有关运输设备	121615.05	12.63	2
90262010	压力 / 差压变送器	精密仪器及设备	32172.46	3.34	3
74031111	未锻轧铜含量＞ 99.9935% 的精炼铜阴极	贱金属及其制品	24112.03	2.50	4
87084091	小轿车用自动换挡变速箱及其零件	车辆及有关运输设备	22106.44	2.30	5
84864029	章注释 9（3）规定的其他装配封装机器及装置	机器及机械器具	21969.54	2.28	6
90318090	未列名测量或检验仪器、器具及机器	精密仪器及设备	19581.59	2.03	7
37071000	感光乳液	化学工业及相关工业的产品	18030.79	1.87	8
84798962	自动贴片机	机器及机械器具	17991.75	1.87	9
85322410	片式多层瓷介电容器	电气设备及其零件	17968.08	1.87	10

数据来源：中国海关总署

12.2.2 重庆对日本出口情况

由表 JP-3 可知，2019 年重庆对日本出口货物排名前十的商品有 6301 至

6307 的未列名制成品，包括服装裁剪样、苎麻≥ 85% 未漂白机织物、未列名结构上含有一个非稠合吡啶环的化合物、长度≤ 50mm 的短切玻璃纤维、未列名点燃式活塞内燃发动机未、未列名玻璃纤维制品、其他点燃式活塞内燃发动机的零件、有机 – 无机复混肥料、玻璃棉及其制品、棕刚玉。其中，6301 至 6307 的未列名制成品，包括服装裁剪样出口额最高，为 20047.73 万元人民币，占重庆出口日本货物总额的 1.46%；其次是苎麻≥ 85% 未漂白机织物，达到 13679.26 万元人民币，占重庆出口日本货物总额的 0.99%；排名第三的是未列名结构上含有一个非稠合吡啶环的化合物，为 10502.80 万元人民币，占重庆出口日本货物总额的 0.76%。排名前十位产品的出口总额为 9.33 亿元，占比为 6.78%。从商品类别来看，重庆出口日本排名前十的主要商品类别为纺织原料及纺织制品、化学工业及相关工业的产品、玻璃及其制品、机器及机械器具；从贸易方式来看，排名前十位商品的贸易方式包括一般贸易、海关特殊监管区域物流货物、进料加工贸易以及其他，其中采用最多的贸易方式是一般贸易方式，有五种商品采用了两种或两种以上的贸易方式。

表 JP-3　2019 年重庆对日本出口排名前十位

单位：万元、%

商品编码	商品名称	商品类别	出口额	占比	排名
63079000	6301 至 6307 的未列名制成品，包括服装裁剪样	纺织原料及纺织制品	20047.73	1.46	1
53110012	苎麻≥ 85% 未漂白机织物	纺织原料及纺织制品	13679.26	0.99	2
29333990	未列名结构上含有一个非稠合吡啶环的化合物	化学工业及相关工业的产品	10502.80	0.76	3
70191100	长度≤ 50mm 的短切玻璃纤维	玻璃及其制品	9316.12	0.68	4
84079090	未列名点燃式活塞内燃发动机	机器及机械器具	9074.64	0.66	5
70199090	未列名玻璃纤维制品	玻璃及其制品	7523.95	0.55	6
84099199	其他点燃式活塞内燃发动机的零件	机器及机械器具	6625.25	0.48	7
31059010	有机 – 无机复混肥料	化学工业及相关工业的产品	6028.50	0.44	8
70199010	玻璃棉及其制品	玻璃及其制品	5645.15	0.41	9
28181010	棕刚玉	化学工业及相关工业的产品	4893.21	0.36	10

数据来源：中国海关总署

12.3 四川与日本货物贸易情况

12.3.1 四川对日本进口情况

如表 JP-4，2019 年四川对日本进口货物排名前十的商品包括未列名机动车辆用变速箱及其零件、四层以上的印刷电路、制造平板显示器用的物理气相沉积设备（PVD）、小轿车用自动换挡变速箱及其零件、排量＞ 3000ml 车辆用往复式活塞发动机、偏振材料制的片及板、其他制造平板显示器用的机器及装置、制造平板显示器用的分布重复光刻机、品目 8471 所列其他机器的零件 / 附件、片式多层瓷介电容器。其中进口额最高的为未列名机动车辆用变速箱及其零件，高达 142332.45 万元人民币，占四川从日本进口总额的 7.06%；排在第二位的是四层以上的印刷电路，总额为 135660.45 万元人民币，占四川从日本进口总额的 6.73%；第三位是制造平板显示器用的物理气相沉积设备（PVD），达到 81711.01 万元人民币，占四川从日本进口总额的 4.05%。排名前十位产品的进口总额为 82.40 亿元，占比高达 40.85%。从商品类别来看，四川从日本进口排名前十的主要商品类别为车辆及有关运输设备、电气设备及其零件、机器及机械器具、精密仪器及设备；从贸易方式来看，排名前十位商品的贸易方式包括一般贸易、进料加工贸易、来料加工贸易、保税监管场所进出境货物、海关特殊监管区域物流货物、海关特殊监管区域进口设备以及其他，其中采用最多的贸易方式是一般贸易，有六种商品采用了两种或两种以上的贸易方式。

表 JP-4　2019 年四川从日本进口排名前十位

单位：万元、%

商品编码	商品名称	商品类别	进口额	占比	排名
87084099	未列名机动车辆用变速箱及其零件	车辆及有关运输设备	142332.45	7.06	1
85340010	四层以上的印刷电路	电气设备及其零件	135660.45	6.73	2
84863022	制造平板显示器用的物理气相沉积设备（PVD）	机器及机械器具	81711.01	4.05	3
87084091	小轿车用自动换挡变速箱及其零件	车辆及有关运输设备	77045.98	3.82	4

续表

商品编码	商品名称	商品类别	进口额	占比	排名
84073420	排量＞ 3000ml 车辆用往复式活塞发动机	机器及机械器具	70223.12	3.48	5
90012000	偏振材料制的片及板	精密仪器及设备	68359.79	3.39	6
84863090	其他制造平板显示器用的机器及装置	机器及机械器具	65506.28	3.25	7
84863031	制造平板显示器用的分布重复光刻机	机器及机械器具	64497.75	3.20	8
84733090	品目 8471 所列其他机器的零件 / 附件	机器及机械器具	59804.76	2.96	9
85322410	片式多层瓷介电容器	电气设备及其零件	58821.81	2.92	10

数据来源：中国海关总署

12.3.2 四川对日本出口情况

由表 JP-5 可知，2019 年四川对日本出口货物位居前十的商品包含氢氧化锂、锂的碳酸盐、未锻轧钨，包括简单烧结成的条 / 杆、氯化钡、钼酸铵、其他硅、橡胶或塑料制外底，纺织材料制鞋面的其他鞋靴、以塑料片或纺织材料作面的手提包、灯心草属材料制的席子 / 席料及帘子、其他无环酰胺及其衍生物以及它们的盐。其中氢氧化锂出口额最高，为 37064.04 万元，占四川出口日本货物总额的 2.02%；锂的碳酸盐出口额排在第二位，总额为 15233.93 万元，占四川出口日本货物总额的 0.83%；未锻轧钨，包括简单烧结成的条、杆出口额位居第三，达到 11155.09 万元，占四川出口日本货物总额的 0.61%。排名前十位产品的出口总额为 10.73 亿元，占比为 5.85%。从商品类别来看，四川出口日本排名前十的主要商品类别为化学工业及其相关工业的产品、贱金属及其制品、鞋靴及其零件、手提包、稻草 / 秸秆 / 针茅或其他编结材料制品；从贸易方式来看，排名前十位商品的贸易方式有一般贸易、进料加工贸易两种，其中橡胶或塑料制外底，纺织材料制鞋面的其他鞋靴和其他无环酰胺及其衍生物以及它们的盐采用了一般贸易和进料加工贸易两种贸易方式，其余八种商品均只采用了一般贸易方式。

表 JP-5　2019 年四川从日本出口排名前十位

单位：万元、%

商品编码	商品名称	商品类别	出口额	占比	排名
28252010	氢氧化锂	化学工业及其相关工业的产品	37064.04	2.02	1
28369100	锂的碳酸盐	化学工业及其相关工业的产品	15233.93	0.83	2
81019400	未锻轧钨，包括简单烧结成的条、杆	贱金属及其制品	11155.09	0.61	3
28273920	氯化钡	化学工业及其相关工业的产品	9565.93	0.52	4
28417010	钼酸铵	化学工业及其相关工业的产品	6863.62	0.37	5
28046900	其他硅	化学工业及其相关工业的产品	5696.38	0.31	6
64041990	橡胶或塑料制外底，纺织材料制鞋面的其他鞋靴	鞋靴及其零件	5620.75	0.31	7
42022200	以塑料片或纺织材料作面的手提包	手提包	5457.12	0.30	8
46012911	灯心草属材料制的席子、席料及帘子	稻草、秸秆、针茅或其他编结材料制品	5335.36	0.29	9
29241990	其他无环酰胺及其衍生物以及它们的盐	化学工业及其相关工业的产品	5265.14	0.29	10

数据来源：中国海关总署

12.4 重庆与四川对日本货物贸易的对比分析

12.4.1 贸易数量

由图 JP-1 可知，重庆对日本货物贸易的出口额、进口额、进出口总额均低于四川，而四川对日本货物贸易的净出口低于重庆。具体来看，四川从日本进口商品总额为 201.72 亿元，是重庆从日本进口商品总额的 2.09 倍；四川对日本货物出口额为 183.4 亿元，是重庆对日本货物出口额的倍 1.33 倍；四川从日本货物进出口总额为 385.12 亿元，是重庆从日本货物进出口总额的 1.65 倍；从净出口来看，重庆对日本货物净出口比四川高出 59.62 亿元，重庆处于贸易顺差状态，四川处于贸易逆差状态。

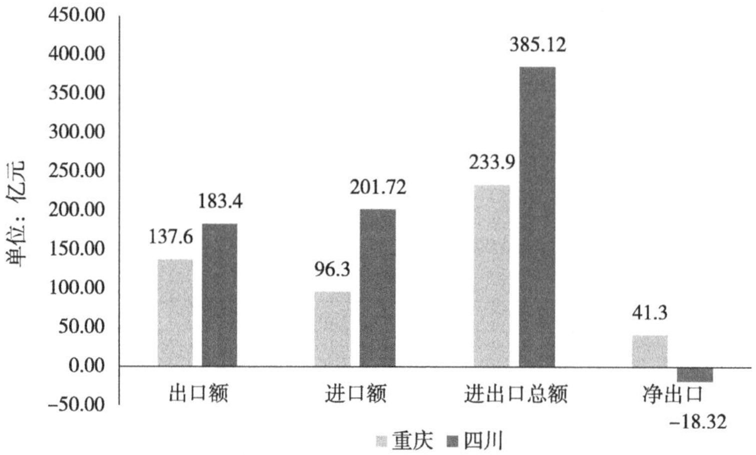

图 JP-1　2019 年重庆与四川对日本货物贸易数量对比

12.4.2 贸易结构

表 JP-6 展示了 2019 年重庆和四川从日本进口货物排名前十的商品名称、进口额以及占比情况。从表中可知，重庆和四川从日本进口排名前十的货物结构存在较大相似性。重庆从日本进口的商品较为集中，主要包括化学工业及相关工业的产品、车辆及有关运输设备、精密仪器及设备、贱金属及其制品、机器及机械器具、电气设备及其零件等，四川从日本进口的商品主要包括车辆及有关运输设备、电气设备及其零件、机器及机械器具、精密仪器及设备等，两者进口排名前十商品类别中均包含车辆及有关运输设备、精密仪器及设备、机器及机械器具、电气设备及其零件。通过对比发现，重庆与四川从日本进口产品结构差异较小，进口产品结构相似度较高。

表 JP-6　2019 年重庆与四川对日本进口货物贸易结构对比

单位：万元、%

重庆			四川		
商品名称	进口额	占比	商品名称	进口额	占比
对二甲苯	123683.31	12.84	未列名机动车辆用变速箱及其零件	142332.45	7.06
未列名机动车辆用变速箱及其零件	121615.05	12.63	四层以上的印刷电路	135660.45	6.73

续表

重庆			四川		
压力/差压变送器	32172.46	3.34	制造平板显示器用的物理气相沉积设备（PVD）	81711.01	4.05
未锻轧铜含量>99.9935%的精炼铜阴极	24112.03	2.50	小轿车用自动换挡变速箱及其零件	77045.98	3.82
小轿车用自动换挡变速箱及其零件	22106.44	2.30	排量>3000ml车辆用往复式活塞发动机	70223.12	3.48
章注释9（3）规定的其他装配封装机器及装置	21969.54	2.28	偏振材料制的片及板	68359.79	3.39
未列名测量或检验仪器、器具及机器	19581.59	2.03	其他制造平板显示器用的机器及装置	65506.28	3.25
感光乳液	18030.79	1.87	制造平板显示器用的分布重复光刻机	64497.75	3.20
自动贴片机	17991.75	1.87	品目8471所列其他机器的零件/附件	59804.76	2.96
片式多层瓷介电容器	17968.08	1.87	片式多层瓷介电容器	58821.81	2.92

数据来源：中国海关总署

表JP-7展示了2019年重庆和四川对日本出口货物排名前十的商品名称、出口额以及占比情况。从表中可知，重庆和四川对日本出口排名前十的商品相似度较低，商品类别差异较大，且重庆和四川对日本出口商品均较为分散。重庆对日本出口商品主要包括纺织原料及纺织制品、化学工业及相关工业的产品、玻璃及其制品、机器及机械器具等，四川对日本出口商品主要包括化学工业及其相关工业的产品、贱金属及其制品、鞋靴及其零件、手提包、稻草/秸秆/针茅或其他编结材料制品等。通过对比发现，重庆与四川对日本出口产品结构存在较大差异，在对日本的出口贸易中不存在明显的竞争关系。

表JP-7 2019年重庆与四川对日本出口货物贸易结构对比

单位：万元、%

重庆			四川		
商品名称	出口额	占比	商品名称	出口额	占比
6301至6307的未列名制成品，包括服装裁剪样	20047.73	1.46	氢氧化锂	37064.04	2.02

续表

重庆			四川		
苎麻≥ 85% 未漂白机织物	13679.26	0.99	锂的碳酸盐	15233.93	0.83
未列名结构上含有一个非稠合吡啶环的化合物	10502.80	0.76	未锻轧钨，包括简单烧结成的条、杆	11155.09	0.61
长度≤ 50mm 的短切玻璃纤维	9316.12	0.68	氯化钡	9565.93	0.52
未列名点燃式活塞内燃发动机	9074.64	0.66	钼酸铵	6863.62	0.37
未列名玻璃纤维制品	7523.95	0.55	其他硅	5696.38	0.31
其他点燃式活塞内燃发动机的零件	6625.25	0.48	橡胶或塑料制外底，纺织材料制鞋面的其他鞋靴	5620.75	0.31
有机 – 无机复混肥料	6028.50	0.44	以塑料片或纺织材料作面的手提包	5457.12	0.30
玻璃棉及其制品	5645.15	0.41	灯心草属材料制的席子、席料及帘子	5335.36	0.29
棕刚玉	4893.21	0.36	其他无环酰胺及其衍生物以及它们的盐	5265.14	0.29

数据来源：中国海关总署

12.5 中日关税承诺的对比及影响

根据《区域全面经济伙伴关系协定》(RCEP)，中国的关税承诺表主要体现在《中国对日本关税承诺表》中，共 315 页，几乎涵盖所有的大类。日本的关税承诺表主要体现在《日本关税承诺表》中，适用于其他 14 个国家，共 1209 页，几乎涵盖所有的大类。在前文统计的基础上，下面的表 JP-8—JP-11 列出了重庆和四川进出口日本前十位商品的关税承诺表。

12.5.1 中日进口关税承诺

中国对日本当前进口关税基准税率为 0% 的产品数有 699 种，占全部 8 位数产品总数（8277）的 8.45%。协议后，第一年和第十年税率为 0% 的产品均为 2070 种，占比均为 25.01%。到协议第二十年，税率为 0% 的产品有 6870 种，占比高达 83%。

从表 JP-8、JP-9 可以看出，重庆与四川从日本进口前十位商品中，对日本进口商品的关税减免，有 2 类商品排除在外。此外，重庆进口日本前十名商品有 4 个基准税率为 0%，四川则有 6 个商品基准税率为 0%；协议后重庆进口日本前十位商品第一年、第五年、第十年税率均为 0% 的有 5 个，四川则有为 6 个。经过测算发现，加入 RCEP 第 1 年重庆从日本进口前十位商品可以节省成本 6379.99 万元，四川从日本进口前十位商品可以减少成本 9253.66 万元。加入 RCEP 对四川从日本进口前十位商品的益处更明显，未来重庆、四川可能增加从日本的进口力度。

表 JP-8 加入 RCEP 对重庆进口日本前十位货物税率的影响

商品编码	商品名称	基准税率	第 1 年	第 5 年	第 10 年税率	第 1 年进口成本减少（万元）
29024300	对二甲苯	2.0%	U	U	U	U
87084099	未列名机动车辆用变速箱及其零件	10.0%	6.0%	6.0%	6.0%	4864.60
90262010	压力 / 差压变送器	0.0%	0.0%	0.0%	0.0%	0
74031111	未锻轧铜含量>99.9935% 的精炼铜阴极	2.0%	0.0%	0.0%	0.0%	482.24
87084091	小轿车用自动换挡变速箱及其零件	10.0%	6.0%	6.0%	6.0%	884.26
84864029	章注释 9（3）规定的其他装配封装机器及装置	0.0%	0.0%	0.0%	0.0%	0
90318090	未列名测量或检验仪器、器具及机器	5.0%	4.7%	3.4%	1.9%	58.74
37071000	感光乳液	8.0%	7.5%	5.5%	3.0%	90.15
84798962	自动贴片机	0.0%	0.0%	0.0%	0.0%	0
85322410	片式多层瓷介电容器	0.0%	0.0%	0.0%	0.0%	0

数据来源：《区域全面经济伙伴关系协定》中国关税承诺表

注：U 表示产品排除在降低关税或取消关税的承诺之外。

表 JP-9 加入 RCEP 对四川进口日本前十位货物税率的影响

商品编码	商品名称	基准税率	第 1 年	第 5 年	第 10 年税率	第 1 年进口成本减少（万元）
87084099	未列名机动车辆用变速箱及其零件	10.0%	6.0%	6.0%	6.0%	5693.30
85340010	四层以上的印刷电路	0.0%	0.0%	0.0%	0.0%	0
84863022	制造平板显示器用的物理气相沉积设备（PVD）	0.0%	0.0%	0.0%	0.0%	0
87084091	小轿车用自动换挡变速箱及其零件	10.0%	6.0%	6.0%	6.0%	3081.84
84073420	排量＞ 3000ml 车辆用往复式活塞发动机	10.0%	U	U	U	U
90012000	偏振材料制的片及板	8.0%	7.3%	4.4%	0.7%	478.52
84863090	其他制造平板显示器用的机器及装置	0.0%	0.0%	0.0%	0.0%	0
84863031	制造平板显示器用的分布重复光刻机	0.0%	0.0%	0.0%	0.0%	0
84733090	品目 8471 所列其他机器的零件、附件	0.0%	0.0%	0.0%	0.0%	0
85322410	片式多层瓷介电容器	0.0%	0.0%	0.0%	0.0%	0

数据来源：《区域全面经济伙伴关系协定》中国关税承诺表

注：U 表示产品排除在降低关税或取消关税的承诺之外。

12.5.2 中日出口关税承诺

当前日本对中国进口关税基准税率为 0% 的产品数为 0 个。但 RCEP 协议签署后，第一年税率为 0% 的产品数多达 2503 种，占全部 9 位数产品总数（12384）的 20.21%。到协议第十年，税率为 0% 的产品数为 4949，占比 39.96%。协议第二十年，税率为 0% 的产品有 7356 种，占比为 59.40%。

从表 JP-10、JP-11 可以看出，就重庆与四川对日本出口前十位商品而言，日本对中国出口商品的关税减免，有 1 类商品排除在外。此外，重庆出口日本前十名商品有 7 类商品的基准税率不涉及，四川则有 5 个商品的基准税率不涉及。协议后重庆、四川出口日本前十位商品第一年、第五年、第十年税率均为 0% 的商品分别有 7 个和 4 个，其余商品则均表现出税率逐年递减趋势。经测算发现，加入RCEP第1年重庆对日本出口前十位商品可以节省成本217.98万元，四川对日本出口前十位商品可以减少成本103.78万元。加入RCEP，重庆对日本出口前十位商品的益处更明显，未来重庆、四川可能增加对日本的出口力度。

表 JP–10 加入RCEP对重庆出口日本前十位货物税率的影响

商品编码	商品名称	基准税率	第1年	第5年	第10年税率	第1年出口成本减少（万元）
63079000	6301至6307的未列名制成品，包括服装裁剪样	6.5%	6.1%	4.5%	2.4%	80.19
53110012	苎麻≥85%未漂白机织物	10.0%	9.1%	5.5%	0.9%	123.11
29333990	未列名结构上含有一个非稠合吡啶环的化合物	/	0.0%	0.0%	0.0%	/
70191100	长度≤50mm的短切玻璃纤维	/	0.0%	0.0%	0.0%	/
84079090	未列名点燃式活塞内燃发动机	/	0.0%	0.0%	0.0%	/
70199090	未列名玻璃纤维制品	/	0.0%	0.0%	0.0%	/
84099199	其他点燃式活塞内燃发动机的零件	/	0.0%	0.0%	0.0%	/
31059010	有机–无机复混肥料	/	0.0%	0.0%	0.0%	/
70199010	玻璃棉及其制品	/	0.0%	0.0%	0.0%	/
28181010	棕刚玉	3.3%	3.0%	1.8%	0.3%	14.68

数据来源：《区域全面经济伙伴关系协定》日本关税承诺表

注：/表示不涉及。

表 JP–11 加入RCEP对四川出口日本前十位货物税率的影响

商品编码	商品名称	基准税率	第1年	第5年	第10年税率	第1年出口成本减少（万元）
28252010	氢氧化锂	/	0.0%	0.0%	0.0%	/
28369100	锂的碳酸盐	/	0.0%	0.0%	0.0%	/
81019400	未锻轧钨，包括简单烧结成的条、杆	/	0.0%	0.0%	0.0%	/

续表

商品编码	商品名称	基准税率	第 1 年	第 5 年	第 10 年税率	第 1 年出口成本减少（万元）
28273920	氯化钡	3.3%	3.0%	1.8%	0.3%	28.70
28417010	钼酸铵	3.3%	3.0%	1.8%	0.3%	20.59
28046900	其他硅	/	0.0%	0.0%	0.0%	/
64041990	橡胶或塑料制外底，纺织材料制鞋面的其他鞋靴	6.7%	6.4%	5.1%	3.5%	16.86
42022200	以塑料片或纺织材料作面的手提包	8.0%	7.6%	6.1%	4.2%	21.83
46012911	灯心草属材料制的席子、席料及帘子	/	U	U	U	/
29241990	其他无环酰胺及其衍生物以及它们的盐	3.1%	2.8%	1.7%	0.3%	15.80

数据来源：《区域全面经济伙伴关系协定》日本关税承诺表

注：U 表示产品排除在降低关税或取消关税的承诺之外。/ 表示不涉及。

13　新西兰

13.1 成渝双城经济圈与新西兰货物贸易总览

2019 年，成渝地区双城经济圈对新西兰进出口总额为 45.8 亿元，占中国对新西兰进出口总额的 3.84%。其中，进口额 29.86 亿元，占中国从新西兰进口总额的 3.64%；出口额 16.84 亿元，占中国对新西兰出口总额的 4.50%。从货物贸易的平衡状况来看，成渝地区与新西兰整体上货物进口大于出口，处于贸易逆差状态。

表 NZ-1　2019 年成渝对新西兰进出口情况

单位：亿元

	进口额	出口额	进出口总额	顺 / 逆差
重庆	17.19	11.77	28.96	-5.42
四川	12.67	4.17	16.84	-8.50
成渝	29.86	15.94	45.8	-13.92

数据来源：中国海关总署

13.2 重庆与新西兰的货物贸易情况

2019 年，重庆对新西兰货物的进出口总额为 28.96 亿元，其中重庆从新西兰进口金额总计 17.19 亿元，在重庆货物进口中占比 0.83%，重庆货物对新西兰出口金额总计 11.77 亿元，在重庆货物出口中占比 0.32%。从货物贸易的平衡状况来看，重庆与新西兰整体上货物进口大于出口，处于贸易逆差状态。

13.2.1 重庆从新西兰进口情况

2019 年，重庆从新西兰进口的产品排前十位的是辐射松原木（截面尺寸 ≥ 15cm），供婴幼儿食用的零售包装配方奶粉、全脱脂可可含量低于 5% 的乳品制，冻带骨绵羊肉，未漂白的针叶木烧碱木浆或硫酸盐木浆，平均粒度 < 0.8mm 未烧结铁矿砂及其精矿，零售包装狗食或猫食饲料的罐头，花旗松原木（截面尺寸 ≥ 15cm），其他零售包装的狗食或猫食饲料，冻去骨牛肉，

未列名食品，均为一般贸易方式。其中，辐射松原木（截面尺寸≥ 15cm）进口额最高，达到 82057.92 万元，占重庆从新西兰进口总额的 47.75%；排名第二的是供婴幼儿食用的零售包装配方奶粉、全脱脂可可含量低于 5% 的乳品制，达到 50940.78 万元，占重庆从新西兰进口总额的 29.64%（见表 NZ–2）。

表 NZ–2　2019 年重庆从新西兰进口前十位

单位：万元、%

排名	商品编码	商品名称	进口额	占比
1	44032120	辐射松原木，截面尺寸≥ 15cm	82057.92	47.75
2	19011010	供婴幼儿食用的零售包装配方奶粉，全脱脂可可含量低于 5% 的乳品制	50940.78	29.64
3	02044200	冻带骨绵羊肉	9566.98	5.57
4	47031100	未漂白的针叶木烧碱木浆或硫酸盐木浆	3734.76	2.17
5	26011110	平均粒度＜ 0.8mm 未烧结铁矿砂及其精矿	3049.24	1.77
6	23091010	零售包装狗食或猫食饲料的罐头	2966.66	1.73
7	44032140	花旗松原木，截面尺寸≥ 15cm	2857.54	1.66
8	23091090	其他零售包装的狗食或猫食饲料	2794.06	1.63
9	02023000	冻去骨牛肉	1755.90	1.02
10	21069090	未列名食品	1577.40	0.92

数据来源：中国海关总署数据库

13.2.2 重庆对新西兰出口情况

2019 年，重庆对新西兰出口的产品排前十位的是其他重量不超过 10 千克的便携式自动数据处理设备、微型机的处理部件、微型自动数据处理机、其他铝合金矩形板、片（0.35mm ＜厚≤ 4mm）、平板电脑、其他具有打复印及传真两种及以上功能的机器、装有点燃式活塞内燃发动机的发电机组、割刀水平旋转草坪、公园或运动场机动割草机、办公室用金属家具、系统形式的微型机。其中，其他重量不超过 10 千克的便携式自动数据处理设备出口额最高，达到 81692.67 万元，占重庆对新西兰出口总额的 69.41 %（见表 NZ–3）。

表 NZ-3　2019 年重庆对新西兰出口前十位

单位：万元、%

排名	商品编码	商品名称	出口额	占比
1	84713090	其他重量不超过 10 千克的便携式自动数据处理设备	81692.67	69.41
2	84715040	微型机的处理部件	10174.64	8.64
3	84714140	微型自动数据处理机	2616.74	2.22
4	76061259	其他铝合金矩形板、片，0.35mm <厚≤ 4mm	2534.76	2.15
5	84713010	平板电脑	1898.03	1.61
6	84433190	其他具有打复印及传真两种及以上功能的机器	1800.46	1.53
7	85022000	装有点燃式活塞内燃发动机的发电机组	995.75	0.85
8	84331100	割刀水平旋转草坪、公园或运动场机动割草机	883.86	0.75
9	94031000	办公室用金属家具	878.27	0.75
10	84714940	系统形式的微型机	873.91	0.74

数据来源：中国海关总署

13.3 四川与新西兰的货物贸易情况

2019 年，四川对新西兰货物的进出口总额为 16.84 亿元，其中四川从新西兰进口金额总计 12.67 亿元，四川货物对新西兰出口金额总计 4.17 亿元。从货物贸易的平衡状况来看，四川与新西兰整体上货物进口大于出口，处于贸易逆差状态。

13.3.1 四川从新西兰进口情况

2019 年，四川从新西兰进口的产品排前十位的是粉状、粒状或其他固状乳及奶油（含脂量> 1.5%），未加糖或其他甜物质；辐射松原木（截面尺寸≥ 15cm）；用机械与化学联合制浆法制得的木浆；供婴幼儿食用的零售包装配方奶粉，全脱脂可可含量低于 5% 的乳品制；粉状、粒状或其他固状乳及奶油（含脂量≤ 1.5%）；黄油；花旗松原木（截面尺寸≥ 15cm）；未列名含有激素或品目 29.37 其他产品的药品，已配定剂量或制成零售包装；用油漆、着色剂、杂酚油或其他防腐剂处理的针叶木原木；含牛、羊成分的肉骨粉。九种商品为一般贸易方式，一种商品为保税监管场所进出境货物。其中，粉状、粒状或其他固状乳及奶油，含脂量＞1.5%，未加糖或其他甜物质进口额最高，达到48640.97万元，占四川从新西兰进口总额的38.38%，排名第二的是辐射松原木（截面尺寸≥15cm），达到36298.65万元，占四川从新西兰进口总额的28.64%（见表NZ-4）。

表 NZ-4 2019 年四川从新西兰进口前十位

单位：万元、%

排名	商品编码	商品名称	进口额	占比
1	4022100	粉状、粒状或其他固状乳及奶油，含脂量＞1.5%，未加糖或其他甜物质	48640.97	38.38
2	44032120	辐射松原木，截面尺寸≥15cm	36298.65	28.64
3	47050000	用机械与化学联合制浆法制得的木浆	18900.97	14.91
4	19011010	供婴幼儿食用的零售包装配方奶粉，全脱脂可可含量低于5%的乳品制	8835.23	6.97
5	4021000	粉状、粒状或其他固状乳及奶油，含脂量≤1.5%	4926.54	3.89
6	4051000	黄油	2862.90	2.26
7	44032140	花旗松原木，截面尺寸≥15cm	1532.34	1.21
8	30043900	未列名含有激素或品目29.37其他产品的药品，已配定剂量或制成零售包装	489.66	0.39
9	44031100	用油漆、着色剂、杂酚油或其他防腐剂处理的针叶木原木	475.96	0.38
10	23011011	含牛、羊成分的肉骨粉	472.76	0.37

数据来源：中国海关总署

13.3.2 四川对新西兰出口情况

2019年，四川对新西兰出口的产品排前十位的是其他重量不超过10千克的便携式自动数据处理设备未列名结构上含有一个非稠合吡啶环的化合物、仅装有点燃往复式活塞内燃发动机的主要用于载人的其他机动车（1500cc＜排量≤2000cc）、未列名电灯及照明装置、钢轨、钛白粉、直升机（空载重量≤2000kg）、同时装有点燃往复式活塞内燃发动机及驱动电动机的主要用于载人的机动车，可接插外部电源充电、微型机的处理部件、仅装有压燃式活塞内燃发动机的其他主要用于载人的机动车（1500cc＜排量≤2000cc）。其中，其他重量不超过10千克的便携式自动数据处理设备出口额最高，达到

6720.29 万元，占四川对新西兰出口总额的 16.12 %；排名第二的商品是未列名结构上含有一个非稠合吡啶环的化合物，达到 3720.77 万元，占四川对新西兰出口总额的 8.92%（见表 NZ–5）。

表 NZ–5　2019 年四川对新西兰出口前十位

单位：万元、%

排名	商品编码	商品名称	出口额	占比
1	84713090	其他重量不超过 10 千克的便携式自动数据处理设备	6720.29	16.12
2	29333990	未列名结构上含有一个非稠合吡啶环的化合物	3720.77	8.92
3	87032349	仅装有点燃往复式活塞内燃发动机的主要用于载人的其他机动车，1500cc ＜排量≤ 2000cc	3590.31	8.61
4	94054090	未列名电灯及照明装置	3252.21	7.80
5	73021000	钢轨	2689.02	6.45
6	32061110	钛白粉	994.94	2.39
7	88021100	直升机，空载重量≤ 2000kg	840.33	2.02
8	87036000	同时装有点燃往复式活塞内燃发动机及驱动电动机的主要用于载人的机动车，可接插外部电源充电	744.78	1.79
9	84715040	微型机的处理部件	661.73	1.59
10	87033219	仅装有压燃式活塞内燃发动机的其他主要用于载人的机动车，1500cc ＜排量≤ 2000cc	637.78	1.53

数据来源：中国海关总署

13.4 重庆与四川对新西兰货物贸易的对比分析

13.4.1 贸易数量

由图 NZ–1 可知，2019 年重庆对新西兰货物的进口总额、出口总额以及进出口总额等方面均高于四川。具体来看，重庆从新西兰货物进口额为 17.19 亿元，是四川对新西兰货物进口额的 1.36 倍；重庆对新西兰的货物出口额为 11.77 亿元，是四川对新西兰货物出口额的 2.82 倍。同时，四川对新西兰货物贸易逆差为 8.5 亿元，是重庆对新西兰贸易逆差的 1.57 倍。

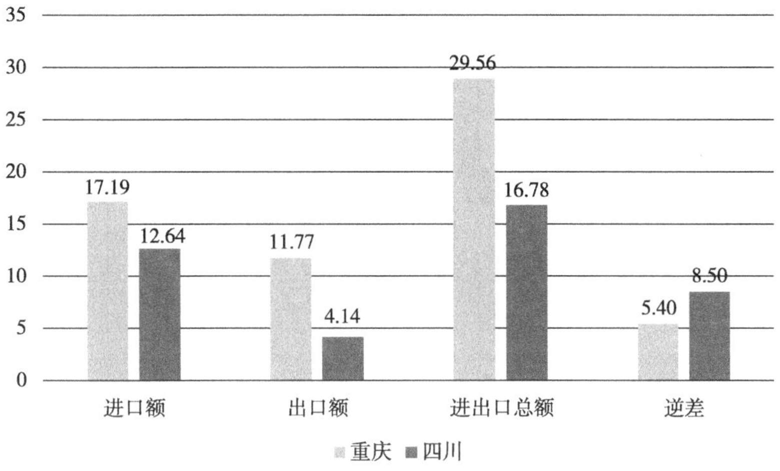

单位：亿元

图 NZ-1　2019 年重庆与四川对新西兰货物贸易数量对比

13.4.2 贸易结构

表 NZ-6 展示了重庆和四川从新西兰进口货物排名前十的商品名称、进口额及占比情况。从表中可知，重庆和四川从新西兰进口排名前十的货物结构相似度较高。其中，辐射松原木（截面尺寸≥ 15cm）、供婴幼儿食用的零售包装配方奶粉，全脱脂可可含量低于 5% 的乳品制、花旗松原木（截面尺寸≥ 15cm）均排在重庆、四川进口商品金额前 10 名，三种商品分别占重庆从新西兰货物进口额的 79.05%、占四川从新西兰货物进口额的 36.82%。

表 NZ-6　2019 年重庆与四川对新西兰进口货物贸易结构对比

单位：万元、%

商品名称	进口额	占比	商品名称	进口额	占比
辐射松原木，截面尺寸≥ 15cm	82057.92	47.75	粉状、粒状或其他固状乳及奶油，含脂量＞ 1.5%，未加糖或其他甜物质	48640.97	38.38
供婴幼儿食用的零售包装配方奶粉，全脱脂可可含量低于 5% 的乳品制	50940.78	29.64	辐射松原木，截面尺寸≥ 15cm	36298.65	28.64
冻带骨绵羊肉	9566.98	5.57	用机械与化学联合制浆法制得的木浆	18900.97	14.91

续表

商品名称	进口额	占比	商品名称	进口额	占比
未漂白的针叶木烧碱木浆或硫酸盐木浆	3734.76	2.17	供婴幼儿食用的零售包装配方奶粉，全脱脂可可含量低于 5% 的乳品制	8835.23	6.97
平均粒度＜0.8mm 未烧结铁矿砂及其精矿	3049.24	1.77	粉状、粒状或其他固状乳及奶油，含脂量≤1.5%	4926.54	3.89
零售包装狗食或猫食饲料的罐头	2966.66	1.73	黄油	2862.90	2.26
花旗松原木，截面尺寸≥15cm	2857.54	1.66	花旗松原木，截面尺寸≥15cm	1532.34	1.21
其他零售包装的狗食或猫食饲料	2794.06	1.63	未列名含有激素或品目 29.37 其他产品的药品，已配定剂量或制成零售包装	489.66	0.39
冻去骨牛肉	1755.90	1.02	用油漆、着色剂、杂酚油或其他防腐剂处理的针叶木原木	475.96	0.38
未列名食品	1577.40	0.92	含牛、羊成分的肉骨粉	472.76	0.37

数据来源：中国海关总署

表 NZ-7 展示了重庆和四川对新西兰出口货物排名前十的商品名称、出口额及占比情况。从表中可知，重庆和四川对新西兰出口排名前十的货物结构相似度较高。其中，排名第一的均为其他重量不超过 10 千克的便携式自动数据处理设备，另外微型自动数据处理机也均排在重庆、四川进口商品金额前 10 名，两种商品在重庆、四川对新西兰货物出口额占比总和分别为 78.05%，17.71%。

表 NZ-7　2019 年重庆与四川对新西兰出口货物贸易结构对比

单位：万元、%

重庆			四川		
商品名称	出口额	占比	商品名称	出口额	占比
其他重量不超过 10 千克的便携式自动数据处理设备	81692.67	69.41	其他重量不超过 10 千克的便携式自动数据处理设备	6720.29	16.12
微型机的处理部件	10174.64	8.64	未列名结构上含有一个非稠合吡啶环的化合物	3720.77	8.92

续表

重庆			四川		
微型自动数据处理机	2616.74	2.22	仅装有点燃往复式活塞内燃发动机的主要用于载人的其他机动车，1500cc ＜排量≤ 2000cc	3590.31	8.61
其他铝合金矩形板、片，0.35mm ＜厚≤ 4mm	2534.76	2.15	未列名电灯及照明装置	3252.21	7.80
平板电脑	1898.03	1.61	钢轨	2689.02	6.45
其他具有打复印及传真两种及以上功能的机器	1800.46	1.53	钛白粉	994.94	2.39
装有点燃式活塞内燃发动机的发电机组	995.75	0.85	直升机，空载重量≤ 2000kg	840.33	2.02
割刀水平旋转草坪、公园或运动场机动割草机	883.86	0.75	同时装有点燃往复式活塞内燃发动机及驱动电动机的主要用于载人的机动车，可接插外部电源充电	744.78	1.79
办公室用金属家具	878.27	0.75	微型机的处理部件	661.73	1.59
系统形式的微型机	873.91	0.74	仅装有压燃式活塞内燃发动机的其他主要用于载人的机动车，1500cc ＜排量≤ 2000cc	637.78	1.53

数据来源：中国海关总署

13.5 中新关税承诺的对比及影响

根据中国对新西兰货物关税承诺表、新西兰对中国货物关税承诺表，在前文统计的基础上，下面的表 NZ-8—表 NZ-11 列示了重庆和四川进出口新西兰前十位商品的关税承诺表的相关内容。

13.5.1 成渝地区从新西兰进口商品关税承诺

从表 NZ-8 和表 NZ-9 可以看出：第一，根据中国对新西兰货物关税承诺表，成渝地区从新西兰进口的商品关税减免覆盖面较广。重庆从新西兰进口总额排名前 10 位的商品中，有 8 种商品进行关税承诺；四川从新西兰进口总额排名前 10 位的商品中，有 7 种商品进行关税承诺。第二，结合上述统计表格，总体来看，加入 RCEP 的第一年，重庆从新西兰进口前十位商品的成本将降低 7132.53 万元，四川从新西兰进口排名前十位的商品成本将减少 895.43 万元。

表 NZ-8 加入 RCEP 重庆从新西兰进口主要商品关税承诺

HS 税目	产品描述	基准税率	第 1 年	第 5 年	第 10 年	第 15 年	第 20 年	第一年进口成本减少（万元）
44032120	辐射松原木，截面尺寸 ≥ 15cm	/	/	/	/	/	/	不涉及
19011010	供婴幼儿食用的零售包装配方奶粉，全脱脂可可含量低于 5% 的乳品制	15.0%	5.0%	5.0%	5.0%	5.0%	5.0%	5094.08
02044200	冻带骨绵羊肉	12.0%	0.0%	0.0%	0.0%	0.0%	0.0%	1148.04
47031100	未漂白的针叶木烧碱木浆或硫酸盐木浆	0.0%	0.0%	0.0%	0.0%	0.0%	0.0%	0
26011110	平均粒度＜ 0.8mm 未烧结铁矿砂及其精矿	0.0%	0.0%	0.0%	0.0%	0.0%	0.0%	0
23091010	零售包装狗食或猫食饲料的罐头	15.0%	0.0%	0.0%	0.0%	0.0%	0.0%	445.00
44032140	花旗松原木，截面尺寸 ≥ 15cm	/	/	/	/	/	/	不涉及
23091090	其他零售包装的狗食或猫食饲料	15.0%	0.0%	0.0%	0.0%	0.0%	0.0%	419.11
02023000	冻去骨牛肉	12.0%	11.4%	9.0%	6.0%	3.0%	0.0%	10.54
21069090	未列名食品	20.0%	19.0%	15.0%	10.0%	5.0%	0.0%	15.77

数据来源：《区域全面经济伙伴关系协定》中国关税承诺表

注：/ 表示不涉及。

表 NZ-9 加入 RCEP 四川从新西兰进口主要商品关税承诺

HS 税目	产品描述	基准税率	第 1 年	第 5 年	第 10 年	第 15 年	第 20 年	第 1 年进口成本减少（万元）
4022100	粉状、粒状或其他固状乳及奶油，含脂量＞ 1.5%，未加糖或其他甜物质	10.0%	10.0%	10.0%	10.0%	5.0%	0.0%	0

续表

HS 税目	产品描述	基准税率	第 1 年	第 5 年	第 10 年	第 15 年	第 20 年	第 1 年进口成本减少（万元）
44032120	辐射松原木，截面尺寸 ≥ 15cm	/	/	/	/	/	/	不涉及
47050000	用机械与化学联合制浆法制得的木浆	0.0%	0.0%	0.0%	0.0%	0.0%	0.0%	0
19011010	供婴幼儿食用的零售包装配方奶粉，全脱脂可可含量低于 5% 的乳品制	15.0%	5.0%	5.0%	5.0%	5.0%	5.0%	883.52
4021000	粉状、粒状或其他固状乳及奶油，含脂量≤ 1.5%	10.0%	10.0%	10.0%	10.0%	5.0%	0.0%	0
4051000	黄油	10.0%	10.0%	10.0%	10.0%	5.0%	0.0%	0
44032140	花旗松原木，截面尺寸 ≥ 15cm	/	/	/	/	/	/	不涉及
30043900	未列名含有激素或品目 29.37 其他产品的药品，已配定剂量或制成零售包装	5.0%	4.5%	2.5%	0.0%	0.0%	0.0%	2.45
44031100	用油漆、着色剂、杂酚油或其他防腐剂处理的针叶木原木	/	/	/	/	/	/	不涉及
23011011	含牛、羊成分的肉骨粉	2.0%	0.0%	0.0%	0.0%	0.0%	0.0%	9.46

数据来源：《区域全面经济伙伴关系协定》中国关税承诺表

注：/ 表示不涉及。

13.5.2 成渝地区对新西兰出口商品关税承诺

从表 NZ-10 和表 NZ-11 可以看出：根据新西兰对中国货物关税承诺表，新西兰对成渝地区的关税减免覆盖面较低。重庆对新西兰出口总额排名前 10 位的商品中，仅有 2 种商品进行关税承诺；四川对新西兰出口总额排名前 10 位的商品中，仅有 1 种商品进行关税承诺，且基准税率原本就为 0，加入 RCEP 后没有变化。

表 NZ-10　加入 RCEP 重庆对新西兰出口主要商品关税承诺

HS 税目	产品描述	基准税率	第 1 年	第 5 年	第 10 年	第 15 年	第 20 年及以后
84713090	其他重量不超过 10 千克的便携式自动数据处理设备	/	/	/	/	/	/
84715040	微型机的处理部件	/	/	/	/	/	/
84714140	微型自动数据处理机	/	/	/	/	/	/
76061259	其他铝合金矩形板、片，0.35mm ＜厚≤ 4mm	/	/	/	/	/	/
84713010	平板电脑	/	/	/	/	/	/
84433190	其他具有打复印及传真两种及以上功能的机器	/	/	/	/	/	/
85022000	装有点燃式活塞内燃发动机的发电机组	5.0 %	4.5 %	2.5 %	0.0 %	0.0 %	0.0 %
84331100	割刀水平旋转草坪、公园或运动场机动割草机	5.0 %	0.0 %	0.0 %	0.0 %	0.0 %	0.0 %
94031000	办公室用金属家具	/	/	/	/	/	/
84714940	系统形式的微型机	/	/	/	/	/	/

数据来源：《区域全面经济伙伴关系协定》中国关税承诺表

注：/ 表示不涉及。

表 NZ-11　加入 RCEP 四川对新西兰出口主要商品关税承诺

HS 税目	产品描述	基准税率	第 1 年	第 5 年	第 10 年	第 15 年	第 20 年及以后
84713090	其他重量不超过 10 千克的便携式自动数据处理设备	/	/	/	/	/	/
29333990	未列名结构上含有一个非稠合吡啶环的化合物	/	/	/	/	/	/
87032349	仅装有点燃往复式活塞内燃发动机的主要用于载人的其他机动车，1500cc ＜排量≤ 2000cc	/	/	/	/	/	/
94054090	未列名电灯及照明装置	/	/	/	/	/	/
73021000	钢轨	/	/	/	/	/	/

续表

HS 税目	产品描述	基准税率	第 1 年	第 5 年	第 10 年	第 15 年	第 20 年及以后
32061110	钛白粉	/	/	/	/	/	/
88021100	直升机，空载重量 ≤ 2000kg	0.00%	0.00%	0.00%	0.00%	0.00%	0.00%
87036000	同时装有点燃往复式活塞内燃发动机及驱动电动机的主要用于载人的机动车，可接插外部电源充电	/	/	/	/	/	/
84715040	微型机的处理部件	/	/	/	/	/	/
87033219	仅装有压燃式活塞内燃发动机的其他主要用于载人的机动车，1500cc ＜排量 ≤ 2000cc	/	/	/	/	/	/

数据来源：《区域全面经济伙伴关系协定》中国关税承诺表

注：/ 表示不涉及。

从目前的关税承诺表我们可以预测到：随着中国从新西兰进口关税的削减，成渝地区双城经济圈从新西兰进口将降低成本，进口额有可能进一步增加。而中国对新西兰出口的前十商品的关税没有明显减免，RCEP 对成渝地区双城经济圈对新西兰出口前十位商品的利好不明显，出口的增长效应可能不如进口的增长效应明显。成渝地区双城经济圈对新西兰货物依然可能保持贸易逆差。

14 澳大利亚

14.1 成渝双城经济圈与澳大利亚货物贸易总览

由表 AUS–1 可知，2019 年，成渝双城经济圈对澳大利亚货物进出口总额为 280.06 亿元，占成渝对全球货物进出口总额的 2.23%，其中进口额为 116.78 亿元，占成渝从全球进口货物总额的 2.35%，出口额为 163.28 亿元，占成渝出口全球货物总额的 2.14%，贸易顺差 46.50 亿元。重庆对澳大利亚货物进出口总额为 144.95 亿元，占重庆对全球货物进出口总额的 2.50%，其中出口为 69.96 亿元，占重庆出口全球货物总额的 1.88%，进口为 74.99 亿元，占重庆从全球进口货物总额的 3.61 %，贸易逆差 5.03 亿元。四川对澳大利亚货物进出口总额为 135.12 亿元，占四川对全球货物进出口总额的 1.99%，其中出口为 93.32 亿元，占四川出口全球货物总额的 2.39 %，进口为 41.79 亿元，占四川从全球货物进口总额的 1.45%，贸易顺差 51.53 亿元。从货物贸易的平衡状况来看，重庆与澳大利亚货物出口额小于进口额，处于贸易逆差状态。四川与澳大利亚货物出口额大于进口额，处于贸易顺差状态。

表 AUS–1　2019 年成渝对澳大利亚进出口情况

单位：亿元、%

	进口额	占比	出口额	占比	进出口总额	占比	顺 / 逆差
重庆	74.99	3.61	69.96	1.88	144.95	2.50	–5.03
四川	41.79	1.45	93.32	2.39	135.12	1.99	51.53
成渝	116.78	2.35	163.28	2.14	280.06	2.23	46.50

数据来源：中国海关总署

14.2 重庆与澳大利亚的货物贸易情况

14.2.1重庆从澳大利亚进口情况

2019 年，重庆从澳大利亚进口货物排前十位的是未烧结铁矿砂及精矿（0.8mm ≤平均粒度＜ 6.3mm）、精炼铜阴极、铝矿砂及其精矿、未烧结铁矿砂及其精矿（平均粒度≥ 6.3mm）、未列名食品、冻带骨绵羊肉、其他烟煤、其他贵金属矿砂及其精矿、冻去骨牛肉、个人跨境电商商品。其中，未烧结铁矿砂及精矿进口额最高，达到 37.39 亿元，占重庆从澳大利亚进口总额的 49.86%；其次是精炼铜阴极，达到 7.65 亿元，占重庆从澳大利亚进口总额的 10.20%；进口额排名第三的产品为铝矿砂及其精矿，达到 6.40 亿元，占重庆从澳大利亚进口总额的 8.54%。排名前十位产品的进口总额为 69.99 亿元，占比高达 93.34%。从商品类别来看，重庆从澳大利亚进口的主要商品为矿产品（见表 AUS-2）。

表 AUS-2　2019 年重庆对澳大利亚进口产品前十位

单位：万元、%

商品编码	商品名称	商品类别	进口额	占比	排名
26011120	平均粒度≥ 0.8mm，< 6.3mm 未烧结铁矿砂及精矿	矿产品	373852.22	49.86	1
74031111	未锻轧铜含量> 99.9935% 的精炼铜阴极	贱金属及其制品	76479.61	10.20	2
26060000	铝矿砂及其精矿	矿产品	64023.09	8.54	3
26011190	平均粒度≥ 6.3mm 未烧结铁矿砂及其精矿	矿产品	49720.04	6.63	4
2044200	冻带骨绵羊肉	动物产品	32202.61	4.29	5
21069090	未列名食品	食品；饮料、酒及醋；烟草及烟草代用品的制品	31708.23	4.23	6
27011290	其他烟煤	矿产品	25960.49	3.46	7
26169000	其他贵金属矿砂及其精矿	矿产品	21326.61	2.84	8
2023000	冻去骨牛肉	活动物；动物产品	13016.66	1.74	9
98050000	个人跨境电商商品	特殊交易品及未分类商品	11649.09	1.55	10

数据来源：中国海关总署

14.2.2 重庆对澳大利亚出口情况

2019 年，重庆出口到澳大利亚货物排前十位的是其他重量不超过 10 千克的便携式自动数据处理设备，其他接收、转换并且发送或再生声音、图像或其他数据用的设备，微型机的处理部件，其他具有打复印及传真两种及以上功能的机器，自动数据处理设备的其他部件，微型自动数据处理机，其他手提式电动工具，其他可直接连接品目 84.71 的自动数据处理设备的彩色液晶监视器，平板电脑，品目 8471 所列其他机器的零件、附件。其中，其他重量不超过 10 千克的便携式自动数据处理设备出口额最高，达到 345470.46 万元，占重庆出口澳大利亚货物总额的 49.38%；其次是其他接收、转换并且发送或再生声音、图像或其他数据用的设备，达到 100155.66 万元，占重庆出口澳大利亚货物总额的 14.32%；排名第三的产品为微型机的处理部件，达到 44982.10 万元，占重庆出口澳大利亚货物总额的 6.43%。排名前十位产品的出口总额为 55.49 亿元，占比为 79.32%。从商品类别来看，重庆从澳大利亚出口的商品主要是“机器、机械器具、电气设备及其零件”（见表 AUS-3）。

表 AUS-3　2019 年重庆对澳大利亚出口产品前十位

单位：万元、%

商品编码	商品名称	商品类别	出口额	占比	排名
84713090	其他重量不超过 10 千克的便携式自动数据处理设备	机器、机械器具、电气设备及其零件	345470.46	49.38	1
85176299	其他接收、转换并且发送或再生声音、图像或其他数据用的设备	录音机及放声机、电视图像、声音的录制和重放设备及其零件、附件	100155.66	14.32	2
84715040	微型机的处理部件	机器、机械器具、电气设备及其零件	44982.10	6.43	3
84433190	其他具有打复印及传真两种及以上功能的机器	机器、机械器具、电气设备及其零件	13857.56	1.98	4
84718000	自动数据处理设备的其他部件	机器、机械器具、电气设备及其零件	9977.36	1.43	5
84714140	微型自动数据处理机	机器、机械器具、电气设备及其零件	9500.18	1.36	6
84672990	其他手提式电动工具	机器、机械器具、电气设备及其零件	9044.09	1.29	7
85285212	其他可直接连接品目 84.71 的自动数据处理设备的彩色液晶监视器	录音机及放声机、电视图像、声音的录制和重放设备及其零件、附件	8087.31	1.16	8
84713010	平板电脑	机器、机械器具、电气设备及其零件	7289.58	1.04	9
84733090	品目 8471 所列其他机器的零件、附件	机器、机械器具、电气设备及其零件	6570.75	0.94	10

数据来源：中国海关总署

14.3 四川与澳大利亚的货物贸易情况

14.3.1 四川从澳大利亚进口情况

2019 年，四川从澳大利亚进口货物排前十位的是未列名矿产品、未烧结铁矿砂及精矿、炼焦煤、精炼铜阴极、整张牛皮、其他烟煤、个人跨境电商商品、鲜葡萄酿造的酒（装入≤ 2 升的容器）、鲜葡萄酿造的酒（装入≤ 2 升的容器）、未列名食品。其中，未列名矿产品进口额最高，达到 27.81 亿元，占四川从澳大利亚进口总额的 66.53 %；其次是未烧结铁矿砂及精矿炼焦煤，达到 3.27 亿元，占四川从澳大利亚进口总额的 7.83%；进口额排名第三的产品为精炼铜阴极，达到 2.59 亿元，占四川从澳大利亚进口总额的 6.19%。排名前十位产品的进口总额为 39.77 亿元，占比高达 95.15%。从商品类别来看，四川从澳大利亚进口的主要商品为矿产品（见表 AUS-4）。

表 AUS-4 2019 年四川对澳大利亚进口产品前十位

单位：万元、%

商品编码	商品名称	商品类别	进口额	占比	排名
25309099	未列名矿产品	矿产品	278062.19	66.53	1
26011120	平均粒度≥ 0.8mm，＜ 6.3mm 未烧结铁矿砂及精矿	矿产品	32714.24	7.83	2
27011210	炼焦煤	矿产品	25880.03	6.19	3
74031111	未锻轧铜含量＞ 99.9935% 的精炼铜阴极	贱金属及其制品	16224.09	3.88	4
41015019	其他重量＞ 16kg 的整张牛皮	生皮、皮革、毛皮及其制品	13062.78	3.13	5
22042100	装入≤ 2 升的容器的鲜葡萄酿造的酒	饮料、酒及醋	11514.36	2.75	6
27011290	其他烟煤	矿产品	7677.09	1.84	7
98050000	个人跨境电商商品	特殊交易品及未分类商品	6316.28	1.51	8
21069090	未列名食品	食品	3629.97	0.87	9
19011010	供婴幼儿食用的零售包装配方奶粉，全脱脂可可含量低于 5% 的乳品制	食品	2603.57	0.62	10

数据来源：中国海关总署

14.3.2 四川对澳大利亚出口情况

2019 年，四川出口到澳大利亚货物排前十位的是其他重量不超过 10 千克的便携式自动数据处理设备、平板电脑、仅装有压燃式活塞内燃发动机的其他主要用于载人的机动车、仅装有点燃往复式活塞内燃发动机的主要用于载人的其他机动车、自动数据处理设备的其他部件、液晶显示器彩色数字电视接收机、未列名电灯及照明装置、未列名结构上含有一个非稠合吡啶环的化合物、圣诞节用品、品目 8471 所列其他机器的零件和附件。其中，其他重量不超过 10 千克的便携式自动数据处理设备出口额最高，达到 322325.41 万元，占四川出口澳大利亚货物总额的 34.54%；其次是平板电脑，出口额为 307094.94 万元，占四川出口澳大利亚货物总额的 32.91%；排名第三的产品为仅装有压燃式活塞内燃发动机的其他主要用于载人的机动车，达到 40531.14 万元，占四川出口澳大利亚货物总额的 4.34%。排名前十位产品的出口总额为 75.17 亿元，占比为 80.55%。从商品类别来看，四川从澳大利亚出口的主要商品为机器、机械器具、电气设备及其零件（见表 AUS-5）。

表 AUS-5　2019 年四川对澳大利亚出口产品前十位

单位：万元、%

商品编码	商品名称	商品类别	出口额	占比	排名
84713090	其他重量不超过 10 千克的便携式自动数据处理设备	机器、机械器具、电气设备及其零件	322325.41	34.54	1
84713010	平板电脑	机器、机械器具、电气设备及其零件	307094.94	32.91	2
87033219	仅装有压燃式活塞内燃发动机的其他主要用于载人的机动车，1500cc ＜排量≤ 2000cc	车辆、航空器、船舶及有关运输设备	40531.14	4.34	3
87032349	仅装有点燃往复式活塞内燃发动机的主要用于载人的其他机动车，1500cc ＜排量≤ 2000cc	车辆、航空器、船舶及有关运输设备	40377.39	4.33	4
84718000	自动数据处理设备的其他部件	机器、机械器具、电气设备及其零件	9947.19	1.07	5
85287222	液晶显示器彩色数字电视接收机	录音机及放声机、电视图像、声音的录制和重放设备及其零件、附件	8501.83	0.91	6
94054090	未列名电灯及照明装置	杂项制品	6364.12	0.68	7

续表

商品编码	商品名称	商品类别	出口额	占比	排名
29333990	未列名结构上含有一个非稠合吡啶环的化合物	机器、机械器具、电气设备及其零件	6165.97	0.66	8
95051000	圣诞节用品	杂项制品	5833.69	0.63	9
84733090	品目 8471 所列其他机器的零件、附件	机器、机械器具、电气设备及其零件	4576.34	0.49	10

数据来源：中国海关总署

14.4 重庆与四川对澳大利亚货物贸易的对比分析

14.4.1 贸易数量

由图 AUS-1 可知，重庆对澳大利亚货物贸易的进口额、进出口总额高于四川。具体来看，重庆从澳大利亚货物进口额为 74.99 亿元，是四川从澳大利亚货物进口额的 1.79 倍；重庆对澳大利亚的货物出口额为 69.96 亿元，约为四川对澳大利亚的货物出口额的 75%；重庆对澳大利亚的货物进出口总额为 144.95 亿元，是四川对澳大利亚的货物进出口总额的 1.07 倍。另外，重庆对澳大利亚的货物贸易呈逆差状态，而四川对澳大利亚的货物贸易呈顺差状态。四川对澳大利亚货物贸易顺差优势相较于四川更加凸显。

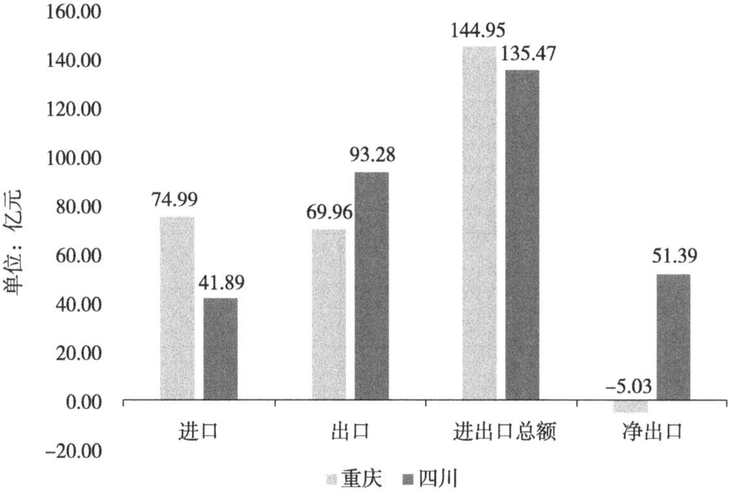

图 AUS-1　2019 年重庆与四川对印度货物贸易数量对比

14.4.2 贸易结构

表 AUS-6 展示了 2019 年重庆和四川从澳大利亚进口货物排名前十的商品名称、商品类别、进口额以及占比情况。从表中可知，重庆从澳大利亚进口前十的商品中，有五项属于矿产品，而四川从澳大利亚进口前十的商品中有四项属于矿产品。由此可见，重庆与四川对澳大利亚进口货物贸易产品集中度较高。通过对比发现，重庆与四川对印度的产品进口结构差异较小，进口产品结构相似度较高，在与澳大利亚的进口贸易中存在竞争关系。

表 AUS-6　2019 年重庆与四川对澳大利亚进口货物贸易的结构对比

单位：万元、%

重庆			四川		
商品名称	进口额	占比	商品名称	进口额	占比
平均粒度≥ 0.8mm，＜ 6.3mm 未烧结铁矿砂及精矿	373852.22	49.86	未列名矿产品	278062.19	66.53
未锻轧铜含量＞ 99.9935% 的精炼铜阴极	76479.61	10.20	平均粒度≥ 0.8mm，＜ 6.3mm 未烧结铁矿砂及精矿	32714.24	7.83
铝矿砂及其精矿	64023.09	8.54	炼焦煤	25880.03	6.19
平均粒度≥ 6.3mm 未烧结铁矿砂及其精矿	49720.04	6.63	未锻轧铜含量＞ 99.9935% 的精炼铜阴极	16224.09	3.88
冻带骨绵羊肉	32202.61	4.29	其他重量＞ 16kg 的整张牛皮	13062.78	3.13
未列名食品	31708.23	4.23	装入≤ 2 升的容器的鲜葡萄酿造的酒	11514.36	2.75
其他烟煤	25960.49	3.46	其他烟煤	7677.09	1.84
其他贵金属矿砂及其精矿	21326.61	2.84	个人跨境电商商品	6316.28	1.51
冻去骨牛肉	13016.66	1.74	未列名食品	3629.97	0.87
个人跨境电商商品	11649.09	1.55	供婴幼儿食用的零售包装配方奶粉，全脱脂可可含量低于 5% 的乳品制	2603.57	0.62

表 AUS-7 展示了 2019 年重庆和四川对澳大利亚出口货物排名前十的商品名称、商品类别、进口额以及占比情况。从表中可知，重庆对澳大利亚出口前十的商品中，有八项属于机器、机械器具、电气设备及其零件，而四川对澳大利亚出口前十的商品中有五项属于该类商品。通过对比发现，重庆与

四川对澳大利亚的产品出口结构相似度较高，在与澳大利亚的出口贸易中存在竞争关系。

表 AUS-7 2019 年重庆与四川对澳大利亚出口货物贸易的结构对比

单位：万元、%

重庆			四川		
商品名称	出口额	占比	商品名称	出口额	占比
其他重量不超过 10 千克的便携式自动数据处理设备	345470.46	49.38	其他重量不超过 10 千克的便携式自动数据处理设备	322325.41	34.54
其他接收、转换并且发送或再生声音、图像或其他数据用的设备	100155.66	14.32	平板电脑	307094.94	32.91
微型机的处理部件	44982.10	6.43	仅装有压燃式活塞内燃发动机的其他主要用于载人的机动车，1500cc <排量≤ 2000cc	40531.14	4.34
其他具有打复印及传真两种及以上功能的机器	13857.56	1.98	仅装有点燃往复式活塞内燃发动机的主要用于载人的其他机动车，1500cc <排量≤ 2000cc	40377.39	4.33
自动数据处理设备的其他部件	9977.36	1.43	自动数据处理设备的其他部件	9947.19	1.07
微型自动数据处理机	9500.18	1.36	液晶显示器彩色数字电视接收机	8501.83	0.91
其他手提式电动工具	9044.09	1.29	未列名电灯及照明装置	6364.12	0.68
其他可直接连接品目 84.71 的自动数据处理设备的彩色液晶监视器	8087.31	1.16	未列名结构上含有一个非稠合吡啶环的化合物	6165.97	0.66
平板电脑	7289.58	1.04	圣诞节用品	5833.69	0.63
品目 8471 所列其他机器的零件、附件	6570.75	0.94	品目 8471 所列其他机器的零件、附件	4576.34	0.49

数据来源：中国海关总署

14.5 中澳关税承诺的对比及影响

根据《区域全面经济伙伴关系协定》（RCEP），澳大利亚的对于关税方面的减让承诺表主要体现在《澳大利亚关税承诺表》中，此清单适用于其他 14 个国家，共 120 页。在前文统计的基础上，下面的表 AUS-8—AUS-11 列出了重庆和四川进出口澳大利亚前十位商品的关税承诺表。

就进出口前十位商品而言，中国对澳大利亚的关税减免覆盖面更广。中国对澳大利亚进口商品的关税减免，只有 3 类商品不涉及（其中 1 类商品排除在外）。澳大利亚对中国出口商品的关税减免，有 16 类商品不涉及。

14.5.1 中澳进口关税承诺

从表 AUS-8、AUS-9 可以看出：首先，我国加入 RCEP 后，就进口澳大利亚前十位的货物而言，重庆有四项进口货物税率将会下降，四川则有八项进口货物税率将会下降，两地进口澳大利亚商品的成本都将会降低。其次，经过测算发现，我国加入 RCEP 后第 1 年，重庆从澳大利亚进口前十商品可以节省成本 3781.4 万元，四川省则可以节约 1.18 亿元。相比重庆，加入 RCEP 会对四川进口澳大利亚前十位货物成本有更明显的影响。

表 AUS-8　加入 RCEP 对重庆进口澳大利亚前十位货物税率的影响

商品编码	商品名称	基准税率	第 1 年	第 5 年	第 10 年	第 1 年进口成本减少（万元）
26011120	平均粒度≥ 0.8mm，＜ 6.3mm 未烧结铁矿砂及精矿	0.0%	0.0%	0.0%	0.0%	0
74031111	未锻轧铜含量＞ 99.9935% 的精炼铜阴极	2.0%	0.0%	0.0%	0.0%	1530
26060000	铝矿砂及其精矿	0.0%	0.0%	0.0%	0.0%	0
26011190	平均粒度≥ 6.3mm 未烧结铁矿砂及其精矿	0.0%	0.0%	0.0%	0.0%	0
21069090	未列名食品	20.0%	19.0%	15.0%	10.0%	317
2044200	冻带骨绵羊肉	12.0%	10.8%	6.0%	0.0%	374.4
27011290	其他烟煤	6.0%	0.0%	0.0%	0.0%	1560
26169000	其他贵金属矿砂及其精矿	0.0%	0.0%	0.0%	0.0%	0
2023000	冻去骨牛肉	12.0%	U	U	U	不涉及
98050000	个人跨境电商商品	/	/	/	/	不涉及

数据来源：《区域全面经济伙伴关系协定》中国关税承诺表

注：U 表示产品排除在降低关税或取消关税的承诺之外。/ 表示不涉及。

表 AUS-9 加入 RCEP 对四川进口澳大利亚前十位货物税率的影响

商品编码	商品名称	基准税率	第 1 年	第 5 年	第 10 年	第 1 年进口成本减少（万元）
25309099	未列名矿产品	3.0%	0.0%	0.0%	0.0%	8298
26011120	平均粒度≥ 0.8mm，＜ 6.3mm 未烧结铁矿砂及精矿	0.0%	0.0%	0.0%	0.0%	0
27011210	炼焦煤	3.0%	0.0%	0.0%	0.0%	777
74031111	未锻轧铜含量＞ 99.9935% 的精炼铜阴极	2.0%	0.0%	0.0%	0.0%	324
41015019	其他重量＞ 16kg 的整张牛皮	5.0%	4.5%	2.5%	0.0%	65.5
22042100	装入≤ 2 升的容器的鲜葡萄酿造的酒	14.0%	0.0%	0.0%	0.0%	1612
27011290	其他烟煤	6.0%	0.0%	0.0%	0.0%	460.63
98050000	个人跨境电商商品	/	/	/	/	不涉及
21069090	未列名食品	20.0%	19.0%	15.0%	10.0%	36.3
19011010	供婴幼儿食用的零售包装配方奶粉	15.0%	5.0%	5.0%	5.0%	260.36

数据来源：《区域全面经济伙伴关系协定》中国关税承诺表

注：/ 表示不涉及。

14.5.2中澳出口关税承诺

从表 AUS-10、AUS-11 可以看出：首先，就出口澳大利亚前十位的货物而言，《区域全面经济伙伴关系协定》澳大利亚关税承诺表中，所涉及的重庆、四川两地出口商品较少。重庆只有 1 项商品，而四川只有 3 项商品。其次，经过测算发现，我国加入 RCEP 后第 1 年，重庆向澳大利亚出口前十商品不能节省成本，四川省则可以节约 291.68 万元。相比重庆，加入 RCEP 会对四川出口澳大利亚前十位货物成本更有影响。

表 AUS-10 加入 RCEP 对重庆出口澳大利亚前十位货物税率的影响

商品编码	商品名称	基准税率	第 1 年	第 5 年	第 10 年	第 1 年进口成本减少（万元）
84713090	客车或货运机动车辆用新的充气橡胶轮胎	/	/	/	/	不涉及

续表

商品编码	商品名称	基准税率	第 1 年	第 5 年	第 10 年	第 1 年进口成本减少（万元）
85176299	其他接收、转换并且发送或再生声音、图像或其他数据用的设备	/	/	/	/	不涉及
84715040	微型机的处理部件	/	/	/	/	不涉及
84433190	其他具有打复印及传真两种及以上功能的机器	/	/	/	/	不涉及
84718000	自动数据处理设备的其他部件	0.0%	0.0%	0.0%	0.0%	0
84714140	微型自动数据处理机	/	/	/	/	不涉及
84672990	其他手提式电动工具	/	/	/	/	不涉及
85285212	其他可直接连接品目 84.71 的自动数据处理设备的彩色液晶监视器	/	/	/	/	不涉及
84713010	平板电脑	/	/	/	/	不涉及
84733090	品目 8471 所列其他机器的零件、附件	/	/	/	/	不涉及

数据来源：《区域全面经济伙伴关系协定》澳大利亚关税承诺表

注：/ 表示不涉及。

表 AUS-11　加入 RCEP 对四川出口澳大利亚前十位货物税率的影响

商品编码	商品名称	基准税率	第 1 年	第 5 年	第 10 年	第 1 年进口成本减少（万元）
84713090	未列名结构上含有一个非稠合吡啶环的化合物	/	/	/	/	不涉及
84713010	平板电脑	/	/	/	/	不涉及
87033219	仅装有压燃式活塞内燃发动机的其他主要用于载人的机动车，1500cc＜排量≤ 2000cc	5.0%	5.0%	5.0%	5.0%	0
87032349	仅装有点燃往复式活塞内燃发动机的主要用于载人的其他机动车，1500cc＜排量≤ 2000cc	/	/	/	/	不涉及

续表

商品编码	商品名称	基准税率	第1年	第5年	第10年	第1年进口成本减少（万元）
84718000	自动数据处理设备的其他部件	0.0%	0.0%	0.0%	0.0%	0
85287222	液晶显示器彩色数字电视接收机	/	/	/	/	不涉及
94054090	未列名电灯及照明装置	/	/	/	/	不涉及
29333990	未列名结构上含有一个非稠合吡啶环的化合物	/	/	/	/	不涉及
95051000	圣诞节用品	5.0%	0.0%	0.0%	0.0%	291.68
84733090	品目8471所列其他机器的零件、附件	/	/	/	/	不涉及

数据来源:《区域全面经济伙伴关系协定》澳大利亚关税承诺表

注：/表示不涉及。

从目前的关税承诺表我们可以预测到：随着我国对澳大利亚进口关税的大幅削减，澳大利亚出口到成渝地区双城经济圈的前十位商品将更具价格优势，成渝地区对其进口额可能进一步增加。另一方面，澳大利亚关税削减承诺表中，所涉及的重庆、四川两地出口商品较少。RCEP对成渝地区双城经济圈出口澳大利亚前十位商品的利好不明显，出口的增长效应可能不如进口的增长效应明显。

15 印度

15.1 成渝地区双城经济圈与印度货物贸易总览

由表 IND–1 可知，2019 年，成渝对印度货物进出口总额为 219.05 亿元，占成渝对全球货物进出口总额的 1.74%，其中，出口额为 204.63 亿元，占成渝出口全球货物总额的 2.69%，进口额为 14.42 亿元，占成渝从全球进口货物总额的 0.29%，贸易顺差 190.21 亿元。重庆对印度货物进出口总额为 117.13 亿元，占重庆对全球货物进出口总额的 2.02%，其中，出口为 112.73 亿元，占重庆出口全球货物总额的 3.04%，进口为 4.40 亿元，占重庆从全球进口货物总额的 0.21%，贸易顺差 108.33 亿元。四川对印度货物进出口总额为 101.92 亿元，占四川对全球货物进出口总额的 1.50%，其中，出口为 91.90 亿元，占四川出口全球货物总额的 2.35%，进口为 10.02 亿元，占四川从全球货物进口总额的 0.35%，贸易顺差 81.88 亿元。

表 IND–1　2019 年成渝对印度进出口情况

单位：亿元、%

	进口额	占比	出口额	占比	进出口总额	占比	顺 / 逆差
重庆	4.40	0.21	112.73	3.04	117.13	2.02	108.33
四川	10.02	0.35	91.90	2.35	101.92	1.50	81.88
成渝	14.42	0.29	204.63	2.69	219.05	1.74	190.21

数据来源：中国海关总署

15.2 重庆与印度货物贸易情况

15.2.1 重庆从印度进口情况

2019 年，重庆从印度进口货物排前十位的是未烧结铁矿砂及精矿、其他脱荚干豆、对二甲苯、未列名冻鱼、初级形状的聚乙烯、其他冻对虾、摩托车用零件、未磨的辣椒干、抛光机床、其他活塞式内燃发动机的燃油泵。其中，未烧结铁矿砂及精矿进口额最高，达到 6392.51 万元，占重庆从印度进口总额的 14.30%；其次是其他脱荚干豆，达到 4372.68 万元，占重庆从印度进口总额的 9.94%；进口额排名第三的产品为对二甲苯，达到 2951.65 万元，占重庆从印度进口总额的 6.71%。排名前十位产品的进口总额为 2.53 亿元，占比高达 57.58%。从商品类别来看，重庆从印度进口排名前十的主要商品类别为矿产品、植物产品、化学工业及其相关工业的产品（见表 IND-2）。

表 IND-2　2019 年重庆从印度进口货物前十位

单位：万元、%

商品编码	商品名称	商品类别	进口额	占比	排名
26011120	未烧结铁矿砂及精矿（0.8mm ≤平均粒度＜ 6.3mm）	矿产品	6292.51	14.30	1
7139090	其他脱荚干豆（种用除外）	植物产品	4372.68	9.94	2
29024300	对二甲苯	化学工业及相关工业的产品	2951.65	6.71	3
3038990	未列名冻鱼	活动物；动物产品	2122.33	4.82	4
39012000	初级形状的聚乙烯（比重≥ 0.94）	塑料及其制品	2097.67	4.77	5
3061729	其他冻对虾	活动物；动物产品	1637.23	3.72	6
87141000	摩托车用零件、附件	车辆、航空器、船舶及有关运输设备	1579.27	3.58	7
9042100	未磨的辣椒干	植物产品	1524.84	3.47	8
84609020	抛光机床	机器及机械器具	1512.57	3.44	9
84133029	其他活塞式内燃发动机的燃油泵	机器及机械器具	1242.42	2.82	10

数据来源：中国海关总署

15.2.2 重庆对印度出口情况

2019 年，重庆出口到印度货物排前十位的是其他重量不超过 10 千克的便携式自动数据处理设备，摩托车用零件、附件，手持式无线电话机的零件，微型机的处理部件，其他自动数据处理设备的彩色液晶监视器，系统形式的微型机，磷酸氢二铵，其他耙、松土机、中耕机、除草机及耕耘机以及品目 8471 所列其他机器的零件、附件和其他点燃式活塞内燃发动机的零件。其中，其他重量不超过 10 千克的便携式自动数据处理设备出口额最高，达到 476508.66 万元，占重庆出口印度货物总额的 42.27%；其次是摩托车用零件、附件，达到 61737.75 万元，占重庆出口印度货物总额的 5.48%；排名第三的产品为手持式无线电话机的零件，达到60752.95万元，占重庆出口印度货物总额的5.36%。排名前十位产品的出口总额为76.79亿元，占比为68.12%。从商品类别来看，重庆出口印度排名前十商品的类别主要为机器及机械器具、车辆及其零件、附件和电机、电气设备及其零件（见表IND-3）。

表IND-3　2019年重庆出口印度货物前十位

单位：万元、%

商品编码	商品名称	商品类别	出口额	占比	排名
84713090	其他重量不超过10千克的便携式自动数据处理设备	机器及机械器具	476508.66	42.27	1
87141000	摩托车用零件、附件	车辆及其零件、附件	61737.75	5.48	2
85177030	手持式无线电话机的零件（天线除外）	电机、电气设备及零件	60752.95	5.39	3
84715040	微型机的处理部件	机器及机械器具	56807.46	5.04	4
85285212	其他自动数据处理设备的彩色液晶监视器	电机、电气设备及零件	22478.61	1.99	5
84714940	系统形式的微型机	机器及机械器具	21373.32	1.90	6
31053000	磷酸氢二铵	化学工业及其相关工业的产品	18211.52	1.62	7
84322900	其他耙、松土机、中耕机、除草机及耕耘机	机器及机械器具	17247.03	1.53	8
84733090	品目8471所列其他机器的零件、附件	机器及机械器具	16901.75	1.50	9
84099199	其他点燃式活塞内燃发动机的零件	机器及机械器具	15924.95	1.41	10

数据来源：中国海关总署

15.3 四川与印度货物贸易情况

15.3.1 四川从印度进口情况

2019年，四川从印度进口货物排前十位的是其他功率＜1kW直流稳压电源；生的或经加工但未纺椰壳纤维、短纤落麻废料；未磨的辣椒干、未列名静止式变流器；经加工的人发；作假发及类似品用的羊毛等；已烧结的铁矿砂及其精矿；精梳单纱；乙胺丁醇；经鞣制或半硝处理后加工的山羊或小山羊皮革；其他不饱和无环一元羧酸等及其衍生物。其中，其他功率＜1kW直流稳压电源进口额最高，达到47106.44万元，占四川从印度进口总额的47%；其次是生的或经加工但未纺椰壳纤维、短纤落麻废料，达到9924.61万元，占四川从印度进口总额的9.9%；进口额排名第三的产品为未磨的辣椒干，达到7572.61万元，占四川从印度进口总额的7.56%。排名前十位产品的进口总额为8.57亿元，占比高达85.48%。从商品类别来看，四川从印度进口排名前十的主要商品类别为电机、电气设备及其零件、纺织原料及纺织制品、植物产品（见表IND-4）。

表 IND-4 2019年四川从印度进口货物前十位

单位：万元、%

商品编码	商品名称	商品类别	进口额	占比	排名
85044014	其他功率＜1kW直流稳压电源（精度＜1/10000）	电机、电气设备及其零件	47106.44	47.00	1
53050092	生的或经加工但未纺椰壳纤维、短纤落麻废料	纺织原料及纺织制品	9924.61	9.90	2
9042100	未磨的辣椒干	植物产品	7572.61	7.56	3
85044099	未列名静止式变流器	电机、电气设备及其零件	6558.95	6.54	4
67030000	经加工的人发；作假发及类似品用的羊毛等	已加工的羽毛及其制品	4427.06	4.42	5
26011200	已烧结的铁矿砂及其精矿	矿产品	3793.33	3.78	6
52052400	精梳单纱（棉≥85%，125分特≤细度＜192.31分特）	纺织原料及纺织制品	2092.80	2.09	7
29221910	乙胺丁醇	化学工业及相关工业的产品	1530.00	1.53	8
41131000	经鞣制或半硝处理后加工的山羊或小山羊皮革	生皮、皮革、毛皮及其制品	1500.48	1.50	9
29161900	其他不饱和无环一元羧酸等及其衍生物	化学工业及相关工业的产品	1106.84	1.10	10

数据来源：中国海关总署

15.3.2 四川对印度出口情况

2019年，四川出口到印度货物排前十位的是其他重量不超过10千克的便携式自动数据处理设备、平板电脑、钛白粉、尿素、其他滚珠轴承、仅装有压燃式活塞内燃发动机的其他主要用于载人的机动车、太阳能电池、粘胶纤维单纱、粘胶纤维多股纱线或缆线、双甘膦。其中，其他重量不超过 10 千克的便携式自动数据处理设备出口额最高，达到 370030.47 万元，占四川出口印度货物总额的 40.25%；其次是平板电脑，出口额为 32835.3 万元，占四川出口印度货物总额的 3.57%。排名前十位产品的出口总额为 54.97 亿元，占比为 59.79%。从商品类别来看，四川出口印度排名前十的主要商品类别为机器及机械器具、化学工业及其相关工业的产品、车辆及其零件、附件、电机、电气设备及其零件和纺织原料及纺织制品（见表 IND-5）。

表 IND-5　2019 年四川出口印度货物前十位

单位：万元、%

商品编码	商品名称	商品类型	出口额	占比	排名
84713090	其他重量不超过 10 千克的便携式自动数据处理设备	机器及机械器具	370030.47	40.25	1
84713010	平板电脑	机器及机械器具	32835.30	3.57	2
32061110	钛白粉	化学工业及相关工业的产品	29158.92	3.17	3
31021000	尿素（不论是否水溶液）	化学工业及相关工业的产品	25573.13	2.78	4
84821090	其他滚珠轴承	机器及机械器具	20712.29	2.25	5
87033219	仅装有压燃式活塞内燃发动机的其他主要用于载人的机动车（1500cc ＜排量≤ 2000cc）	车辆及其零件、附件	20691.99	2.25	6
85414020	太阳能电池	电机、电气设备及其零件	13963.64	1.52	7
54033190	粘胶纤维单纱，未加捻或捻度每米不超过 120 转	纺织原料及纺织制品	13589.06	1.48	8
54034100	粘胶纤维多股纱线或缆线	纺织原料及纺织制品	11758.00	1.28	9
29313910	双甘膦	化学工业及相关工业的产品	11352.09	1.23	10

数据来源：中国海关总署

15.4 重庆与四川对印度货物贸易的对比分析

15.4.1 贸易数量

由图 IND-1 可知，重庆对印度货物贸易的出口额、进出口总额以及净出口等方面均高于四川，而四川对印度货物贸易的进口额高于重庆。具体来看，四川从印度货物进口额为 10.02 亿元，是重庆从印度货物进口额的 2.27 倍；重庆对印度的货物出口额为 112.73 亿元，是四川对印度的货物出口额的倍 1.22；货物进出口总额为 117.13 亿元，是四川从印度货物进出口总额的 1.14 倍。同时，重庆对印度货物贸易顺差优势相较于四川更加凸显。

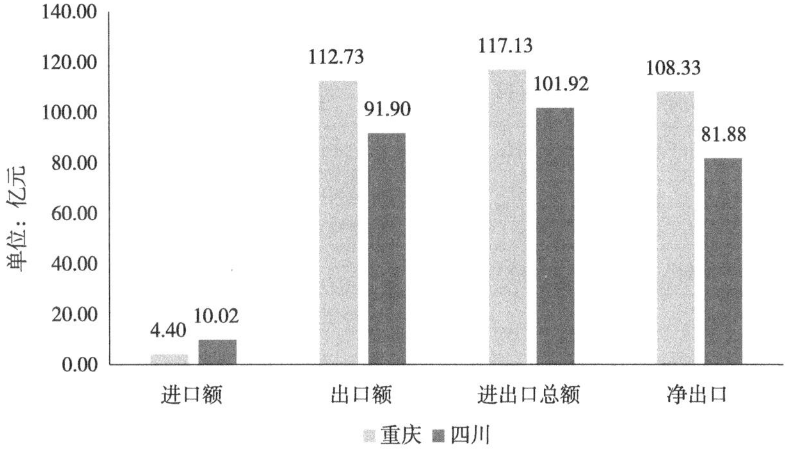

图 IND-1 2019 年重庆与四川对印度货物贸易数量对比

15.4.2 贸易结构

IND-6 展示了 2019 年重庆和四川从印度进口货物排名前十的商品结构情况。从表中可知，重庆和四川从印度进口排名前十的货物结构存在较大差异，且重庆从印度进口的商品较为分散，主要包括矿产品、植物产品、化学工业及相关工业的产品、动物产品等，而四川从印度进口的商品主要集中于其他功率＜ 1kW 直流稳压电源（精度＜ 1/10000），即电机、电气设备及其零件。通过对比发现，重庆与四川对印度的产品进口结构存在较大差异，进口产品结构相似度较低，在与印度的进口贸易中不存在明显的竞争关系。

表 IND-6 2019 年重庆与四川对印度进口货物贸易结构对比

单位：万元、%

重庆			四川		
商品名称	进口额	占比	商品名称	进口额	占比
未烧结铁矿砂及精矿（0.8mm ≤平均粒度＜ 6.3mm）	6292.51	14.30	其他功率＜ 1kW 直流稳压电源（精度＜ 1/10000）	47106.44	47.00

续表

重庆			四川		
其他脱荚干豆（种用除外）	4372.68	9.94	生的或经加工但未纺椰壳纤维、短纤落麻废料	9924.61	9.90
对二甲苯	2951.65	6.71	未磨的辣椒干	7572.61	7.56
未列名冻鱼	2122.33	4.82	未列名静止式变流器	6558.95	6.54
初级形状的聚乙烯（比重≥ 0.94）	2097.67	4.77	经加工的人发；作假发及类似品用的羊毛等	4427.06	4.42
其他冻对虾	1637.23	3.72	已烧结的铁矿砂及其精矿	3793.33	3.78
摩托车用零件、附件	1579.27	3.58	精梳单纱（棉≥ 85%，125 分特≤细度＜ 192.31 分特）	2092.80	2.09
未磨的辣椒干	1524.84	3.47	乙胺丁醇	1530.00	1.53
抛光机床	1512.57	3.44	经鞣制或半硝处理后加工的山羊或小山羊皮革	1500.48	1.50
其他活塞式内燃发动机的燃油泵	1242.42	2.82	其他不饱和无环一元羧酸等及其衍生物	1106.84	1.10

数据来源：中国海关总署

IND-7 展示了 2019 年重庆和四川对印度出口货物贸易排名前十的商品结构情况。从表中可知，重庆和四川对印度出口排名第一的商品均为其他重量不超过 10 千克的便携式自动数据处理设备，且占比均超过 40%。从商品类别来看，重庆出口印度的商品主要为机器及机械器具、车辆及其零件、附件和电机、电气设备及其零件，而四川出口印度的商品主要为机器及机械器具、化学工业及相关工业的产品和纺织原料及纺织制品。通过对比发现，重庆与四川对印度的产品出口结构相似度较大，主要以机器及机械器具商品为主，但除此之外，重庆与四川对印度出口的其他产品又呈现差异化。整体而言，重庆与四川在对印度出口贸易中具有明显的竞争关系，主要表现在机器及机械器具商品市场的竞争上。

表 IND-7　2019 年重庆与四川对印度出口货物贸易的结构对比

单位：万元、%

重庆			四川		
商品名称	出口额	占比	商品名称	出口额	占比
其他重量不超过 10 千克的便携式自动数据处理设备	476508.66	42.27	其他重量不超过 10 千克的便携式自动数据处理设备	370030.47	40.25

续表

重庆			四川		
摩托车用零件、附件	61737.75	5.48	平板电脑	32835.30	3.57
手持式无线电话机的零件（天线除外）	60752.95	5.39	钛白粉	29158.92	3.17
微型机的处理部件	56807.46	5.04	尿素（不论是否水溶液）	25573.13	2.78
其他自动数据处理设备的彩色液晶监视器	22478.61	1.99	其他滚珠轴承	20712.29	2.25
系统形式的微型机	21373.32	1.90	仅装有压燃式活塞内燃发动机的其他主要用于载人的机动车（1500cc ＜排量≤ 2000cc）	20691.99	2.25
磷酸氢二铵	18211.52	1.62	太阳能电池	13963.64	1.52
其他耙、松土机、中耕机、除草机及耕耘机	17247.03	1.53	粘胶纤维单纱，未加捻或捻度每米不超过 120 转	13589.06	1.48
其他机器的零件、附件	16901.75	1.50	粘胶纤维多股纱线或缆线	11758	1.28
其他点燃式活塞内燃发动机零件	15924.95	1.41	双甘膦	11352.09	1.23

数据来源：中国海关总署

16 RCEP 关税变动带来哪些新机遇[①]

① 本部分内容于 2021 年 4 月 12 日发表于《中国审计报》第 5 版。

RCEP 的签署，标志着世界上人口数量最多、成员结构最多元、发展潜力最大的自贸区建设成功启动。在逆全球化滚滚而来和世界经济低迷的趋势下，RCEP 的签署为世界经济增长提供了新的动力和信心；对未来全球经贸规则的制定以及亚洲经济一体化具有重要意义。中国对 RCEP 协定覆盖成员国的货物贸易约占我国全球贸易总额的三分之一。RCEP 的签署将有助于我国持续扩大出口市场空间，满足国内进口消费需求，优化区域产业链布局，加快形成以国内大循环为主体、国内国际双循环相互促进的新发展格局具有重大意义。根据进程，RCEP 预计将在明年 1 月开始生效。根据关税承诺表，RCEP 成员国将实施大幅度关税减免。当前，中国要抢抓 RCEP 关税减免带来的重大机遇，实施有针对性战略。

16.1 RCEP 关税变动特征

16.1.1 中国将对 RCEP 其他成员国实施大幅度关税减免，但进度存在国别差异

从平均进口税率看，第一年开始中国将对东盟 10 国大幅减税，由 9.8% 降至 3.2%；其次是澳大利亚和新西兰，由 9.8% 降至 3.3%。对于韩国，第一年开始由 9.8% 降至 6.2%。对于日本降幅最小，第一年开始由 9.8% 降至 7.2%。但到第 10 年，中国承诺对 RCEP 其他成员国平均进口关税均降至 1.4% 以下。到第 20 年，中国承诺对 RCEP 其他成员国零关税产品将达到 90% 以上。因此，虽然中国对 RCEP 其他成员国关税减免进度存在差异，但最终趋向一致。

16.1.2 RCEP 其他成员国对中国关税减免幅度存在显著国别差异，整体力度小于中国

从基准税率看，目前针对中国产品平均税率超过 10% 的国家有韩国（12.60%）、柬埔寨（11.90%）、老挝（10.70%）、泰国（10.50%）；超过 9% 的国家有日本（9.70%）和越南（9.40%）。RCEP 签署后，第一年平均税率降幅最大的是泰国（5.70%）、菲律宾（4.30%）和印尼（3.50%）；另外，平均

税率降幅超过 2% 的国家还有韩国（2.70%）、越南（2.10%）、老挝（2.00%）和柬埔寨（2.00%）。RCEP 签署后，第一年平均税率降幅最小的是日本（0.10%）、文莱（0.00%）。到第 10 年，RCEP 其他成员国对中国整体平均税率将降到 3.19%。到第 20 年，RCEP 其他成员国对中国零关税产品超过 80%。根据《中新自由贸易协定》，新加坡已在 2009 年全部取消自中国进口产品关税。

16.2 战略机遇把握

因为中国进出口产品中电子信息产品占比较多，这些产品大多本身是零关税；另外，中国出口 RCEP 其他成员国的部分产品减税力度较小。因此，由于进出口结构原因，短期内 RCEP 关税变动对中国进出口成本减少幅度有限，但长期具有明显利好空间。一是 RCEP 成员国 GDP 增长较快，贸易呈现强劲增长趋势。二是中国和其他 RCEP 成员国承诺关税呈现逐年下降趋势，20 年后，90% 产品都是 0 关税。三是结构优化趋势。RCEP 各成员国关税承诺表中实际上有很多产品进行了大幅减少。如果针对大幅度关税产品，进行进出口结构调整，从长期看，必定有很大获利空间。四是中国与 RCEP 其他成员国的贸易互补性呈持续增强态势。要获得长期利好效应，中国应当做好策略应对。

16.2.1 充分利用税率规则，积极拓展电子信息产业和汽车产业 RCEP 市场空间

虽然电子信息产品在大多数 RCEP 成员国已是零关税，但 RCEP 中强调的通关便利化，可降低通关成本；RCEP 中的原产地累积规则，可更便利享受税率优惠。从国别来看，可以加大对泰国存储器集成电路市场开发；可以深度拓展缅甸车用往复活塞发动机市场；要加快拓展对菲律宾点燃式活塞内燃发动机市场空间。要深耕印尼汽车市场，印尼针对中国，第一年关税降幅达到 40% 的产品有 11 个，这些产品主要涉及赛车、高尔夫汽车、卡丁车、部分封闭式特用车等；要扩大点燃式活塞内燃发动机、摩托车零部件和往复式内燃机摩托车市场。要拓展文莱发动机市场，针对中国，文莱第一年关税降幅达到 20% 的产品为汽车、摩托车、飞机以外的发动机。可发展菲律宾赛车

市场，针对中国，高尔夫赛车等 2 个产品降幅在 30% 以上。要巩固发展韩国液晶显示板市场。

16.2.2 充分利用进口减税规则，优化进口结构

RCEP 签署后，有很多与老百姓生活密切的产品将大幅度减税。可加大东南亚水果进口，榴莲、红毛丹、番荔枝、莲雾、火龙果、龙眼进口关税由 20% 第一年直接降到 0；番石榴、芒果、山竹果进口关税由 15% 第一年直接降到 0。可加大海产品进口，从东盟国家进口虾的关税由 15% 第一年直接降到 0；大西洋鲑鱼、大马哈鱼及多瑙哲罗鱼、鳟鱼、罗非鱼、中华绒螯蟹、梭子蟹等进口关税由 14% 第一年直接降到 0。可加大烫火锅的原材料进口，来自东盟牛、猪、羊、家禽进口关税由 10% 第一年直接降到 0；冻猪肉由 12% 第一年直接降到 0；鲜、冷、冻牛杂碎由 12% 第一年直接降到 0。可加大东南亚药材进口，很多药材进口关税由 6% 第一年直接降到 0。

16.2.3 大力发展现代农业，提高农业外向度，优化出口结构

RCEP 签署，其他成员国针对中国关税降幅最大的是农产品。韩国针对中国，第一年关税降幅达到 89.1% 的有 5 种产品，主要是牛奶、肉类和纯种繁殖的动物等。澳大利亚针对中国，第一年关税降幅达到 10% 的产品有 15 个，主要是人造纤维、棉花、其他纺织材料。新西兰针对中国，第一年关税最大降幅是5%，其中涉及产品有112个，这些产品主要涉及农产品，活体动植物、冷冻产品及其加工品。日本针对中国，第一年关税降幅整体较小，达到 2% 的产品有 65 个，主要是农产品，如菠萝、玉米、糖、果酱等。越南，针对中国第一年关税降幅达到 20% 的产品有 386 个，这些产品主要涉及农产品、服装、布料。柬埔寨，针对中国第一年关税降幅达到 35% 的产品有 187 个，这些产品主要涉及活体动植物、冷冻产品及其加工品。马来西亚，针对中国第一年关税降幅在 15% 以上的产品有 28 个，主要是猕猴桃、猪肉、口香糖、巧克力糖果、制作果冻的制剂等。缅甸，针对中国第一年关税降幅在 15% 以上的产品有 131 个，肉类及食用肉类内脏 62 个、可食用的水果和坚果、带皮柑橘类、水果或瓜类 27 个、可食用的蔬菜和某些根和块茎 25 个。菲律宾，针对中国第一年关税降幅在 40% 以上产品有 11 个，其中种植业产品 8 个、动物产品 3 个；第一年关税降幅在 35% 以上的产品有 11 个，主要为种植业产品

及加工品。泰国，针对中国第一年关税降幅在 40% 以上的产品有 119 个，其中食用蔬菜和块根块茎产品 65 个、可食用的水果和坚果、带皮柑橘类、水果或瓜类 53 个。重庆应当根据 RCEP 国家需求和农产品质量标准，大力发展高产、优质、高效、安全现代农业，提高农业外向度，优化重庆整体出口结构。

16.2.4 充分挖掘 RCEP 制度红利，积极推进开放制度创新

一是要充分挖掘 RCEP 规则体系，积极探索建立以投资贸易便利化、自由化为核心的开放经济发展机制与制度体系，积极改善中国营商环境。二是与 RCEP 国家共同探索陆上贸易规则，加强陆上与海上贸易规则对接。重点要以现有海上贸易惯例和规则为参照，加快塑造运输规则、通关规则和金融规则等陆上贸易便利化的核心规则。三是积极探索国际金融制度体系。在 RCEP 国家积极推进跨境金融服务便利化，引导和鼓励国内资本与国际优秀创业服务机构合作设立创业联盟或成立创新创业基金。四是进一步加强陆海新通道建设，减少中国与 RCEP 其他成员国之间的商品交易成本。要围绕陆海新通道成立更多的贸易经济主体；加强陆海新通道基础设施建设，提高运行能力；促进运输方式的多元化，加强冷链物流和货物空运体系建设。

17　RCEP 协定重要条款

RCEP 协定由 1 个序言、20 章和 4 个附件组成（附件 1 关税承诺表、附件 2 服务具体承诺表、附件 3 服务和投资保留及不符措施承诺表、附件 4 自然人临时移动具体承诺表）。根据 RCEP（区域全面经济伙伴关系）协定第一章第三条，RCEP 协定促进区域贸易与投资的扩张。具体路径是“三个自由化和便利化”，这是 RCEP 的核心。一是通过逐步取消缔约方之间实质上所有货物贸易的关税和非关税壁垒，逐步实现缔约方之间货物贸易的自由化和便利化；二是逐步在缔约方之间实施涵盖众多服务部门的服务贸易自由化，以实现实质性取消缔约方之间在服务贸易方面的限制和歧视性措施；三是在区域内创造自由、便利和具有竞争力的投资环境，以增加缔约方之间的投资机会，提升投资的促进、保护、便利化和自由化。

第一章　初始条款和一般定义

第一条　区域全面经济伙伴关系自由贸易区的建立

本协定缔约方，在与《1994 年关税与贸易总协定》第二十四条和《服务贸易总协定》第五条相一致的基础上，特此依照本协定条款建立区域全面经济伙伴关系自由贸易区。

第二条　一般定义

就本协定而言，除非本协定另有规定：

（一）《反倾销协定》指《WTO 协定》附件 1A 所含《关于实施 1994 年关税与贸易总协定第六条的协定》；

（二）本协定指《区域全面经济伙伴关系协定》；

（三）《农业协定》指《WTO 协定》附件 1A 所含《农业协定》；

（四）《海关估价协定》指《WTO 协定》附件 1A 所含《关于实施 1994 年关税与贸易总协定第七条的协定》；

（五）日指日历日，包括周末和节假日；

（六）现行指在本协定生效之日有效；

（七）GATS 指《WTO 协定》附件 1B 所含《服务贸易总协定》；

（八）GATT1994 指《WTO 协定》附件 1A 所含《1994 年关税与贸易总协定》；

（九）GPA 指《WTO 协定》附件 4 所含《政府采购协定》；

（十）协调制度或者 HS 指《商品名称及编码协调制度》，包括 1983 年 6 月 14 日订于布鲁塞尔的由世界海关组织通过和管理的《商品名称及编码协调制度的国际公约》附件规定的归类总规则、类注释、章注释和子目注释，以及缔约方在各自法律框架内修订、采用和实施的归类总规则、类注释、章注释和子目注释；

（十一）IMF 指国际货币基金组织；

（十二）《国际货币基金组织协定》指 1944 年 7 月 22 日订于布雷顿森林的《国际货币基金组织协定》；

（十三）《进口许可程序协定》指《WTO 协定》附件 1A 所含《进口许可程序协定》；

（十四）法人根据适用法律组建或组织的任何实体，无论是否以营利为目的，无论属私营所有还是政府所有，包括任何公司、信托、合伙企业、合资企业、独资企业、协会或类似组织；

（十五）最不发达国家指联合国指定的、尚未从最不发达国家的类型中毕业的任何国家；

（十六）最不发达国家缔约方指属于最不发达国家的任何缔约方；

（十七）措施指一缔约方采取的任何措施，包括法律、法规、规定、程序、决定、行政行为或任何其他形式；

（十八）缔约方指本协定对其生效的任何国家或单独关税区；

（十九）易腐货物指由于其固有特性，特别是在缺乏适当的储藏条件下快速变质的货物；

（二十）人指自然人或法人；

（二十一）个人信息指与已识别的或可识别的个人相关的任何信息，包括数据；

（二十二）《装运前检验协定》指《WTO 协定》附件 1A 所含《装运前检验协定》；

（二十三）RCEP 指区域全面经济伙伴关系；

（二十四）RCEP 联合委员会是指根据第十八章第二条（设立 RCEP 联合委员会）设立的区域全面经济伙伴关系联合委员会；

（二十五）《保障措施协定》指《WTO 协定》附件 1A 所含《保障措施协定》；

（二十六）《SCM 协定》指《WTO 协定》附件 1A 所含《补贴与反补贴措施协定》；

（二十七）中小企业指任何小型和中型企业，包括任何微型企业，在适当情况下可由每一缔约方依照各自的法律、法规或国家政策进一步定义；

（二十八）《SPS 协定》指《WTO 协定》附件 1A 所含《实施卫生与植物卫生措施协定》；

（二十九）《TBT 协定》指《WTO 协定》附件 1A 所含《技术性贸易壁垒协定》；

（三十）贸易管理文件是指一缔约方发布或控制的、必须由或为了进口商或出口商完成的、与货物进出口相关的表格；

（三十一）《贸易便利化协定》指《WTO 协定》附件 1A 所含《贸易便利化协定》；

（三十二）《TRIPS 协定》指《WTO 协定》附件 1C 所含《与贸易有关的知识产权协定》；

（三十三）《关于国际收支条款的谅解》指《WTO 协定》附件 1A 所含《关于 1994 年关税与贸易总协定国际收支条款的谅解》；

（三十四）WTO 指世界贸易组织；以及

（三十五）《WTO 协定》指订于 1994 年 4 月 15 日的《马拉喀什建立世界贸易组织协定》。

第三条　目标

本协定的目标是：

（一）建立一个现代、全面、高质量和互惠的经济伙伴关系框架，以促进区域贸易与投资的扩张，推动全球经济增长与发展，同时兼顾缔约方，特别是最不发达国家缔约方，所处的发展阶段和经济需求；

（二）通过逐步取消缔约方之间实质上所有货物贸易的关税和非关税壁垒，逐步实现缔约方之间货物贸易的自由化和便利化；

（三）逐步在缔约方之间实施涵盖众多服务部门的服务贸易自由化，以实现实质性取消缔约方之间在服务贸易方面的限制和歧视性措施；以及

（四）在区域内创造自由、便利和具有竞争力的投资环境，以增加缔约方之间的投资机会，提升投资的促进、保护、便利化和自由化。

第二章 货物贸易

第一节 总则和货物市场准入

第一条 定义

就本章而言：

（一）领事事务指一缔约方拟向另一缔约方领土出口的货物必须首先提交该进口缔约方在出口缔约方领土内的领事机构进行监管的要求，以获得商业发票、原产地证书、舱单、货主出口声明，或进口要求的或与进口相关的任何其他海关文件的领事发票或领事签证；

（二）关税指与某一货物的进口有关而征收的任何关税或进口税以及任何种类的费用，但不包括任何：

1. 以与 GATT1994 第三条第二款的规定相一致的方式征收等同于一国内税的费用；

2. 以与 GATT1994 第六条、《反倾销协定》和《补贴与反补贴措施协定》的规定相一致的方式适用的反倾销税或反补贴税；或者

3. 与所提供服务的成本相当的规费或其他费用。

（三）货物的完税价格指用于征收进口货物从价关税的货物的价格；

（四）免税指免征海关关税；

（五）进口许可程序指作为进口至进口缔约方领土的前提条件，要求向进口缔约方相关行政机构提交除一般海关通关所需的单证外的申请或其他单证的行政程序；以及

（六）原产货物是指根据第三章（原产地规则），具备原产货物资格的货物。

第二条 范围

除本协定另有规定外，本章应当适用于缔约方之间的货物贸易。

第三条 国内税和国内法规的国民待遇

每一缔约方应当根据 GATT1994 第三条给予其他缔约方的货物国民待遇。为此，GATT1994 第三条经必要修改后应当纳入本协定，并且成为本协定的一部分。

第四条 关税削减或取消

一、除本协定另有规定，每一缔约方应当根据附件一（关税承诺表）中的承诺表削减或取消对其他缔约方原产货物的关税。

二、为进一步明确，根据《WTO 协定》，如果一缔约方针对其他缔约方的原产货物所实施的最惠国关税税率低于该缔约方在附件一（关税承诺表）中承诺表规定的关税税率，其他缔约方的原产货物在进口时应当有资格适用该缔约方针对这些货物实施的最惠国关税税率。在遵循其法律法规的情况下，每一缔约方应当规定，在进口商进口时未提出较低税率请求的情况下，该进口商可以申请退还为某一货物多缴纳的任何关税。

三、对于第四章第五条（透明度）第一款第（二）项，每一缔约方应当在可行的范围内尽快但不迟于实施之日，使其所实施的最惠国关税税率和根据第一款所适用的最新关税的任何修正可公开获得。

第五条 加速关税承诺①

一、本协定的任何规定不得妨碍缔约方根据第二十章第四条（修正）对本协定进行修正，以加速或改进附件一（关税承诺表）中其承诺表所列的关税承诺。

二、两个或两个以上的缔约方②可以基于共识，就附件一（关税承诺表）中其承诺表所列的关税承诺的加速或改进进行磋商。加速或改进这些缔约方之间关税承诺的协定应当通过根据第二十章第四条（修正）对附件一（关税

① 为进一步明确，本条应当仅适用于本协定项下的关税承诺。

② 就本款而言，“两个或两个以上的缔约方”指部分而非所有的缔约方。

承诺表）中的承诺表进行修改来实施。任何此类关税承诺的加速或改进应当被扩展至所有缔约方。

三、一缔约方可以在任何时间单方面加速或改进附件一（关税承诺表）中其承诺表所列的关税承诺。任何此类关税承诺的加速或改进应当扩展至所有缔约方。该缔约方应当在新的优惠关税税率生效前尽早通知其他缔约方。

四、为进一步明确，在一缔约方单方面加速或改进第三款所提及的关税承诺后，该缔约方可以提高其优惠关税水平，但不得超过附件一（关税承诺表）中其承诺表所列的该相关年度的优惠关税税率水平。该缔约方应当在此类日期前尽早通知其他缔约方新的优惠关税税率的生效日期。

第六条　关税差异

一、在存在关税差异[①]的原产货物的出口缔约方是其RCEP原产国的情况下，该原产货物应当适用附件一（关税承诺表）中进口缔约方对该出口缔约方承诺的优惠关税待遇。

二、原产货物的 RCEP 原产国应当为该货物根据第三章第二条（原产货物）获得其原产资格时所在的缔约方。对于适用第三章第二条（原产货物）第（二）项的原产货物，其在出口缔约方的生产工序超出第五款所列的微小加工的情况下，其 RCEP 原产国应当为出口缔约方。

三、尽管有第二款的规定，对于一进口缔约方在附件一（关税承诺表）附录所列的原产货物，在该货物符合附录规定附加要求的情况下，其 RCEP 原产国应当为出口缔约方。

四、根据第二款和第三款，原产货物的出口缔约方未能被确立为 RCEP 原产国的情况下，该原产货物的 RCEP 原产国应当是，为该货物在出口缔约方的生产提供最高价值原产材料的缔约方。在这种情况下，该原产货物应当适用进口缔约方对其 RCEP 原产国承诺的优惠关税待遇。

五、就第二款而言，“微小加工”指下列任何操作：

（一）为确保货物在运输或储存期间保持良好状态而进行的保存操作；

（二）为运输或销售而对货物进行的包装或展示；

① 缔约方理解，“关税差异”指一进口缔约方对同一原产货物适用不同的关税待遇。

（三）简单[1]加工，包括过滤、筛选、挑选、分类、磨锐、切割、纵切、研磨、弯曲、卷取或开卷；

（四）在货物或其包装上粘贴或印刷标记、标签、标识或其他类似的用于区别的标志；

（五）仅用水或其他物质稀释，不实质改变货物的特性；

（六）将产品拆分成零件；

（七）屠宰[2]动物；

（八）简单的喷漆和抛光操作；

（九）简单的去皮、去核或去壳；

（十）同种类或不同种类货物的简单混合；或者

（十一）第（一）项至第（十）项所述的两种或两种以上操作的任意组合。

六、尽管有第一款和第四款的规定，进口缔约方应当允许一进口商申请享受下列优惠关税待遇之一：

（一）在进口商能够证明所有提供了原产货物生产所使用的原产材料的缔约方的情况下，进口缔约方对有关缔约方适用的最高关税税率。为进一步明确，上述原产材料仅指判定最终货物原产资格所涉及的原产材料；或者

（二）进口缔约方对其他缔约方同一原产货物所适用的最高关税税率。

七、尽管有第二十章第八条（一般性审议）的规定，缔约方应当在本协定生效之日起两年内开始审议本条，此后每三年或按照缔约方之间的约定，削减或取消本条所含要求以及一缔约方在附件一（关税承诺表）其承诺表中附录规定的税目数量和要求。

八、尽管有第七款的规定，对于一缔约方在附件一（关税承诺表）其承诺表中的附录，在另一国家或单独关税区加入本协定时，该缔约方保留对附录进行修改的权利，包括该附录的附加要求。上述修改应当经过所有缔约方的同意，并应当根据第二十章第四条（修正）和第二十章第九条（加入）生效。

---

① 就本款而言，“简单”用来描述既不需要专门的技能也不需要专门生产或装配机械、仪器或装备的行为。

② 就本款而言，“屠宰”指仅杀死动物。

第七条　商品归类

缔约方之间的货物贸易商品归类应符合协调制度。

第八条　海关估价

为确定缔约方之间贸易货物的完税价格，GATT1994 第七条的规定以及《海关估价协定》的第一部分和附件一解释性说明的规定经必要修改后应当适用。

第九条　过境货物

每一缔约方应根据 GATT1994 第五条第三款以及《贸易便利化协定》的有关规定，继续为来自或运往其他缔约方的过境货物提供清关便利。

第十条　货物的临时准入

一、每一缔约方应当按照其法律法规，允许被运入其关税区的货物有条件的全部或部分免于支付进口关税和国内税，如此类货物：

（一）为特定目的而运入其关税区；

（二）计划在特定期限内复出口；以及

（三）除因其使用所造成的正常折旧和磨损外未发生任何改变。

二、应相关人员的请求并且由于其海关认为正当的原因，每一缔约方应当将第一款规定的免税临时准入的期限延长至最初确定的期限之后。

三、任何缔约方不得对第一款规定的一货物的临时准入设定条件，除要求该货物：

（一）仅由另一缔约方国民或居民在其开展经营活动、贸易、专业或体育活动时使用或在其个人监督之下；

（二）在其领土内时不出售或租赁；

（三）附上一份金额不超过其他情况下入境或最终进口时应支付的关税、国内税、规费以及费用的保证金或者担保，在该货物出口时可返还；

（四）在进口或出口时可确认；

（五）除非延期，否则在第（一）项所提及的人员离境时，或在该缔约方可设定的与暂准进口目的相关的此类其他期限内出口；

（六）准许的数量不得超过其预期用途的合理数量；以及

（七）根据其法律法规，其他允许进入该缔约方领土的情况。

四、如一缔约方根据第三款的规定所施加的任何条件未得到满足，该缔约方可在其法律法规规定的任何其他费用或处罚之外，适用关税以及正常情况下对该货物收取的其他费用。

五、每一缔约方应当允许根据本条规定临时准入的货物经由其被进口的海关口岸以外的海关口岸[①]再出口。

第十一条　集装箱和托盘的临时准入

一、每一缔约方，根据其法律法规或该缔约方作为参与方的相关国际协定的规定，应当允许正在使用或被用于装运国际运输货物的集装箱和托盘的免税临时准入，不论其原产地。

（一）就本条而言，“集装箱”指一种运输设备货品（防水密封运货箱、移动式贮槽或其他类似结构）：

1. 全部或部分封闭，以构成用于装载货物的隔间；

2. 具有永久特性，并且因为足够坚固而适合重复使用；

3. 经特殊设计以便利装运货物，采用一种或多种运输方式而无需中途重新装卸；

4. 设计为可直接搬运，特别是从一种运输方式转换为另一种运输方式时；

5. 设计为易于装填和清空；以及

6. 内部体积为一立方米或大于一立方米。

在配件和设备随集装箱运输的情况下，“集装箱”应当包括与该集装箱箱型相适应的配件和设备。“集装箱”不得包括车辆、车辆配件或备件、包装或者托盘。“可拆卸的物体”应当被视为集装箱。

（二）就本款而言，“托盘”是指一种可以通过其甲板将一定数量的货物组装成一个单元负荷以便运输，或在机械设备的帮助下进行搬运或堆叠的装置。这种装置由以托架分开的两层甲板构成，或由以垫脚支撑的单层甲板构成；其整体高度被降到最低，以与叉车或托盘车的搬运相适应；它可以有也可以没有上层结构。

---

① 对于老挝人民民主共和国，“海关口岸”是指国际海关口岸。

二、在遵循第八章（服务贸易）和第十章（投资）的前提下，对于根据第一款临时准入的集装箱：①

（一）每一缔约方应当允许自另一缔约方领土进入其领土的用于国际运输的集装箱，经由任何合理的与该集装箱的经济和快速离境相关的途径离开其领土；②

（二）任何缔约方不得仅因为集装箱的进境口岸和离境口岸之间的差异，要求提供保证金或实施任何处罚或收取任何费用；

（三）任何缔约方不得将经由任何特定口岸离境作为解除对进入其领土的集装箱征收的任何保证金的条件；以及

（四）任何缔约方不得要求将集装箱自另一缔约方领土运至其领土的承运人，与将该集装箱运至该另一缔约方领土的承运人相同。

第十二条　无商业价值样品的免税入境

每一缔约方应当在遵守其法律法规的情况下，允许从其他缔约方领土进口的无商业价值样品免税入境，不论其原产地。

第十三条　农业出口补贴

一、缔约方重申 2015 年 12 月 19 日于内罗毕通过的《2015 年 12 月 19 日关于出口竞争的部长级决定》（WT/MIN（15）/45，WT/L/980）中所作的承诺，包括取消已计划的对农产品使用出口补贴的权利。

二、缔约方的共同目标是在多边框架下取消对农产品的出口补贴，并且应当共同努力阻止对农产品的出口补贴以任何形式被重新使用。

第十四条　关税承诺表的转换

每一缔约方应当保证为按照经定期修订的修订版协调制度的术语履行附件一（关税承诺表）而对其承诺表进行的转换，不损害附件一（关税承诺表）

---

① 为进一步明确，本款中的任何规定不得影响一缔约方依照第十七章第十二条（一般例外）或者第十七章第十三条（安全例外）所采取或维持措施的权利。

② 为进一步明确，本项中的任何规定不得解释为阻止一缔约方采取或维持普遍适用的公路和铁路安全或保护措施，或者阻止一集装箱在该缔约方不设口岸的地方进入或离开其领土。一缔约方可以依照其法律法规向其他缔约方提供可以用于集装箱离境的口岸清单。

中所列关税承诺。

第十五条 减让的修改

在特殊情况下，如一缔约方在履行其关税承诺时面临无法预见的困难，该缔约方可以经所有其他利害关系缔约方同意，并经 RCEP 联合委员决定，修改或撤销附件一（关税承诺表）其承诺表中所涵盖的减让。为寻求达成此类同意，拟修改或撤销其减让的缔约方应当通知 RCEP 联合委员会，并且与任何利害关系缔约方进行谈判。在此类谈判中，拟修改或撤销其减让的缔约方应当维持对等且互惠的减让水平，并且其对所有其他利害关系缔约方的减让水平均不低于在此类谈判之前本协定所规定的减让水平，此类减让可包括对其他货物的补偿性调整。共同同意的谈判结果，包括任何补偿性调整，应当根据第二十章第四条（修正）反映在附件一（关税承诺表）中。

第二节 非关税措施

第十六条 非关税措施的适用

一、除非根据其在 WTO 或者本协定项下的权利和义务，一缔约方不得对任何其他缔约方的任何货物的进口或者任何货物向任何其他缔约方领土的出口，采取或维持任何非关税措施。

二、每一缔约方应当保证第一款所允许的非关税措施的透明度，并且应当保证任何此类措施的制定、采取或实施不以对缔约方之间的贸易造成不必要的障碍为目的，或产生此种效果。

第十七条 普遍取消数量限制

一、除本协定另有规定外，任何缔约方不得对从其他缔约方进口的任何货物或者向其他缔约方领土出口的任何货物采取或维持除关税、国内税或其他费用外的任何禁止或限制，无论此类禁止或限制通过配额、进口或出口许可或其他措施生效，但根据其在《WTO 协定》相关规定项下的权利和义务作出的禁止或限制除外。为此，GATT1994 第十一条经必要修改后纳入本协定并成为本协定一部分。

二、如一缔约方根据 GATT1994 第十一条第二款第（一）项采取禁止或限制出口的措施，该缔约方应请求应当：

（一）将此类禁止或限制及其原因、性质和预计期限通知其他缔约方，或者公布此类禁止或限制；以及

（二）向可能受到严重影响的另一缔约方或其他缔约方提供对此类禁止或限制相关的事项进行磋商的合理机会。

第十八条　非关税措施的技术磋商

一、一缔约方可以请求与另一缔约方就其认为对其贸易产生不利影响的措施进行技术磋商。该请求应当以书面形式作出，并且应当明确指明该措施以及关于该措施如何对请求技术磋商的缔约方（本条以下称“请求方”）与被请求的缔约方（本条以下称“被请求方”）之间的贸易产生不利影响的关切。

二、如该措施涵盖在另一章项下，则应当采用该章规定的任何磋商机制，除非请求方和被请求方（本条以下合称“磋商方”）另有约定。

三、除第二款规定外，被请求方应当在收到第一款中提及的书面请求后60天内向请求方作出回复并开展技术磋商，除非磋商方另有决定，以期在提出请求后 180 天内达成共同满意的解决方案。技术磋商可以通过磋商方同意的任何方式进行。

四、除第二款规定的情况外，技术磋商请求应当散发给所有其他缔约方。其他缔约方可以请求参与磋商，并基于其在请求中所列明的利益进行磋商。任何其他缔约方的参与须经磋商方同意。磋商方应当充分考虑此类请求。

五、如请求方认为一事项紧急或者涉及易腐货物，可以请求在比第三款规定的期限更短的期限内进行技术磋商。

六、除第二款的规定外，不论作为请求方或被请求方，各缔约方应当向货物贸易委员会提交一份关于使用本条项下技术磋商的年度通报。该通报应当包含此类磋商进展和结果的摘要。

七、为进一步明确，本条项下的技术磋商应当不损害一缔约方与第十九章（争端解决）和《WTO 协定》项下争端解决程序相关的权利和义务。

第十九条　进口许可程序

一、每一缔约方应当确保所有自动和非自动进口许可程序以透明和可预

测的方式实施，并且根据《进口许可程序协定》实施。任何缔约方不得采取或维持与《进口许可程序协定》不一致的措施。

二、在本协定对该缔约方生效后，每一缔约方应当迅速将任何现行的进口许可程序通报其他缔约方。该通报应当包括《进口许可程序协定》第五条第二款规定的信息。一缔约方应当被视为符合本款的规定，如：

（一）该缔约方已经将进口许可程序以及《进口许可程序协定》第五条第二款规定的信息向根据《进口许可程序协定》第四条设立的 WTO 进口许可程序委员会通报（本章以下称“WTO 进口许可程序委员会”）；以及

（二）在本协定对该缔约方生效前，该缔约方最近一次向 WTO 进口许可程序委员会提交的对《进口许可程序协定》第七条第三款规定的进口许可程序年度调查问卷进行答复的年度文件中，该缔约方已就此类现行进口许可程序提供该调查问卷所要求的信息。

三、每一缔约方应当尽可能在生效前 30 天，将其任何新的进口许可程序以及对现行进口许可程序所做的任何修改通报其他缔约方。在任何情况下，一缔约方不得迟于公告之日后 60 天提供该通报。本款项下规定的通报应当包括《进口许可程序协定》第五条中规定的信息。如一缔约方根据《进口许可程序协定》第五条第一款、第二款或第三款向 WTO 进口许可程序委员会通报了一项新的进口许可程序或对现行进口许可程序的修改，则应当视为遵守本款。

四、在实施任何新的或修改的进口许可程序前，一缔约方应当在官方政府网站上公布新程序或者对程序的修改。在可能的情况下，该缔约方应当在新程序或对程序的修改生效前至少 21 天公布。

五、第二款和第三款要求的通报不影响进口许可程序是否与本协定一致。

六、根据第三款作出的通报应当明确在所通报的任何程序中是否：

（一）任何产品进口许可的条件对该产品所允许的最终用户有限制；或者

（二）该缔约方对获得任何产品的进口许可设定任何下列资格条件：

1. 产业协会的会员资格；

2. 产业协会对进口许可申请的批准；

3. 进口该产品或类似产品的历史；

4. 进口商或最终用户的最低产能；

5. 进口商或最终用户的最低注册资本；或者

七、进口商与该缔约方领土内分销商有合同或其他关系。在可能的范围内，每一缔约方应当在60天内答复另一缔约方关于各自许可机构采用的授予或拒绝进口许可的标准的所有合理咨询。该进口缔约方应当公布足够的信息，以便其他缔约方和贸易商了解授予或分发进口许可的依据。

八、不得因文件有轻微但未改变文件所包含基础数据的错误而驳回进口许可申请。文件的轻微错误可以包括例如页边距、使用的字体以及拼写错误在内的格式错误，此类错误显然没有欺诈意图或重大过失的情况。

九、如一缔约方拒绝另一缔约方某一货物的进口许可申请，应申请人的请求，该缔约方应当在收到该申请后的一段合理时间内向申请人解释拒绝的理由。

第二十条　进口和出口规费和手续

一、每一缔约方应当根据GATT1994第八条第一款，确保对进口或出口征收的或与进口或出口有关的所有任何性质的规费和费用（除了进口或出口关税、等同于国内税的费用或其他符合GATT1994第三条第二款的国内费用以及反倾销税和反补贴税）的数额限于所提供服务的近似成本，并且不构成对国内货物的间接保护，也不构成为财政目的对进口或出口征收的一种国内税。

二、每一缔约方应当迅速公布其征收的与进口或出口有关的规费和费用的细节，并且应当在互联网上提供此类信息

三、任何缔约方不得要求与另一缔约方某一货物的进口相关的领事事务，包括相关的规费和费用。任何缔约方不得要求进口缔约方的海外代表或有权代表进口缔约方行事的实体对进口另一缔约方任何货物所提供的任何海关单证背书、认证或以其他方式出具证明或批准，也不得收取任何相关规费或费用。

第二十一条　部门倡议

一、缔约方可以决定就特定部门问题启动一项工作计划。如缔约方决定启动该工作计划，则该计划应当由货物贸易委员会制定和监督实施。缔约方应当努力在工作计划开始后的两年内完成该工作计划。

二、缔约方应当在同意涵盖在此类工作计划中的部门时，考虑所有缔约

方的利益，包括缔约方在本协定谈判过程中提议过的部门或一缔约方确定的其他部门。

三、根据本条启动的任何工作计划应该以下列方式进行：

（一）增进缔约方对该问题的谅解；

（二）便利商业和其他相关利益方的参与；以及

（三）探讨缔约方可能采取的便利贸易的行动。

四、基于任何根据本条启动的工作计划的结果，货物贸易委员会可向RCEP联合委员会提出建议。

第三章　原产地规则

第一节　原产地规则

第一条　定义

就本章而言：

（一）水产养殖是指对水生生物的养殖，包括鱼类、软体动物、甲壳动物、其他水生无脊椎动物以及水生植物，从卵、鱼苗、鱼种和幼体等苗种开始，在饲养或培育的过程中，通过定期放养、喂食或防止捕食者侵袭等介入方式，以提高产量；

（二）CIF 价值是指包括运抵进口国进境口岸或地点的保险费和运费在内的进口货物价值；

（三）主管部门是指由一缔约方指定并通知所有其他缔约方的一个或多个政府机构；

（四）海关是指第四章第一条（定义）第（一）项中定义的海关；

（五）FOB 价值是指包括无论以何种运输方式将货物运抵最终出境口岸或地点的运输费用在内的船上交货价值；

（六）可互换货物或材料是指出于商业目的可相互替换的，性质实质相同的货物或材料；

（七）公认会计准则是指一缔约方普遍接受或官方认可的有关记录收入、费用、成本、资产和负债、信息披露以及编制财务报表的会计准则。这些准则既包括普遍适用的广泛性指导原则，也包括详细的标准、惯例和程序；

（八）货物是指任何商品、产品、物品或材料；

（九）签证机构是指由一缔约方指定或授权签发原产地证书并依照本章通知其他缔约方的实体；

（十）材料是指用于生产另一货物的货物；

（十一）非原产货物或非原产材料是指根据本章规定不具备原产资格的货物或材料；

（十二）原产货物或原产材料是指根据本章规定具备原产资格的货物或材料；

（十三）生产商是指从事货物生产的人；以及

（十四）生产是指获得货物的方法，包括货物的种植、开采、收获、耕种、养育、繁殖、提取、收集、采集、捕获、捕捞、水产养殖、诱捕、狩猎、制造、生产、加工或装配。

第二条 原产货物

就本协定而言，符合下列条件之一并满足本章其他适用要求的货物应当视为原产货物：

（一）根据第三章第三条（完全获得或者生产的货物）在一缔约方完全获得或者生产；

（二）在一缔约方仅使用来自一个或一个以上缔约方的原产材料生产；或者

（三）在一缔约方使用非原产材料生产，并且符合第三章附件一（产品特定原产地规则）所列的适用要求。

第三条 完全获得或者生产的货物

就第三章第二条（原产货物）而言，下列货物应当视为在一缔约方完全获得或者生产：

（一）在该缔约方种植、收获、采摘或收集的植物或植物货物，包括果实、花卉、蔬菜、树木、海藻、菌类和活植物；

（二）在该缔约方出生并饲养的活动物；

（三）从该缔约方饲养的活动物中获得的货物；

（四）在该缔约方通过狩猎、诱捕、捕捞、耕种、水产养殖、收集或捕获直接获得的货物；

（五）从该缔约方土壤、水域、海床或海床底土提取或得到的未包括在上述第（一）项至第（四）项范围的矿物质或其他天然生成物质；

（六）从缔约方和非缔约方领海以外的水域、海床或海床底土，由该缔约方的船只①获得的海洋渔获产品和其他海洋生物并且由该缔约方或该缔约方的人获得的其他货物，且符合国际法规定，对于从缔约方或非缔约方的专属经济区捕捞的海洋渔获产品和其他海洋生物，该缔约方或该缔约方的人应当有权开发②该专属经济区，对于其他货物，该缔约方或该缔约方的人应当依据国际法有权开采相关海床和海床底土；

（七）该缔约方船只依照国际法在公海获得的海洋渔获产品和其他海洋生物；

（八）在该缔约方加工船上仅使用第（六）项或第（七）项所述的货物进行加工或制造的货物；

（九）满足下列条件的货物：

1. 在该缔约方生产或消费中产生的，仅适用于废弃处置、原材料回收或回收利用的废碎料；或者

2. 在该缔约方收集的仅适用于废弃处置、回收原材料或回收利用的旧货物；以及

（十）在该缔约方仅使用第（一）项至第（九）项所述的货物或其衍生物获得或生产的货物。

第四条　累积

一、除本协定另有规定外，符合第三章第二条（原产货物）规定的原产地要求且在另一缔约方用作生产另一货物或材料的材料，应当视为原产于对制成品或材料进行加工或处理的缔约方。

二、缔约方应当自本协定对所有签署国生效之日起审议本条。本项审议将考虑将第一款中累积的适用范围扩大到各缔约方内的所有生产和货物增值。除缔约方另有共识外，缔约方应当自开始之日起五年内结束审议。

---

① 就本条而言，“该缔约方的加工船”或“该缔约方的船只”分别指加工船或船只：
1. 在该缔约方注册；并且
2. 有权悬挂该缔约方旗帜。
尽管有前述规定，在澳大利亚专属经济区内作业的任何加工船或船只，如果符合不时修订的《1991 年渔业管理法（联邦）》或任何后续立法对“澳大利亚船”的定义，应当分别视为澳大利亚加工船或船只。为进一步明确，当此类加工船或船只在澳大利亚专属经济区以外作业时，应当适用本脚注第（一）项和第（二）项的要求。

② 为确定海洋渔获产品和其他海洋生物的原产地，本项中的“有权开发”包括一缔约方与沿海国之间的任何协定或安排所产生的获得沿海国渔业资源的权利。

第五条 区域价值成分计算

一、第三章附件一（产品特定原产地规则）规定的货物的区域价值成分，应当按下列公式之一计算：

（一）间接 / 扣减公式

$$\mathrm{RVC}=\frac{FOB-VNM}{FOB}\times 100$$

或者

（二）直接 / 累加公式

$$\mathrm{RVC}=\frac{\mathrm{VOM}+\text{直接人工成本}+\text{直接经营费用成本}+\text{利润}+\text{其他成本}}{\mathrm{FOB}}\times 100$$

其中：

RVC 为货物的区域价值成分，以百分比表示；

FOB 是指第三章第一条（定义）第（五）项规定的 FOB 价值；

VOM 是指获得或自行生产并用于生产货物的原产材料、部件或产品的价值；

VNM 是指用于生产该货物的非原产材料价值；

直接人工成本包括工资、薪酬和其他员工福利；并且

直接经营费用成本是指经营的总体费用。

二、本章项下货物的价值应当依照 GATT1994 第七条和《海关估价协定》经必要修正进行计算。所有成本应当依照生产货物的缔约方适用的公认会计准则进行记录和保存。

三、非原产材料价值应当为：

（一）就进口材料而言，材料进口时的 CIF 价值；并且

（二）就一缔约方内获得的材料而言，最早可确定的实付或应付的价格。

四、原产地不明的材料应当视为非原产材料。

五、下列费用可以从非原产材料价值或原产地不明的材料价值中扣除：

（一）将货物运至生产商的运费、保险费、包装费和货物运至生产商过程中产生的其他运输相关费用；

（二）未被免除、返还或以其他方式退还的关税、税收和代理报关费；并且

（三）废品和排放成本，减去回收废料或副产品的价值

如第（一）项至第（三）项所列的费用未知或证据不足，则不得扣除此类费用。

第六条　微小加工和处理

尽管有本章的任何其他规定，但使用非原产材料生产货物时，下列操作应当视为不足以赋予该货物原产资格的加工或处理：

（一）为确保货物在运输或储存期间保持良好状态而进行的保存操作；

（二）为运输或销售而对货物进行的包装或展示；

（三）简单①加工，包括过滤、筛选、挑选、分类、磨锐、切割、纵切、研磨、弯曲、卷取或开卷；

（四）在货物或其包装上粘贴或印刷标记、标签、标识或其他类似的用于区别的标志；

（五）仅用水或其他物质稀释，未实质改变货物的特性；

（六）将产品拆分成零件；

（七）屠宰②动物；

（八）简单的涂漆和抛光操作；

（九）简单的去皮、去核或去壳；

（十）同种类或不同种类货物的简单混合；或者

（十一）第（一）项至第（十）项所述的两种或两种以上操作的任意组合。

第七条　微小含量

一、不满足第三章附件一（产品特定原产地规则）所规定的税则归类改变要求的货物，只要该货物满足本章规定的所有其他适用要求，在下列情况下，仍为原产货物：

（一）对于协调制度编码第一章至第九十七章规定的货物，用于货物生产且未发生税则归类改变的非原产材料的价值不超过该货物 FOB 价值的百分之十。上述非原产材料的价值应当根据第三章第五条（区域价值成分计算）第

① 就本条而言，“简单”用来描述既不需要专门的技能也不需要专门生产或装配机械、仪器或装备的行为。

② 就本条而言，“屠宰”指仅杀死动物。

三款进行计算；或者

（二）对于协调制度编码第五十章至第六十三章规定的货物，用于货物生产且未发生税则归类改变的非原产材料的重量不超过该货物总重量的百分之十。

二、但是，在适用任何区域价值成分要求时，第一款所述的非原产材料价值应当计入货物的非原产材料价值中。

第八条　包装、包装材料和容器的处理

一、在确定任何货物的原产资格时，运输和装运货物所使用的包装材料和容器应当不予考虑。

二、在确定货物的原产资格时，与货物一同归类的用于零售的包装材料和容器应当不予考虑，只要：

（一）该货物依照第三章第二条（原产货物）第（一）项在一缔约方完全获得或完全生产；

（二）该货物依照第三章第二条（原产货物）第（二）项在一缔约方仅使用来自一个或一个以上缔约方的原产材料生产；或者

（三）该货物遵循第三章附件一（产品特定原产地规则）中规定的税则归类改变或特定制造或加工工序要求。

三、如果货物遵循区域价值成分要求，在计算该货物的区域价值成分时，应当将该货物零售包装所使用的材料和容器的价值视具体情况作为该货物的原产材料或非原产材料予以考虑。

第九条　附件、备件和工具

一、为确定货物的原产资格，随货物一同报验的附件、备件、工具及说明书或其他信息材料应当视为该货物的一部分，并且在确定该原产货物生产过程中所使用的所有非原产材料是否发生第三章附件一（产品特定原产地规则）所列的适用的税则归类改变或特定制造或加工工序时，应当不予考虑，只要：

（一）与该货物一同报验的附件、备件、工具及说明书或其他信息材料未单独开具发票；并且

（二）从数量和价值看，与该货物一同报验的附件、备件、工具及说明书

或其他信息材料是为该货物定制的。

二、尽管有第一款规定，如果货物遵循区域价值成分要求，则在计算货物的区域价值成分时，应当将与该货物一同报验的附件、备件、工具及说明书或其他信息材料的价值视具体情况纳入原产材料或非原产材料的计算，只要：

（一）与该货物一同报验的附件、备件、工具及说明书或其他信息材料不与该货物分别开具发票；并且

（二）从数量和价值看，与该货物一同报验的附件、备件、工具及说明书或其他信息材料是为该货物定制的。

第十条　间接材料

一、不论在何处生产，间接材料应当视为原产材料，并且其价值应当为该货物生产商依照公认会计准则在记录中登记的成本。

二、就本条而言，“间接材料”是指在另一货物的生产、测试或检验过程中使用，但物理上未与该另一货物结合的货物，或在货物生产过程中用于维护厂房建筑或运行设备的货物，包括：

（一）燃料和能源；

（二）工具、模具和型模；

（三）用于维护设备和建筑的备件和货物；

（四）在生产中使用或用于运行设备和维护厂房建筑物的润滑剂、油（滑）脂、合成材料和其他材料；

（五）手套、眼镜、鞋靴、衣服、安全设备和用品；

（六）用于测试或检验货物的设备、装置和用品；

（七）催化剂和溶剂；并且

（八）在货物生产过程中，未构成该货物组成成分，但能够合理表明构成生产过程的任何其他货物。

第十一条　可互换货物或材料

在确定可互换货物或材料是否为原产货物或材料时，应当通过将每项材料或货物进行物理分离，或者运用出口缔约方的公认会计准则认可的库存管理方法在整个会计年度内使用加以判定。

第十二条　生产用材料

如果非原产材料经过加工后符合本章要求，则无论该材料是否为后续货物的生产商生产，在确定后续生产货物的原产资格时，该材料应当被视为原产材料。

第十三条　标准单元

一、适用本章规定的标准单元为依据协调制度确定商品归类时视为基本单元的特定货物。

二、当同一批运输货物中包括大量的可归类在同一税号下的相同产品，应当分别确定每个产品是否具备原产资格。

第十四条　对特定货物的待遇

缔约方和签署国应当应一缔约方的请求，就本章规定的特定货物的待遇进行磋商，并在三年内完成磋商。本章规定特定货物的待遇须经所有缔约方和签署国一致同意。

第十五条　直接运输

一、满足下列条件的货物应当保持其根据第三章第二条（原产货物）确定的原产资格：

（一）货物直接从一出口缔约方运输至一进口缔约方；或者

（二）货物运输途经除该出口缔约方和进口缔约方以外的一个或多个缔约方（以下称“中间缔约方”）或非缔约方，只要该货物：

1. 除装卸，重新包装，储存并且其他为保持货物良好状态或将货物运输至进口方的必要操作等物流活动外，未在中间缔约方或非缔约方进行任何进一步加工；并且

2. 在中间缔约方或非缔约方海关监管之下。

二、应进口缔约方海关的要求，应当向进口缔约方海关提交中间缔约方或非缔约方的海关文件或其他适当文件，以证明货物满足第一款第（二）项的规定。

三、第二款所述的适当文件可以包括商业运输或货运单据，如航空运单、

提单、多式联运或联合运输单据、有关货物的原始商业发票副本、财务记录、未再加工证明或进口缔约方海关可能要求的其他相关证明文件。

第二节　签证操作程序

第十六条　原产地证明

一、下列任何一项均应当视为原产地证明：

（一）第三章第十七条（原产地证书）所述的签证机构所签发的原产地证书；

（二）第三章第十八条（原产地声明）第一款第（一）项所述的经核准出口商出具的原产地声明；或者

（三）按照第二款和第三款，第三章第十八条（原产地声明）第一款第（二）项所述的出口商或生产商出具的原产地声明，

上述文件基于货物具有原产资格的有效信息。

二、澳大利亚、文莱达鲁萨兰国、中国、印度尼西亚、日本、韩国、马来西亚、新西兰、菲律宾、新加坡、泰国和越南，应当在本协定对其生效之日起 10 年内实施第一款第（三）项。柬埔寨、老挝人民民主共和国和缅甸，应当在本协定对其生效之日起 20 年内实施第一款第（三）项。

三、尽管有第二款的规定，一缔约方可以通报货物委员会，以延长实施第一款第（三）项的期限，该期限最长不超过 10 年。

四、缔约方应当在本协定对所有签署国生效后，开展对本条的审议。该审议将考虑引入进口商出具的原产地声明作为原产地证明。除非各缔约方另有共识，各缔约方应当自审议开始之日起 5 年内结束该审议。①

五、原产地证明应当：

（一）采用书面形式或其他形式，包括进口缔约方通报的电子格式；

（二）明确说明货物具备原产资格，并且符合本章的要求；并且

① 尽管有本款规定，自本协定对其生效之日起，日本可以将进口商出具的原产地声明视为原产地证明，其方式与第一款下的原产地证明相同。在此种情况下，日本不得采用第三章第二十四条（核查）第一款第（二）项至第（四）项规定的方式核查进口商原产地声明。进口商应当仅在有足够的信息证明该货物符合原产货物资格的情况下出具原产地声明。

（三）包含的信息符合第三章附件二（最低信息要求）规定。

六、每一缔约方应当规定原产地证明自签发或出具之日起一年内有效。

第十七条　原产地证书

一、原产地证书应当由出口缔约方的签证机构应出口商、生产商或其授权代表的申请签发。

二、出口商、生产商或其授权代表应当依照出口缔约方的国内法律、法规和规定向出口缔约方的签证机构提交书面或电子申请。

三、原产地证书应当符合以下条件：

（一）采用所有缔约方决定的格式；

（二）载有唯一的原产地证书编号；

（三）以英文填制；并且

（四）载有出口缔约方签证机构以人工或电子方式作出的授权签名和公章。

四、原产地证书可以：

（一）关联为同一批次货物开具的两份以上发票；或者

（二）包含多种分别具备原产资格的货物。

五、在原产地证书包含不正确信息的情况下，出口缔约方的签证机构可以：

（一）签发新的原产地证书，并且作废初始的原产地证书；或者

（二）以剔除错误并进行补充或更正的方式对初始原产地证书进行修改。任何变更应当载有出口缔约方签证机构的签名和盖章。

六、每一缔约方应当向其他缔约方提供其签证机构的名称、地址、签名和公章样本。此类信息应当以电子方式提交给根据第十八章第三条（RCEP 联合委员会的职能）第一款第（九）项所设立的 RCEP 秘书处（以下称“RCEP 秘书处”），以分发给其他缔约方。后续的任何变更应当以同样的方式及时提交至 RCEP 秘书处以分发给其他缔约方。缔约方应当致力于建立安全网站供缔约方访问并展示近三年的上述信息。

七、尽管有第六款的规定，如果一缔约方已经建立供缔约方访问的安全网站，并且该网站包含了包括原产地证书编号、协调制度编码、货物描述、数量、签发日期和出口商名称在内的其签发的原产地证书相关信息，则该缔

约方无需通过 RCEP 秘书处向其他缔约方提供其签证机构的签名样本。缔约方应当在本协定对所有签署国生效之日起三年后，对提供签证机构签名样本的要求进行审议。

八、如果由于非主观故意的差错、疏忽或其他合理原因导致原产地证书未在装运前签发，或在第五款第（一）项提及的情况下，原产地证书可以在货物装运之日起一年内补发，并应当注明“ISSUEDRETROACTIVELY”（补发）字样。

九、如果原产地证书原件被盗、丢失或损毁，出口商、生产商或其授权代表可以向出口缔约方签证机构书面申请签发经认证的真实副本。该副本应当符合以下条件：

（一）在原产地证书正本签发之日起一年内签发；

（二）基于初始的申请材料；

（三）载有与原产地证书正本相同的原产地证书编号和日期；并且

（四）注明“CERTIFIEDTRUECOPY”（经认证的真实副本）字样。

第十八条　原产地声明

一、下列之一可以出具第三章第十六条（原产地证明）所述的原产地声明：

（一）第三章第二十一条（经核准出口商）所述的经核准出口商；或者

（二）货物的出口商或生产商，遵循第三章第十六条（原产地证明）第二款和第三款的规定。

二、原产地声明应当：

（一）符合第三章附件二（最少信息要求）规定；

（二）以英文填制；

（三）载有签发者的姓名和签名；并且

（四）载有出具原产地声明的日期。

第十九条　背对背原产地证明

一、根据第三章第十六条（原产地证明），中间缔约方的签证机构、经核准出口商或出口商可以签发背对背原产地证明，并应符合下列条件：

（一）出示有效的初始原产地证明正本或其经认证的真实副本；

（二）背对背原产地证明的有效期不超过初始原产地证明的有效期；

（三）背对背原产地证明包含初始原产地证明的相关信息，且符合第三章附件二（最低信息要求）规定；

（四）除重新包装或装卸、仓储、拆分运输等物流操作，或仅根据进口缔约方法律、法规、程序、行政决定或政策要求贴标，或其他为保持货物的良好状态或向进口缔约方运输货物所进行的必要操作外，使用背对背原产地证明再次出口的货物在中间缔约方不得进行其他进一步的处理；

（五）对于经物流拆分部分出口的货物，背对背原产地证明应显示拆分后的出口数量，而非初始原产地证明上货物的全部数量，并且所有拆分再出口货物数量的总和不应超过初始原产地证明上货物的数量总和；并且

（六）背对背原产地证明载有初始原产地证明的签发日期和编号。

二、第三章第二十四条（核查）规定的核查程序也适用于背对背原产地证明。

第二十条　第三方发票

在满足本章要求的前提下，进口缔约方不得仅因发票不由货物的出口商或生产商开具，而拒绝给予优惠关税待遇。

第二十一条　经核准出口商

一、每一缔约方应当依照其国内法律法规向在本协定项下出口货物的出口商授予经核准出口商的资格。申请上述资格的出口商应当以书面或电子方式申请，并且满足出口缔约方主管部门核实相关货物原产资格的相关要求。出口缔约方主管部门可以制定授予经核准出口商资格的具体要求，并应当包括以下要求：

（一）出口商依照出口缔约方的法律法规注册登记；

（二）出口商了解和掌握本章所列的原产地规则；

（三）出口商具备符合出口缔约方法律法规要求的出口资质；

（四）出口商在出口缔约方主管部门的风险管理合规记录良好；

（五）在出口商为贸易商的情况下，如其要开具经核准出口商的原产地声明，必须取得生产商声明，确认货物原产资格，且生产商将配合依照第三章第二十四条（核查）开展的相关核查并符合本章的所有要求；并且

（六）出口商根据出口缔约方的法律法规具备完善的记账和簿记制度。

二、出口缔约方主管部门应当：

（一）用易于查询的渠道公开经核准出口商批准程序和要求；

（二）以书面或电子方式给予授权；

（三）授予经核准出口商授权号码，该授权号码必须标注于原产地声明上；并且

（四）及时将授权信息录入第六款所述的经核准出口商数据库中。

三、经核准出口商应当承担以下义务：

（一）依照第三章第二十七条（文件保存要求），允许出口缔约方的主管部门出于监督授权使用情况的目的，检查文件记录和经营场所；

（二）仅对出口缔约方的主管部门所允许的货物出具原产地声明，并且在出具声明时持有证明该货物原产地位的完备文件；

（三）对其出具的原产地声明负全部责任，包括任何滥用行为；并且

（四）对本款第（二）项提及的信息的任何修改及时通知出口缔约方的主管部门。

四、每一缔约方应当及时将以下信息导入经核准出口商数据库：

（一）出口商的法定名称及地址；

（二）经核准出口商的授权号码；

（三）经核准出口商权限的授予日期和失效日期（如适用）；并且

（四）授权货物清单（协调制度章级以上）。

第（一）项至第（四）项所述项目的任何变更、授权的撤回或中止，应当以同样的方式及时导入经核准出口商数据库。

五、尽管有第四款的规定，任何缔约方如果已经建立了所有缔约方均可访问且包含上述信息的安全网站，则无需向经核准出口商数据库提供上述信息。

六、RCEP联合委员会可以指定经核准出口商数据库的管理人，缔约方可以在线访问该数据库。

七、出口缔约方主管部门应当监管授权使用情况，包括核查经核准出口商填制的原产地声明，以及撤销不满足第一款所列义务的经核准出口商授权。

八、应进口缔约方海关的要求，经核准出口商应当随时准备提交证明有关货物原产资格的完备文件，包括供应商或生产商依据进口缔约方国内法律

法规出具的声明以及履行本章其他要求的文件。

第二十二条　申请享受优惠关税待遇

一、根据本协定，进口缔约方应当基于原产地证明对原产货物给予优惠关税待遇。

二、除本章另有规定外，进口缔约方应当规定，为享受优惠关税待遇，进口商应当：

（一）在报关单上申明该货物具备原产资格；

（二）按第（一）项要求申明时，持有有效的原产地证明；并且

（三）应进口缔约方的要求，提交原产地证明正本或经认证的真实副本。

三、尽管有第一款和第二款的规定，在下列情况下，进口缔约方可以不要求提交原产地证明：

（一）进口货物的完税价格不超过 200 美元或与其等额的进口缔约方货币，或进口缔约方规定的其他更高金额；或者

（二）进口缔约方免除提交要求的货物，

同时，该项进口不是为规避进口缔约方关于本协定项下优惠关税待遇管理的法律法规而实施或者安排的一次或多次进口的一部分。

四、进口缔约方海关可以酌情要求进口商提交文件证明货物依照本章要求具备原产资格。

五、进口商应当证实满足第三章第十五条（直接运输）的要求，并依照进口缔约方海关的要求提供相关证明文件。

六、由于不可抗力或进出口商无法控制的其他合理原因，原产地证明无法在规定的期限内向进口缔约方海关提交的，如进口缔约方的国内法律、法规或行政惯例允许，该原产地证明仍可以接受。

第二十三条　进口后申请享受优惠关税待遇

一、在遵循各自法律法规的前提下，每一缔约方应当规定，具备原产资格的货物进口后，进口商可以在该缔约方法律法规所规定的期限内，向海关提交下列文件申请退还该货物因未享受优惠关税待遇而多付的税款或保证金：

（一）原产地证明和其他证明该货物具备原产资格的证据；以及

（二）应海关要求，与进口相关、能充分证明优惠关税待遇申请的其他

文件。

二、尽管有第一款规定，每一缔约方可以依照其国内法律法规，要求进口商在货物进口时向海关报告申请优惠关税待遇的意愿。

第二十四条　核查[①]

一、为确定一缔约方从另一缔约方进口的货物是否具备本章规定的原产资格，进口缔约方主管部门可以通过下列方式开展核查程序：

（一）书面要求进口商提供补充信息；

（二）书面要求出口商或生产商提供补充信息；

（三）书面要求出口缔约方的签证机构或主管部门提供补充信息；

（四）对出口商或生产商在出口缔约方的经营场所开展核查访问，查看厂房设施和生产加工，并审查与原产地相关的会计档案等记录[②]；或者

（五）有关缔约方共同商定的其他程序

二、进口缔约方应当：

（一）就第一款第（二）项而言，向出口商或生产商，以及出口缔约方主管部门，提出书面要求，随附原产地证明副本并说明核查原因；

（二）就第一款第（三）项而言，向出口缔约方的签证机构或主管部门提出书面要求，随附原产地证明副本并说明核查原因；并

（三）就第一款第（四）项而言，向拥有核查访问场所的出口商或生产商，以及出口方主管部门，请求书面同意并且说明提议访问日期、地点和具体目的。

三、应进口缔约方的请求，可在出口缔约方的同意和协助下按照双方共同商议的程序开展对出口商或生产商的经营场所的核查访问。

四、对于第一款第（一）项至第（四）项的核查，进口缔约方应当：

（一）允许进口商、出口商或生产商，或出口缔约方的签证机构或主管部门自收到第一款第（一）项至第（三）项项下书面要求之日起，至少30日但不超过90日内答复；

（二）允许出口商、生产商或主管部门在收到第一款第（四）项项下的核

---

① 就本条而言，一缔约方可以指定其根据第三章第三十三条指定的一个联络点作为其出口货物核查的单一联络点，以便利核查。

② 本项下的核查访问应当在完成第三项规定的核查程序后开展。

查访问书面要求之日起 30 日内决定同意或拒绝该要求；并且

（三）致力于在收到必要信息之日起 90 日内、最长 180 日内作出核查决定。

五、就第一款而言，进口缔约方应当向进口商、出口商或生产商，或出口缔约方的签证机构或主管部门，书面提供核查结果并说明理由。

六、进口缔约方海关在核查期间可以暂缓给予优惠关税待遇。进口缔约方应当放行货物，但可以依照其国内法律法规对货物采取税收保全措施。

第二十五条　拒绝给予优惠关税待遇

一、在下列情况下，进口缔约方海关可以拒绝给予优惠关税待遇：

（一）货物不符合本章规定；或者

（二）货物的进口商、出口商或生产商未遵守本章关于获得优惠关税待遇的规定。

二、在拒绝给予优惠关税待遇时，进口方海关应向进出口商或生产商书面说明决定及其理由。

三、在下列情况下，进口缔约方海关可以确定货物不符合原产资格，并拒绝给予优惠关税待遇：

（一）进口缔约方海关未收到足以判定该货物具备原产资格的信息；

（二）出口缔约方的出口商、生产商或主管部门未按照第三章第二十四条（核查）规定对书面要求作出答复；

（三）进口缔约方依照第三章第二十四条（核查）提出的核查访问请求被拒绝。

第二十六条　微小差错

在对货物原产资格无存疑的情况下，进口缔约方的海关应当忽略包括文件之间的轻微差异、信息遗漏、打字错误或者特定字段的突出显示在内的微小差错。

第二十七条　文件保存要求

一、每一缔约方应当要求：

（一）其出口商、生产商、签证机构或主管部门自原产地证明签发之日起

3 年或其相关法律法规所规定的更长的期限内，保存充分证明货物原产资格的所有必要记录；并且

（二）其进口商自该货物进口之日起 3 年或其相关法律法规所规定的更长的期限内，保存充分证明享受优惠关税待遇的货物原产资格的所有必要记录。

二、第一款所述的记录可以依照缔约方法律法规，存储于任何易于检索的介质中，包括数字、电子、光学、磁性或书面形式。

第二十八条　磋商

为落实本协定的精神和目标，确保本章实施的有效性、统一性和一致性，缔约方应当在必要时开展磋商。

第二十九条　原产地电子信息交换系统

为确保本章的高效实施，缔约方可共同协商一致，开发用于原产地信息交换的电子系统，以保证本章有效且高效的实施。

第三十条　在途货物过渡性条款

一缔约方应当在本协定对该缔约方生效之日起，在进口商在 180 日内按照第三章第二十二条（申明享受优惠关税待遇）作出有效申请的前提下，对以下原产货物给予优惠关税待遇：

（一）处于运输至该缔约方途中的原产货物且符合第三章第十五条（直接运输）规定；或者

（二）尚未进口至该缔约方的原产货物。

第三十一条　处罚

每一缔约方应当采取或维持适当的处罚或其他措施打击违反与本章规定相关法律法规的行为。

第三十二条　交流语言

进口缔约方和出口缔约方应当使用英语开展交流。

第三十三条 联络点

每一缔约方应当在本协定对该缔约方生效之日起 30 日内，指定一个或多个联络点负责本章的实施，并且向其他缔约方通知具体联络信息。如有变动，各缔约方应当及时通知其他缔约方。

第三十四条 产品特定原产地规则的转版

一、在协调制度任何修订版本生效之前，缔约方应当开展磋商，以确定协调制度变更所引起的对本章及第三章附件一（产品特定原产地规则）的必要更新。

二、缔约方应当确保对第三章附件一（产品特定原产地规则）的转版不减损产品的特定原产地规则，并且及时完成。

三、RCEP 联合委员会应当根据货物委员会的建议，采纳以后续修订版协调制度为目录的第三章附件一（产品特定原产地规则）的转版。各缔约方应当及时公布已采纳的以修订版协调制度为目录的第三章附件一（产品特定原产地规则）的转版。

四、就本条而言，“转版”是指为协调制度定期更新的情况下，有效实施第三章附件一（产品特定原产地规则）所列的产品特定原产地规则需采取的必要措施。

第三十五条 附件的修正

对第三章附件一（产品特定原产地规则）和第三章附件二（最低信息要求）的修正可由 RCEP 联合委员会协商一致核准。上述修正应当依照第二十章第四条（修正）生效。①

① 对于日本，就本条而言，第二十章第四条（修正）中所述的“各自的适用法律程序的完成”，应当被理解为“日本政府内部程序的完成”。

第四章　海关程序和贸易便利化

第一条　定义

就本章而言：

（一）海关主管部门指根据每一缔约方的法律，负责管理和执行海关法律和法规的任何主管部门；

（二）海关法律和法规指与货物的进口、出口、移动或储存相关，专门由海关进行管理或执行的法律规定和管理规定，以及任何由海关依法定权力制定的任何法规；

（三）海关程序指由一缔约方海关，遵循其海关法律和法规对货物及运输工具适用的措施。

（四）快运货物指为加快货物的跨境移动，由经营货运服务的企业进口或通过该企业进口的，并且由该企业对海关承担责任的所有货物；以及

（五）运输工具指进入或离开一缔约方关税领土的载有自然人、货物或物品的各类船舶、车辆，以及航空器。

第二条　目标

本章目标：

（一）保证每一缔约方海关法律和法规适用的可预见性、一致性和透明度；

（二）促进对每一缔约方海关程序的有效管理，以及货物的快速通关；

（三）简化每一缔约方的海关程序，并且在可能的范围内使其与相关国际标准相协调；

（四）促进缔约方海关之间的合作；以及

（五）便利缔约方之间的贸易，包括通过加强全球和区域供应链环境。

第三条 范围

本章应当适用于海关程序，这一程序被适用于缔约方之间的货物贸易，以及进出每一缔约方关税领土的运输工具。

第四条 一致性

一、每一缔约方应当保证其海关法律和法规在其关税领土内一致地实施和适用。为进一步明确，这并不阻止一缔约方海关行使其海关法律和法规授予的自由裁量权，只要自由裁量权依照其海关法律和法规在该缔约方的关税领土内一致地行使。

二、为履行第一款的义务，每一缔约方应当努力采取或维持行政措施，以保证其海关法律和法规在其关税领土内一致地实施和适用，最好通过建立确保该缔约方的海关法律和法规在其区域海关之间一致实施的行政机制。

三、鼓励每一缔约方与其他缔约方共享第二款所提及的其与行政机制相关的实践和经验，以提高上述行政机制的运行。

四、如果一缔约方未能遵守第一款和第二款的义务，另一缔约方可依照第四章第二十条（磋商和联络点）中的磋商程序与该缔约方就该事项进行磋商。

第五条 透明度

一、每一缔约方应当以非歧视和易获得的方式，在可能的范围内在互联网上迅速公布下列信息，以使政府、贸易商和其他利害关系人能够知晓：

（一）进口、出口和过境程序（包括港口、机场和其他入境点的程序）以及所需表格和文件；

（二）对进口或出口所征收的，或与进口或出口相关的任何种类的关税和国内税的实施税率；

（三）政府部门或代表政府部门对进口、出口或过境征收的或与进口、出口或过境相关的规费和费用；

（四）用于海关目的的产品归类或估价规定；

（五）与原产地规则相关的普遍适用的法律、法规及行政裁定；

（六）进口、出口或过境的限制或禁止；

（七）针对违反进口、出口或过境手续行为的惩罚规定；

（八）上诉或审查程序；

（九）与任何一国或多国缔结的与进口、出口或过境相关的协定或协定部分内容；以及

（十）与关税配额管理相关的程序。

二、特别是，每一缔约方应当在可能的范围内并在适当的情况下，通过互联网提供更新下列信息：

（一）关于其进口、出口和过境程序的说明[①]，包括上诉或审查程序，从而使政府、贸易商和其他利害关系人知晓进口、出口和过境所需的实际步骤；

（二）向该缔约方进口、自该缔约方出口或经该缔约方领土过境所需的表格和文件；以及

（三）咨询点的联络信息，以及第四章第六条（咨询点）所规定的如何咨询海关事项的信息。

三、在可能的范围内，每一缔约方在制定新的或修订现行的海关法律和法规时，应当公布，或以其他方式，使此类建议的新的或经修订的海关法律和法规容易获得，并向利害关系人提供对建议的海关法律和法规提出意见的合理机会，除非此类预先通知被排除。

四、每一缔约方应当，在可行的范围内，以符合其法律、法规和法律制度的方式，保证在与货物（包括过境货物）的移动、放行和通关相关的新的或修订的普遍适用的法律和法规生效之前，尽可能早地公布或以其他方式使与此类法律和法规相关的信息可公开获得，以使贸易商和其他利害关系人知晓。

五、本条中任何规定不得解释为要求以一缔约方的语言以外的其他语言公布或提供信息。

第六条　咨询点

每一缔约方应当指定一个或多个咨询点，以回答利害关系人关于海关事项的合理咨询，并为获得进口、出口和过境所需的表格和文件提供便利。

---

① 每一缔约方有权在其网站声明这一说明的法律限制。

第七条 海关程序

一、每一缔约方应当保证其海关程序和实践具有可预见性、一致性和透明度，并通过包括货物的快速通关在内的措施便利贸易。

二、每一缔约方应当保证其海关程序，在可能的范围内并且在其海关法律和法规允许的范围内，符合世界海关组织的标准和建议的做法。

三、每一缔约方的海关应当以简化海关程序便利贸易为目的，审查其海关程序。

第八条 装运前检验

一、每一缔约方不得要求使用与税则归类和海关估价相关的装运前检验。

二、在不损害任何缔约方使用第一款未涵盖的其他类型的装运前检验权利的前提下，鼓励每一缔约方对装运前检验的使用不再采用或适用新的要求。

三、第二款所提及的装运前检验，涵盖在《装运前检验协定》中，并且不排除以卫生和植物卫生为目的的装运前检验。

第九条 抵达前处理

一、每一缔约方应当采取或设立程序，允许提交货物进口所需的文件和其他信息，以便在货物抵达前开始处理，从而在货物抵达时加快放行。

二、每一缔约方应当在适当的情况下，规定以电子格式预先提交第一款所提及的文件和其他信息，以便在货物抵达前处理此类文件。

第十条 预裁定

一、每一缔约方应当在另一缔约方货物进口至其领土前，向提交了包含所有必要信息的书面申请的出口商、进口商或具有合理理由的任何人或其代表，以书面形式就下列事项作出预裁定：

（一）税则归类；

（二）一货物依照第三章（原产地规则）是否属原产货物；

（三）依照《海关估价协定》，根据特定事实用于确定完税价格的适当方法或标准，以及其适用情况；

（四）缔约方可能同意的其他事项。

二、一缔约方可要求一申请人在该缔约方内拥有法人代表或进行注册。在可能的范围内，此类要求不得限制有资格申请预裁定的人员类别，并且应当特别考虑中小企业的特定需求。这些要求应当明确、透明，并且不得构成任意或不合理的歧视。①，②

三、每一缔约方应当采取或设立发布预裁定的程序，以便：

（一）规定申请预裁定所要求的信息；

（二）规定在评估预裁定申请的过程中，每一缔约方可以随时要求申请人提供评估申请所必需的补充信息，其中可能包括货物样品；

（三）保证预裁定是基于申请人提交的事实和情况，以及决定者所掌握的任何其他相关信息作出；

（四）保证预裁定包括相关事实和作出决定的根据。

四、每一缔约方应当以作出预裁定的缔约方的官方语言或其决定的语言作出预裁定。预裁定应当在收到所有必要信息后，以合理的、规定的方式在规定期限内，并且尽可能 90 天内向申请人作出。每一缔约方应当在此类申请之前，规定并公布作出预裁定的期限。在海关收到申请后，确有合理理由超过规定期限作出预裁定的，海关应当在规定期限届满前将此类延迟的理由通报申请人。

五、如构成预裁定基础的事实和情况是行政复议或司法审查对象，一缔约方可以拒绝作出预裁定。拒绝作出预裁定的缔约方应当以书面形式迅速通知申请人，并列明相关事实、情况，以及拒绝作出预裁定决定的依据。

六、如依照第三款第（二）项，要求以书面形式提交的补充信息，未能在该缔约方以书面形式要求申请人提交补充信息时确定的合理期限内提交，一缔约方可以拒绝预裁定的申请。

七、每一缔约方应当规定，预裁定应当自作出之日起，或裁定明确的另一日期起生效，只要裁定所依据的法律、法规和行政法规，以及事实和情况未发生改变。在遵守第八款的情况下，预裁定的有效期至少应当为 3 年。

八、如一缔约方撤销、修改或废止一项预裁定，应当在出现下列情况时，迅速向申请人提供书面通知，列出相关事实和其作出决定的依据：

---

① 应一缔约方请求，缔约方可以通过货物委员会，就本款的要求对促进贸易便利化的贡献进行审查。

② 每一缔约方应当保证其注册过程透明，及时考虑申请，迅速将对申请的决定和决定理由以书面形式通知申请人。

（一）法律、法规或行政法规发生变动；

（二）提供了错误信息或隐瞒了相关信息；

（三）作出预裁定所依据的重要事实或情况发生变动；或者

（四）预裁定有错误。

九、对于具有追溯效力的预裁定，一缔约方仅在该项预裁定根据不完整、不正确、虚假或误导性信息作出的情况下方可撤销、修改或废止该项预裁定。

十、一缔约方所作的预裁定，就寻求作出该预裁定的申请人而言，应当对该缔约方具有约束力。

十一、每一缔约方应当至少公布：

（一）申请预裁定的要求，包括应当提供的信息和格式；

（二）作出预裁定的期限；以及

（三）预裁定的有效期。

十二、每一缔约方可以，在考虑保护商业机密信息需要的情况下，使其认为对其他利害关系方具有重要利益的与预裁定相关的任何信息可公开获得。

第十一条 货物放行

一、每一缔约方应当为有效率地放行货物而采取或设立简化的海关程序，以便利缔约方之间的贸易。为进一步明确，本款不得要求一缔约方放行一项尚未满足放行要求的货物。

二、根据第一款，每一缔约方应当采取或设立允许货物从海关通关的时间不得超过保证遵守海关法律和法规所需的时间，并且尽可能在货物抵达后和提交所有海关通关所需信息后 48 小时内放行的程序；

三、如任何货物被选中进行进一步检查，此类检查应当以合理和必要为限，并且审查的进行和完成不得不适当地迟延。

四、每一缔约方应当采取或设立程序，如不能在货物抵达前或抵达时或抵达后尽快作出关税、国内税、规费及费用的最终确定，只要货物均已符合所有其他管理要求，允许在作出此类确定之前放行货物。作为此类放行的一项条件，一缔约方可以依照其法律和法规要求提供担保，此类担保不得高于该缔约方所要求的为保证支付担保所涵盖货物最终应当支付的关税、国内税、规费及费用的金额。

五、本条中的规定不得影响一缔约方对货物进行检查、扣留、扣押或没收的权利，或者以任何与其法律和法规相符的方式处理货物的权利。

六、为了防止易腐货物出现可避免的损失或变质，在符合所有管理要求的前提下，每一缔约方应当在海关监管下提供易腐货物的放行：

（一）通常情况下，在尽可能短的时间内放行，并且在可能的范围内，在货物抵达后和提交放行所要求的信息后六小时内放行；

（二）在特殊情况下，在该做法适当的情况下，在海关的工作时间之外予以放行。

七、每一缔约方在安排任何可能要求的检查时，应当适当优先考虑易腐货物。

八、每一缔约方应当安排或允许进口商在等待放行时对易腐货物适当储存作出安排。每一缔约方可以要求进口商所安排的任何储存设施，均已经过其相关主管机关批准或指定。货物移动至该储存设施，包括经营者移动该货物的授权，如有要求，可能须经相关主管机关批准。应进口商请求，在可行的并且符合国内法律的情况下，每一缔约方应当规定在此类储存设施中予以放行所需的任何程序。

第十二条　信息技术的应用

一、每一缔约方应当在可能的范围内，基于国际接受的货物快速通关和放行的标准，应用信息技术以支持海关运行。

二、每一缔约方应当在可能的范围内，使用可以加速货物放行的海关程序的信息技术，包括在货物运抵前提交数据，以及用于风险目标管理的电子或自动化系统。

三、每一缔约方应当努力使公众可获得其贸易管理文件的电子版。

四、每一缔约方应当努力将以电子方式提交的贸易管理文件接受为与此类文件的纸质版有同等法律效力的文件。

五、在制定规定使用无纸化贸易管理的倡议时，鼓励每一缔约方考虑由国际组织主持制定的国际标准或方法。

六、每一缔约方应当在国际层面与其他缔约方合作，以提升对以电子方式提交的贸易管理文件的接受度。

第十三条　对经认证的经营者的贸易便利化措施

一、每一缔约方应当根据第三款，向满足规定标准的经营者（本章中下称“经认证的经营者”），提供与进口、出口或过境手续和程序相关的额外的贸易便利化措施。或者，一缔约方可以通过所有经营者均可获得的海关程序提供此类贸易便利化措施，而无需制定单独计划。

二、成为经认证的经营者的规定标准应当与遵守一缔约方的法律、法规或程序中所规定的要求相关，或与未遵守此类要求的风险相关。

（一）此类应当公布的标准可以包括：

1. 遵守海关和其他相关法律和法规的适当记录；

2. 允许进行必要内部控制的记录管理系统；

3. 财务偿付能力，包括在适当的情况下提供足够的担保或保证；以及

4. 供应链安全。

（二）此类标准不得：

1. 被设计或实施从而在具有相同条件的经营者之间构成或造成任意或不合理的歧视；以及

2. 在可能的范围内，限制中小企业的参与。

三、根据第一款提供的贸易便利化措施，应当至少包括下列措施中的三条措施：[①]

（一）在适当的情况下降低单证和数据要求；

（二）在适当的情况下降低实地检验和检查比例；

（三）在适当的情况下加快放行时间；

（四）延迟支付关税、国内税、规费及费用；

（五）使用综合担保或减少担保；

（六）对指定期间内的所有进口或出口进行一次性海关申报；以及

（七）在经认证的经营者的场所或经海关批准的另一地点办理货物通关。

四、鼓励每一缔约方基于国际标准，如存在此类标准，制定经认证的经营者计划，但此类标准对实现所追求的合法目标不适当或无效的情况除外。

五、为加强向经营者提供的贸易便利化措施，每一缔约方应当向其他缔

---

① 如果第（一）项至第（七）项中列出的措施对所有经营者通常可普遍获得，则该措施将被视为已提供给经认证的经营者。

约方提供通过谈判相互承认经认证的经营者计划的可能性。

六、鼓励缔约方在适当的情况下，使用根据第四章第二十条（磋商和联络点）和货物委员会指定的联络点，通过以下措施，在制定各自的经认证的经营者计划方面进行合作：

（一）交换与此类计划和采用新计划的倡议相关的信息；

（二）共享商业视角和经验的观点，以及业务拓展中的最佳实践；

（三）共享与相互认可此类计划方法相关的信息；以及

（四）考虑如何加强此类计划的利益以促进贸易，并且首先指定海关官员为协调员以解决经认证的经营者的海关问题。

第十四条　风险管理

一、每一缔约方应当采取或设立用于海关监管的风险管理制度。

二、每一缔约方应当以避免任意或不合理的歧视或避免构成对国际贸易变相限制的方式，设计和实施风险管理。

三、每一缔约方应当将海关监管，并且在可能的范围内将其他相关边境监管集中于高风险货物，加快放行低风险货物。每一缔约方还可随机选择货物进行此类监管，并将其作为风险管理的一部分。

四、每一缔约方应当基于通过适当选择性标准进行的风险评估进行风险管理。此类选择性标准可以包括，尤其是协调制度编码、货物性质和描述、原产国、货物启运国、货值、贸易商合规记录以及运输工具类型。

第十五条　快运货物

一、每一缔约方应当通过以下方式，采取或设立海关程序，在维持适当的海关[①]和选择的同时，至少允许通过航空货运设施入境的货物加快通关：

（一）规定抵达前处理与快运货物相关的信息；

（二）在可能的范围内，允许通过电子方式，一次性提交涵盖一批快运货物中所有货物的信息；

（三）将放行快运货物所需的单证减少到最低程度；

（四）规定在正常情况下尽快放行快运货物，并且在可能的情况下，在货

① 如一缔约方有现行的程序可以提供本条的待遇，本规定将不要求该缔约方采用单独的加快放行程序。

物抵达并且提交放行所需信息后六小时内放行；

（五）努力将第（一）项到第（四）项中的待遇适用于任何重量或价值的货物，同时认可允许一缔约方要求额外的入境程序，包括申报、证明单证及关税和国内税的支付，并且基于货物种类限制此类待遇，只要此类待遇不仅限于文件等低价值货物；以及

（六）在可能的范围内，规定除某些特定货物外，免于征收关税和国内税的微量货值或应纳税额。与以《1994 年关税与贸易总协定》第三条相一致的方式对进口征收的国内税，例如增值税和消费税等，不受本规定约束。

二、第一款的任何规定不得影响一缔约方对货物进行查验、扣留、扣押、没收、拒绝入境或进行后续稽查的权利，包括与使用风险管理系统相关的权利。此外，第一款的任何规定不得阻止一缔约方作为放行的条件，要求提交额外信息和满足非自动进口许可程序要求。

第十六条　后续稽查

一、为加快货物放行，每一缔约方应当采取或设立后续稽查以保证其海关及其他相关法律和法规得到遵守。

二、每一缔约方应当以风险为基础选择一当事人或货物进行后续稽查，可以包括适当的选择性标准。每一缔约方应当以透明的方式进行后续稽查。如该当事人参与稽查过程并且已得出最后结论，该缔约方应当立即告知被稽查人：

（一）稽查结论；

（二）作出结论的理由；以及

（三）当事人的权利和义务。

三、缔约方认可在后续稽查中获得的信息可以用于进一步的行政或司法程序。

四、每一缔约方在可行的情况下，应当在实施风险管理时使用后续稽查结论。

第十七条　放行时间研究

一、鼓励每一缔约方定期并且以一致的方式，使用例如世界海关组织发布的《货物放行时间测算指南》等工具，测算其海关放行货物所需时间，并

且公布其结果，以：

（一）评估贸易便利化措施；以及

（二）考虑进一步改善货物放行所需时间的机会。

二、鼓励每一缔约方与其他缔约方共享其在第一款所提及的放行时间研究方面的经验，包括所使用的方法、发现的瓶颈问题。

第十八条　审查和上诉

一、每一缔约方应当规定海关作出的行政决定①所针对的任何人在其领土内有权：

（一）向级别高于或独立于作出该决定的官员或机构提出行政上诉或复议；以及

（二）对该决定进行司法上诉或审查②。

二、一缔约方的立法可以要求在司法上诉或审查前，先进行行政上诉或复议。

三、每一缔约方应当保证其上诉或审查程序以非歧视的方式进行。

四、每一缔约方应当保证，如第一款第（一）项下的上诉或复议决定：

（一）未在其法律或法规所规定的期限内作出；或者

（二）未能避免不适当的迟延，

申诉人有权向行政机关或司法机关提出进一步上诉，或由此类机关进行进一步审查，或向司法机关寻求任何其他救济。③

五、每一缔约方应当保证向第一款中所提及的人提供作出行政决定的理由，以使其能够在必要的情况下可以诉诸上诉或审查程序。

六、每一缔约方应当保证第一款中所提及的人，不会仅因为寻求对第一款中所提及的行政决定或疏忽的审查而受到不利的对待。

---

① 就本条而言，"行政决定"指影响一案件中特定人员权利和义务的具有法律效力的决定。各缔约方理解，本条中的行政决定涵盖《1994 年关税与贸易总协定》第十条范围内的行政行为，或一缔约方法律、法规和法律制度中规定的未能作出行政行为或行政决定的情况。为处理此类未能作出的情况，一缔约方可以设立替代性行政机制或司法权，以指示海关迅速作出行政决定以代替第一款第（一）项下的上诉或审查权利。

② 文莱达鲁萨兰国可以通过建立或维持一个独立的机构对该决定进行公正的审查来遵守本款。

③ 本款中的任何规定不得阻止一缔约方根据其法律和法规，将对上诉或审查保持行政沉默视为有利于申请人的决定。

七、鼓励每一缔约方将本条适用于除海关外的相关边境机构所作出的行政决定。

八、行政或司法审查，或者行政或司法上诉的决定和决定理由，应当以书面形式提供。

第十九条 海关合作

一、在认为适当的情况下，每一缔约方的海关可以在下列方面协助其他缔约方海关：

（一）本章的实施和运行；

（二）制定和实施海关最佳实践和风险管理技术；

（三）简化和协调海关程序；

（四）提高技术技能和技术的使用；

（五）《海关估价协定》的适用；

（六）缔约方可能共同决定的其他海关问题。

二、每一缔约方应当，在可能的范围内，将任何重大的行政变动，法律或法规，或与其规制进口或出口的法律或法规相关的，可能对本章的运用产生实质性影响的类似措施的修改，及时通知其他缔约方。通知可以以英文或该缔约方的语言作出，并将向根据第四章第二十条（磋商和联络点）指定的联络点提供。

三、一缔约方海关，在认为适当的情况下，可以与其他缔约方共享关于海关管理发展的信息和经验。

四、每一缔约方应当在可能和可行的范围内，与拥有共同边界的其他缔约方，根据共同同意的条款进行合作，以协调跨境程序，从而便利跨境贸易。

第二十条 磋商和联络点

一、一缔约方可以随时请求与另一缔约方就本章在运行和实施过程中出现的重大海关事项进行磋商，同时提供与该事项相关的细节。此类磋商应当通过根据第三款指定的各联络点进行，并且应当在收到请求之日起 30 日内开始，除非相关缔约方另行决定。

二、如此类磋商无法解决该事项，请求磋商的缔约方可以将该事项提交至货物委员会。

三、每一缔约方应当在本协定对其生效之日起 30 天内，为本章的目的，指定一个或多个联络点，并将联系方式和其他相关信息（如有）通报其他缔约方。每一缔约方应当迅速向其他缔约方通报此类联系方式的任何变动。

第二十一条　实施安排

认识到缔约方在履行本章项下的某些承诺方面准备程度的不同，缔约方应当被给予第四章附件一（履行承诺的期限）中确定的期限，并且应当在该期限内开始全面履行规定的承诺。

第八章 服务贸易

第一条 定义

就本章而言：

（一）航空器的修理和维护服务指在航空器退出服务的情况下对航空器或其一部分进行的此类活动，不包括所谓航线维护；

（二）商业存在指任何类型的商业或专业机构，包括为提供服务而在一缔约方领土内通过：

1. 组建、收购或维持一法人；或者

2. 设立或维持一分支机构或一代表处，

（三）计算机订座系统服务指由包含航空承运人的时刻表、可获性、票价和定价规则等信息的计算机系统所提供的服务，可通过该系统进行预订或出票；

（四）法人指根据适用的法律正式组建或以其他方式组织的任何实体，无论是否以营利为目的，无论属私人所有还是政府所有，包括任何公司、信托、合伙企业、合资企业、独资企业或协会；

（五）一缔约方的法人指：

1. 根据该缔约方的法律组建或以其他方式组织的，并在该缔约方或任何其他缔约方领土内从事实质性商业活动的法人；或

2. 对于通过商业存在提供服务的情况：

（1）由该缔约方的自然人拥有或控制的法人；或

（2）由根据第五款第一项确定的该缔约方的法人拥有或控制的法人；

（六）对于泰国和越南，法人指：

1. 由一缔约方的人所拥有，如该缔约方的人实际拥有其 50% 以上的股权；

2. 由一缔约方的人所控制，如此类人拥有任命其大多数董事，或者以其

他方式合法地指导其活动的权力；

3. 与另一人是关联关系，如该人控制该另一人，或为该另一人所控制；或者该人和该另一人为同一人所控制；

（七）一缔约方采取的影响服务贸易的措施包括关于以下方面的措施：

1. 服务的购买、使用或支付；

2. 与服务的提供相关的、该缔约方要求向公众普遍提供的服务的获得和使用；及

3. 一缔约方的人为在另一缔约方领土内提供服务而存在，包括商业存在；

（八）服务的垄断提供者指在一缔约方领土内的相关市场上，由该缔约方形式上或实际上授权或设立的，作为该服务的唯一提供者的，不论公共或私营性质的任何人；

（九）一缔约方的自然人指居住在该缔约方领土内或其他地方的自然人，并且根据该缔约方的法律：

1. 是该缔约方的国民；或

2. 在该缔约方拥有永久居留权①，且该缔约方在影响服务贸易的措施方面给予其永久居民的待遇与给予其国民的待遇实质相同，只要无缔约方有义务给予此类永久居民的待遇优于该缔约方给予此类永久居民的待遇；

（十）服务的部门：

1. 对于一具体承诺，指一缔约方附件二（服务具体承诺表）或附件三（服务和投资不符措施承诺表）中的承诺表列明的该服务项下的一个或多个，或所有分部门；及

2. 在其他情况下，指该服务部门的全部，包括所有分部门；

（十一）空运服务的销售和营销指有关航空承运人自由销售和营销其空运服务的机会，包括营销的所有方面，例如市场调查、广告和分销。此类活动不包括空运服务的定价，也不包括适用的条件；

（十二）服务包括任何部门的任何服务，但在行使政府职权时提供的服务除外；

（十三）服务消费者指接受或使用服务的任何人；

---

① 如一缔约方就永久居民在附件二（服务具体承诺表）、附件三（服务和投资不符措施承诺表）或附件四（自然人移动承诺表）的附表中提出保留，该保留不得影响该缔约方在 GATS 中的权利及义务。

（十四）另一缔约方的服务指：

1. 来自另一缔约方或在该另一缔约方领土内提供的服务，或者对于海运服务，指由一艘根据该另一缔约方的法律和法规进行注册的船只提供的服务，或由该另一缔约方的人通过经营或使用全部或部分船只提供的服务；或

2. 对于通过商业存在或自然人存在所提供的服务，由该另一缔约方的服务提供者所提供的服务；

（十五）行使政府职权时提供的服务指既不在商业基础上也不与一个或多个服务提供者竞争而提供的任何服务；

（十六）服务提供者指提供服务的人；[①]，[②]

（十七）服务提供包括服务的生产、分销、营销、销售和交付；

（十八）服务贸易指：

1. 自一缔约方领土向任何其他缔约方领土内提供服务；

2. 在一缔约方领土内向任何其他缔约方的服务消费者提供服务；

3. 一缔约方的服务提供者通过在任何其他缔约方领土内的商业存在提供服务；

4. 一缔约方的服务提供者通过在任何其他缔约方领土内的一缔约方的自然人存在提供服务；以及

（十九）业务权指以有偿或租用方式，往返于一缔约方领土或在该领土之内或之上经营或运载乘客、货物和邮件的定期或不定期服务的权利，包括服务的地点、经营的航线、运载的运输类型、提供的能力、收取的运费及其条件以及指定航空公司的标准，如数量、所有权和控制权等标准。

第二条　范围

一、本章应当适用于一缔约方采取的影响服务贸易的措施。

二、就本章而言，“一缔约方的措施”指：

（一）该缔约方中央、地区或地方政府和主管机关所采取的措施；及

（二）非政府机构在行使该缔约方中央、地区或地方政府或主管机关授权

---

① 如该服务不是由法人直接提供，而是通过例如分支机构或代表处等其他形式的商业存在提供，则该服务提供者（即该法人）仍应当通过该商业存在被给予在本协定项下规定给予服务提供者的待遇。此类待遇应当扩大至提供该服务的存在方式，但不需扩大至该服务提供者位于提供服务的领土以外的任何其他部分。

② 缔约方确认达成共识，本章“服务提供者”与 GATS 第二十八条第七款的规定的“服务提供者”含义相同。

的权力时所采取的措施。

在履行其在本章项下的义务和承诺时，各缔约方应当采取其所能采取的合理措施，以保证其领土内的地区、地方政府和主管机关以及非政府机构遵守其义务。

三、本章不得适用于：

（一）政府采购；

（二）由一缔约方提供的补贴或赠款，或者为获得或持续获得该补贴或赠款所附的条件提供的补贴或赠款，包括政府支持的贷款、担保和保险，无论该补贴或赠款是否仅提供给国内的服务、服务消费者或服务提供者；

（三）行使政府职权时提供的服务；

（四）海运服务中的沿海贸易；及

（五）空运服务，影响以任何方式授予的业务权的措施；或影响与业务权的行使直接相关的服务的措施，但影响以下方面的措施除外：①

1. 航空器的修理和维护服务；

2. 空运服务的销售和营销；

3. 计算机订座系统服务；

4. 专业航空服务；

5. 地面服务；以及

6. 机场运营服务。

四、本章的不得适用于影响寻求进入另一缔约方就业市场的自然人的措施，也不适用于与国籍、公民身份、永久居留或永久雇佣有关的措施。

五、为进一步明确，本章附件一（金融服务）、附件二（电信服务）和附件三（专业服务）构成本章的组成部分。

第三条　承诺减让表

一、各缔约方应当根据本章第七条（具体承诺表）或本章第八条（不符措施承诺表）的规定作出本章第四条（国民待遇）和本章第五条（市场准入）项下的承诺。

① 尽管有第 4 目至第 6 目的规定，本章规定的义务和承诺应当仅适用于一缔约方的专业航空服务、地面服务以及机场运营服务，且该缔约方根据本章第三条（承诺表）选择做出与此类服务相关的承诺。

二、根据本章第七条（具体承诺表）作出承诺的一缔约方应当根据本章第四条（国民待遇）、第五条（市场准入）中的适用条款作出承诺，并且还应当根据本章第六条（最惠国待遇）或本章第十条（透明度清单）作出承诺。根据本章第七条（具体承诺表）作出承诺的一缔约方也可以根据本章第九条（附加承诺）作出承诺。

三、根据本章第八条（不符措施承诺表）作出承诺的一缔约方应当根据本章第四条（国民待遇）、第五条（市场准入）、第六条（最惠国待遇）和第十一条（本地存在）中的适用条款作出承诺。根据本章第八条（不符措施承诺表）作出承诺的一缔约方也可根据本章第九条（附加承诺）作出承诺。

四、尽管有第二款的规定，根据本章第七条（具体承诺表）作出承诺的东盟成员国中的最不发达国家缔约方，没有义务根据本章第六条（最惠国待遇）或第十条（透明度清单）作出承诺。但此类缔约方可在自愿的基础上作出承诺。

第四条　国民待遇

一、根据本章第七条（具体承诺表）作出承诺的一缔约方，对于列入其附件二（服务具体承诺表）的部门，在遵守该承诺表中所列的任何条件和资质的前提下，在影响服务提供的所有措施方面给予其他任何缔约方的服务和服务提供者的待遇，应当不低于其给予本国同类服务和服务提供者的待遇。①

二、根据本章第八条（不符措施承诺表）作出承诺的一缔约方，在遵守本章第八条（不符措施承诺表）规定的其不符措施的情况下，在影响服务提供的所有措施方面给予其他任何缔约方的服务和服务提供者的待遇，应当不低于其给予本国同类服务和服务提供者的待遇。②

三、一缔约方可通过对其他任何缔约方的服务或服务提供者给予与其本国同类服务或服务提供者的待遇在形式上相同或形式上不同的待遇，以满足第一款或第二款的要求。

四、如形式上相同或形式上不同的待遇改变竞争条件，与任何其他缔约

① 在本条项下作出的具体承诺不得解释为要求任何缔约方对由于相关服务或服务提供者的外国特性而产生的任何固有的竞争劣势作出补偿。

② 本条中的任何规定不得解释为要求任何缔约方对由于相关服务或服务提供者的外国特性而产生的任何固有的竞争劣势作出补偿。

方的同类服务或服务提供者相比，有利于该缔约方的服务或服务提供者，则此类待遇应当被视为较为不利的待遇。

第五条　市场准入

一、对于通过本章第一条（定义）第十八款确定的服务提供方式实现的市场准入，根据本章第七条（具体承诺表）在本条项下作出承诺的一缔约方，对任何其他缔约方的服务和服务提供者给予的待遇，应当不低于其在附件二（服务具体承诺表）中同意和列明的条款、限制和条件下的待遇。①

二、对于作出市场准入承诺的部门，不论是根据本章第七条（具体承诺表）作出具体承诺，或根据本章第八条（不符措施承诺表）遵守不符措施，一缔约方不得在其一地区或在其全部领土内采取或维持按如下定义的措施：

（一）无论以数量配额、垄断、专营服务提供者的形式，或以经济需求测试要求的形式，限制服务提供者的数量；

（二）以数量配额或经济需求测试要求的形式限制服务交易或资产总值；

（三）以配额或经济需求测试要求的形式，限制服务业务总数或以指定数量单位表示的服务产出总量；②

（四）以数量配额或经济需求测试要求的形式，限制特定服务部门或服务提供者可雇用的、提供具体服务所必需的且直接相关的自然人总数；

（五）限制或要求服务提供者通过特定类型法律实体或合营企业提供服务的措施；以及

（六）以限制外国股权最高百分比或者限制单个或总体外国投资总额的方式限制外国资本的参与。

第六条　最惠国待遇

一、一缔约方依照本章第七条（具体承诺表）作出承诺，并选择根据本章第三条（承诺表）第二款作出最惠国待遇承诺的，应当：

---

① 如一缔约方就通过本章第一条（定义）第十八款第（一）项中所指的方式提供服务作出市场准入承诺，且如资本的跨境流动是该服务本身必需的部分，则该缔约方由此已承诺允许此种资本跨境流动。如一缔约方就通过本章第一条（定义）第十八款第（三）项中所指的方式提供服务作出市场准入承诺，则该缔约方由此已承诺允许有关的资本转移进入其领土内。

② 该项不涵盖一缔约方限制用于服务提供的投入的措施。

（一）对于列在该缔约方附件二（服务具体承诺表）的承诺表中，被确定为“最惠国待遇”的服务部门及其分部门；

（二）对于在该缔约方附件二（服务具体承诺表）附录中的最惠国待遇部门范围中所列的服务部门及其分部门；或者

（三）对于未包含在该缔约方附件二（服务具体承诺表）附录中的最惠国待遇部门豁免清单的服务部门及其分部门，

并且在遵守其中所列任何条件和资质的前提下，该缔约方给予另一缔约方的服务和服务提供者的待遇，不得低于其给予任何其他缔约方或非缔约方服务和服务提供者的待遇。

二、在遵守列其附件三（服务与投资保留及不符措施承诺表）中的不符措施的前提下，一缔约方依照本章第八条（不符措施承诺表）作出承诺时应当给予另一缔约方的服务和服务提供者的待遇，不得低于其给予任何其他缔约方或任何非缔约方服务和服务提供者的待遇。

三、尽管有第一款和第二款的规定，每一缔约方保留依照任何已生效的或于本协定生效之日前签署的双边或多边国际协定采取或维持任何措施的权利，以给予任何其他缔约方或非缔约方服务和服务提供者不同的待遇。

四、尽管有第一款和第二款的规定，每一东盟成员国缔约方保留依照东盟成员国间作为广泛经济一体化进程的一部分，就货物、服务或投资贸易自由化所签署的协定，采取或维持任何措施以给予任何其他东盟成员国缔约方服务和服务提供者不同的待遇的权利。

五、本章的规定不得解释为阻止任何缔约方对任何毗邻国家授予或给予利益，以便利仅限于毗邻边境地区的在本地生产和消费的服务的交换。

第七条　具体承诺表

一、依照本条作出承诺的一缔约方应当在其附件二（服务具体承诺表）的承诺表中列出其根据本章第四条（国民待遇）、第五条（市场准入）以及第九条（附加承诺）作出的具体承诺。对于作出此类承诺的部门，每一附件二（服务具体承诺表）中的承诺表应当规定：

（一）关于市场准入的条款、限制和条件；

（二）关于国民待遇的条件和资质；

（三）与附加承诺相关的保证；以及

（四）在适当时，实施此类承诺的时限。

二、与本章第四条（国民待遇）和第五条（市场准入）均不一致的措施应当列入与本章第五条（市场准入）相关的栏目。在这种情况下，所列内容将被视为对本章第四条（国民待遇）也规定了条件或限制。

三、依照本条作出承诺的每一缔约方应当在其附件二（服务具体承诺表）的承诺表中，以“FL”对进一步自由化的部门或分部门加以确定。在这些部门和分部门中，任何第一款第（一）项及第（二）项中所提及的适用条款、限制、条件、资质，应当限定于该缔约方的现行措施。

四、如一缔约方以减少或消除该措施与本章第四条（国民待遇）或第五条（市场准入）的不一致的方式修正第三款中所提及的措施，由于该不一致在修正前已经存在，该缔约方不得随后以增加该措施与本第四条（国民待遇）或第五条（市场准入）的不一致的方式对该措施进行修正。

五、尽管有第三款的规定，东盟成员国的最不发达国家缔约方没有义务确定进一步自由化的部门或分部门。但此类缔约方可在自愿的基础上进行上述确定。

第八条　不符措施承诺表

一、对于依照本条作出承诺的一缔约方，本章第四条（国民待遇）、第五条（市场准入）、第六条（最惠国待遇）以及第十一条（本地存在）不得适用于：

（一）任何由该缔约方下列机关维持的现行不符措施，

1. 中央政府，如列在该缔约方附件三（服务与投资保留及不符措施承诺表）其承诺表的清单一中；

2. 地区级政府，如列在该缔约方附件三（服务与投资保留及不符措施承诺表）其承诺表的清单一中；或者

3. 地方级政府；

（二）第（一）项所提及的任何不符措施的延续或即时更新；以及

（三）对第（一）项所指的任何不符措施的修正，只要该修正不降低该措施在修正前已经存在的，与本章第四条（国民待遇）、第五条（市场准入）、第六条（最惠国待遇）或第十一条（本地存在）的一致性。

二、本章第四条（国民待遇）、第五条（市场准入）、第六条（最惠国待

遇）以及第十一条（本地存在）不得适用于一缔约方对于在附件三（服务与投资保留及不符措施承诺表）其承诺表清单二中所列部门、分部门或活动所采取或者维持的措施。

第九条　附加承诺

一、各缔约方可以就影响服务贸易的措施承诺进行谈判，包括根据下列条款不需列入承诺表的与资质、标准或许可事项有关的承诺：

（一）对于依照本章第七条（具体承诺表）作出承诺的缔约方而言，本章第四条（国民待遇）或第五条（市场准入）；或者

（二）对于依照本章第八条（不符措施承诺表）作出承诺的缔约方而言，本章第四条（国民待遇）、第五条（市场准入）、第六条（最惠国待遇）或第十一条（本地存在）。

二、在第一款第（一）项项下作出附加承诺的缔约方，应当将此类承诺列入附件二（服务具体承诺表）其承诺表中。

三、在第一款第（二）项项下作出附加承诺的缔约方，应当将此类承诺列入附件三（服务与投资保留及不符措施承诺表）其承诺表清单三中。

第十条　透明度清单

一、依照本章第七条（具体承诺表）并且选择在本章第三条（承诺表）第二款项下作出承诺的缔约方在本条项下作出承诺时，应当准备、发送给其他缔约方并且在网络上公布一份列有中央政府级别现行措施的无约束力的透明度清单（本章下称“透明度清单”），该透明清单与第本章第四条（国民待遇）及第五条（市场准入）所规定的义务不符。此类透明度清单应当涵盖该缔约方在本章中作出具体承诺的部门。

二、仅以透明度为目的制作的一缔约方的透明度清单，应当在提交时是准确的，而且不得影响该缔约方在本章项下的权利和义务。本条中的任何规定不得阻止一缔约方修正其在第一款中所提及的措施。如一缔约方的透明度清单与该缔约方附件二（服务具体承诺表）其承诺表存在任何差异，应当以后者为准。

三、每一份透明度清单应当包含下列要素：

（一）部门和分部门或活动；

（二）不一致的类型（国民待遇或市场准入）；

（三）措施的合法来源或主管部门；以及

（四）对该措施的简明描述。

四、为保证清单的完整和准确，一缔约方应当在必要时以下列方式更新其透明度清单：

（一）加入任何新的或者修正的不一致措施；或者

（二）移除任何已经不再存在的措施，或者不再维持任何不一致措施的部门、分部门或活动。

五、任何缔约方不得就由一透明度清单产生的任何争端或与解释有关的事项援引第十九章（争端解决）项下的争端解决。

第十一条　本地存在

依照本章第八条（不符措施承诺表）作出承诺的一缔约方，依照该条款规定的不符措施，不得要求另一缔约方的服务提供者在其领土内建立或维持代表处、分支机构或其他任何形式的法人，或成为其领土内的居民，作为本章第一条（定义）第十八款第（一）项、第（二）项以及第（四）项所提及的提供服务的条件。

第十二条　过渡

一、依照本章第七条（具体承诺表）作出承诺的一缔约方（本条下称"过渡缔约方"），应当不迟于本协定生效之日后 3 年，或者对于柬埔寨、老挝人民民主共和国和缅甸不得迟于本协定生效之日后 12 年，向为实现与其他缔约方交流的服务和投资委员会提交依照本章第八条（不符措施承诺表）[①] 所作的不符措施建议承诺表（本条下称"建议承诺表"）。

二、每一过渡方建议承诺表中包含的承诺应当提供同等或更高水平的自由化，并且不得导致与过渡缔约方依照本章第三条（承诺表）第二款作出的承诺相比，承诺水平的降低。

三、缔约方应当对建议承诺表进行审议以进行核实和澄清，并且应当有

① 就建议和批准承诺表而言，本章第八条（不符措施承诺表）第一款第（一）项所提及的"本协定生效之日"应当被视为"一缔约方批准承诺表的生效之日"。

机会进行评议以保证建议承诺表满足第二款规定的要求。核实和澄清程序不得赋予各缔约方就对具体的新承诺进行谈判的权利。[①] 过渡缔约方应当有机会对收到的任何评议作出回复，并且在可能必要时修改或修订其建议承诺表，以解决其建议承诺表中的任何歧义、遗漏或错误。

四、第三款中提及的核实和澄清程序完成后，服务和投资委员会可以一致同意批准过渡缔约方的建议承诺表，并且根据第五款以此替代过渡缔约方附件二（服务具体承诺表）的承诺表（本条下称“批准承诺表”）。此后，过渡缔约方应当向保管方提交其批准承诺表，并且向保管方书面通报其任何适用的国内程序的完成。[②]

五、尽管有第二十章第四条（修正）的规定，一旦过渡缔约方向保管方提交其批准承诺表，并且向保管方书面通知其任何适用的国内程序的完成，过渡缔约方的批准承诺表应当在过渡缔约方向保管机关通知之日后 60 天，在过渡缔约方和每一其他缔约方之间生效。但是，如一缔约方在过渡缔约方通报保管方之日后60天内，书面通报保管方该批准的承诺表不对该缔约方生效，在过渡缔约方通报保管方的 60 天内，该批准承诺表应当在该过渡缔约方书面通报其适用的国内程序完成之日，或者由该过渡缔约方和该缔约方决定的此类其他日期，在该过渡缔约方和该缔约方之间生效。

六、为进一步明确，在本章第七条（具体承诺表）项下，过渡缔约方在附件二（服务具体承诺表）中的承诺表应当在该过渡缔约方和每一其他缔约方之间保持有效，直到该过渡缔约方的批准承诺表对该另一缔约方生效。

七、第一款至第四款中所提及的程序应当在本协定生效之日后不迟于 6 年完成，或者对于柬埔寨、老挝人民民主共和国和缅甸，不迟于 15 年完成。

第十三条 承诺表的修改

一、依照本章第七条（具体承诺表）已作出承诺的缔约方（在本条中下称“修改方”）除以“FL”表示的部门承诺之外，可以于承诺生效之日起 3 年

---

① 为进一步明确，本条中的任何规定未要求一缔约方根据本章第六条（最惠国待遇）就具体服务部门作出承诺。

② 为进一步明确，本款未排除过渡缔约方在进行其适用的国内程序时，在缔约方之间就其批准承诺表的可能修订请求磋商的可能性，并且请求服务贸易分委会以协商一致方式通过经修订的批准承诺表，使过渡缔约方依照本款提交保管方的可能性。

后的任何时间，在承诺表中修改或撤销在附件二（服务具体承诺表）其承诺表中的任何承诺，只要修改方符合本条的规定，并且：

（一）不迟于实施修改或撤销的预定日期的前三个月，将其修改或撤销承诺的意向通报服务与投资委员会；以及

（二）与任何提出请求的缔约方进行谈判，以期就任何必需的补偿性调整达成协定。

二、为通过第一款第（二）项中所提及的谈判实现补偿性调整，相关缔约方应当努力在此类谈判之前保持互利承诺的总体水平，使其对于贸易的有利程度不低于此类谈判前修改方在附件二（服务具体承诺表）其承诺表中规定的水平。

三、根据本条进行的任何补偿性调整应当在非歧视的基础上给予所有缔约方。

四、在根据第一款第（二）项提出请求的最后日期的三个月内（或修改方和每一提出请求的缔约方共同同意的其他期限），如相关缔约方未能就补偿调整达成协定，则提出请求的缔约方可将该事项提交仲裁。任何希望行使其可能享有的补偿权的缔约方必须参加仲裁。修改方在作出符合仲裁结果的补偿性调整之前，不得修改或撤销其承诺。

五、依据第四款进行的仲裁应当依照 1999 年 7 月 19 日通过并且经过修正的《服务贸易总协定第二十一条的实施程序》（S/L/80 号文件）第七款至第十九款所规定的程序（在本章中以下简称“GATS 第二十一条程序”）进行，除非服务与投资委员会在第十款项下或仲裁的当事方按照第十款另行约定。

六、如修改方实施其拟议的修改或撤销，而未遵守仲裁结果，则任何参加仲裁的缔约方可以根据该仲裁结果修改或撤销实质对等的利益。此类修改或撤销可以仅对修改缔约方实施。

七、如任何缔约方未要求：

（一）在根据第一款第（一）项作出通报之日起 45 天内进行根据第一款第（二）项的谈判；或者

（二）根据第四款仲裁，尽管有第二十章第四条（修正）的规定，修改方有权依照经必要修改且不时修正的 GATS 第二十一条第二十款至第二十二款所列的程序实施其拟议的修改或撤销，除非服务与投资委员会在第十款项下另行约定。

八、为避免疑义，就第五款和第七款而言，参考 GATS 第二十一条程序：

（一）“秘书处”和“服务贸易理事会”应当被理解为指服务与投资委员会；

（二）“第二十一条”应当被理解为指本章第十三条（承诺表的修改）；以及

（三）“世贸组织成员”应当被理解为指缔约方。

九、如本协定与 GATS 第二十一条程序存在任何不一致，在不一致的范围内应当以本协定为准。

十、服务与投资委员会可以建立或修正程序，以修改或撤销一缔约方在附件二（服务具体承诺表）其承诺表中作出的承诺，或者根据本条进行的仲裁。任何寻求依据本条修改或撤销其承诺的缔约方应当依照任何此类程序进行。

第十四条　透明度

一、缔约方认识到，管理服务贸易的透明度措施对于便利服务提供者进入彼此市场并在其中开展业务的能力具有重要意义。每一缔约方应当促进服务贸易中管理的透明度。

二、除紧急情况外，最迟应当在措施生效之时，每一缔约方应当迅速公布下列措施：

（一）影响服务贸易的普遍适用的所有相关措施；以及

（二）一缔约方为签订国的所有有关或影响服务贸易的国际协定。

三、在可能的范围内，每一缔约方应当通过互联网使第二款所提及的措施和国际协定可公开获得，并在其法律框架所规定的范围内以英文提供。

四、如第二款和第三款所提及的公布不可行，则应当以其他方式使此类信息[①]可以公开获得。

五、每一缔约方应当指定一个联络点，以便缔约方就本章所涵盖的任何事项进行沟通。应另一缔约方请求，该联络点应当：

（一）确定负责相关事项的机构或官员；以及

（二）在必要时为便利与请求方就该事项进行沟通提供协助。

---

① 为进一步明确，缔约方同意此类信息可以以每一缔约方选择的语言公布。

六、每一缔约方应当迅速回应任何其他缔约方提出的关于下列具体信息的任何请求：

（一）第二款第（一）项所提及的任何措施，或者第二款第（二）项所提及的国际协定；以及

（二）对服务贸易具有重大影响的任何新的法律、法规或行政指南或者现行法律、法规或行政指南的任何变动。

第十五条 国内法规

一、每一缔约方应当保证影响服务贸易的所有普遍适用的措施以合理、客观和公正的方式管理。

二、每一缔约方应当维持或在可行时尽快设立司法、仲裁或行政庭或程序，应受影响的服务提供者请求，对影响服务贸易的行政决定进行迅速审查，并在有正当理由的情况下提供适当救济。如此类程序并不独立于作出相关行政决定的机构，该缔约方应当保证此类程序在事实上提供客观和公正的审查。

三、第二款中的任何规定不得解释为要求一缔约方设立与其宪法结构或其法律体系的性质不一致的法庭或程序。

四、如果与 GATS 第六条第四款有关的谈判结果生效，缔约方应当审查该此类谈判的结果，并且应当在适当的情况下，在缔约方之间磋商后对本条进行修正，使此类谈判的结果在本章项下生效。

五、为保证与资质要求和程序、技术标准和许可要求相关的措施不对服务贸易构成不必要的壁垒，在认识到能够进行监管以及采用新的与服务的提供相关的法规以实现其政策目标的同时，每一缔约方应当努力保证其采取或维持的此类措施是：

（一）基于客观和透明的标准，例如提供服务的资格和能力；

（二）不得超过为保证服务质量所必需的限度；以及

（三）在许可程序的情况下，程序本身不成为对服务提供的限制。

六、在确定一缔约方是否符合第五款第（一）项的义务时，应当考虑该缔约方适用的相关国际组织①的国际标准。

七、如一缔约方要求服务的提供得到授权，该缔约方应当保证其主管

① “相关国际组织”指其成员资格对本协定所有缔约方的相关机构开放的国际组织。

机关：

（一）保证为完成相关申请程序而收取的任何授权费用是合理的、透明的，并且这些程序本身不成为对服务提供的限制。就本项而言，授权费用不包括使用自然资源的费用、支付拍卖费用、招标费用或其他以非歧视方式授予特许权的费用，或者提供普遍服务的法定出资；

（二）当申请人根据其法律和法规提交完整申请后，在合理期限内通知该申请人与该申请相关的决定；

（三）在可行的范围内，就申请的处理进度制定时间表；

（四）应该申请人请求，不得无故迟延地提供与申请状态相关的信息；

（五）在申请不完整的情况下，应该申请人请求，在可行的情况下，确定为使申请完整所要求的所有附加信息，并且提供在合理的时间表内对遗漏进行补全的机会；以及

（六）如果申请被终止或驳回，在可能的范围内，不得无故迟延地以书面形式将此类行动的理由告知该申请人。申请人将有可能自行决定重新提交一份新的申请；

（七）在其法律和法规允许的范围内，在提交许可证或资质申请时，不要求在一缔约方领土内实际存在；

（八）根据其法律和法规，在与纸质提交材料具有同等条件的真实性时，努力接受以电子格式的提交申请；以及

（九）如其认为适当，接受根据其法律和法规认证的文件副本，以代替文件正本。

八、每一缔约方应当规定适当的程序，以核实另一缔约方专业人员的资格。如许可或资质要求包括通过考试，每一缔约方应当在可行的范围内保证：

（一）考试应当有合理的时间间隔安排；以及

（二）提供合理期限，使利害关系人能够提交申请。

九、每一缔约应当在遵守其法律和法规的情况下，允许另一缔约方的服务提供者在不受不适当限制的情况下，使用其在该另一缔约方领土内进行贸易的企业名称。

十、如一部门或措施是由于一缔约方依照本章第七条（具体承诺表）或第八条（不符措施承诺表）作出承诺，而因此不受本章第四条（国民待遇）或第五条（市场准入）的约束，则第一款至第九款不适用于该部门或措施

第十六条　承认

一、为全部或部分满足服务提供者获得授权、许可或证明的标准或准则，在遵守第四款要求的前提下，一缔约方可以承认在一特定国家获得的教育或经历、满足的要求、或给予的许可或证明。此类承认可以通过协调或其他方式实现，或者可以基于与相关国家的协定或安排，或者可以自动给予。

二、属于第一款所提及的类型的协定或安排参加方的一缔约方，无论此类协定或安排已经存在或在未来订立，应当应请求，为其他缔约方提供充分的机会为加入此类协定或安排进行谈判，或与其谈判类似的协定或安排。如一缔约方自动给予承认，其应当向任何其他缔约方提供充分的机会，以证明在该其他缔约方领土内所获得的教育、经历、许可或证明或所满足的要求应该得到承认。

三、本章第六条（最惠国待遇）的任何规定不得解释为要求任何缔约方对在另一缔约方获得的教育或经验、满足的要求或给予的许可或证明给予此类承认。

四、在适用服务提供者获得授权、许可或证明的标准或准则时，一缔约方不得以可能构成其他缔约方之间的歧视的手段或者构成对服务贸易变相限制的方式给予承认。

五、在适当的情况下，应该基于多边同意的准则进行承认。在适当的情况下，缔约方应当与相关政府间组织和非政府间组织合作，以制定和采取与承认相关的共同的国际标准和准则，以及与服务贸易和专业的实践相关的共同的国际标准。

六、如本章附件三（专业服务）所示，每一缔约方应当努力便利专业服务贸易，包括通过鼓励其领土内的相关机构就与承认相关的协定或安排进行谈判。

第十七条　垄断和专营服务提供者

一、每一缔约方应当保证在其领土内的任何垄断服务提供者在相关市场中提供垄断服务时，不以与其在本章第四条（国民待遇）或第五条（市场准入）下的义务不一致的方式行事。

二、如一缔约方的一服务垄断提供者直接或通过关联公司参与其垄断权范围之外并且受该缔约方承诺约束的服务提供的竞争，该缔约方应当保证此类提供者不滥用其垄断地位，以与此类承诺不一致的方式而在其领土内行事。

三、如一缔约方有理由认为任何其他缔约方的垄断服务提供者以与第一款或第二款不一致的方式行事，其可以请求设立、维持或授权此类服务提供者的其他缔约方提供与经营相关的具体信息。

四、如一缔约方在形式上或实际上属于下列情况，本条也应当适用于专营服务提供者的情况：

（一）授权或设立少数几个服务提供者；以及

（二）实质阻止此类服务提供者在其领土内相互竞争。

第十八条　商业惯例

一、缔约方认识到，除属于本章第十七条（垄断和专营服务提供者）范围内的商业惯例外，服务提供者的某些商业惯例可能抑制竞争，从而限制服务贸易。

二、应任何其他缔约方请求，每一缔约方应当与其进行磋商，以期取消第一款中所指的商业惯例。被请求方对此类请求应当给予充分和积极的考虑，并且应当通过提供与所涉事项相关的、可公开获得的非机密信息进行合作。在遵守其法律和法规，以及就请求缔约方保障其机密性达成令人满意的协定的前提下，被请求缔约方也可以向请求缔约方提供其他可获得的信息。

第十九条　支付和转移

一、除在第十七章第十五条（保障国际收支平衡的措施）中所设想的情况外，一缔约方不得对与其承诺相关的经常性交易的国际转移和支付实施限制。

二、本章中的任何规定不得影响缔约方作为国际货币基金组织成员在《国际货币基金组织协定》项下的权利和义务，包括采取符合《国际货币基金组织协定》的汇兑行动，只要一缔约方不得对任何资本交易设置与在本章中与此类交易相关的承诺不一致的限制，但根据第十七章第十五条（保障国际收支平衡的措施）或在国际货币基金组织请求下采取的限制除外。

第二十条　拒绝给予利益

一、一缔约方可以在下列情况下拒绝给予本章的利益：

（一）对于任何服务的提供，如证实该服务是来自或在一非缔约方领土内提供的；

（二）对于是法人的服务提供者，如证实其不属于另一缔约方的服务提供者；

（三）在提供海运服务的情况下，如证实该服务是：

1. 由一艘根据一非缔约方法律和法规进行注册的船只提供的；以及

2. 由一经营或使用全部或部分船只的人提供的，但该人属于非缔约方。

二、一缔约方可以拒绝将本章的利益给予另一缔约方的服务提供者，如该服务提供者是由非缔约方的人拥有或控制的法人，并且拒绝给予利益的缔约方对该非缔约方或该非缔约方的人采取或维持禁止与该法人进行交易的措施，或者如给予该法人本章下的利益，将会违反或规避上述措施。

第二十一条　保障措施

一、根据 GATS 第十条在多边层面的任何进一步发展待定前，缔约方应当审议保障措施的纳入情况。

二、如一缔约方在履行本章的承诺时遇到困难，该缔约方可以要求与另一缔约方或其他缔约方磋商以解决此类困难。

第二十二 条补贴

一、尽管有本章第二条（范围）第三款第（二）项的规定，缔约方应当根据 GATS 第十五条约定的任何纪律，审议与服务贸易相关的补贴纪律问题，以期将其纳入本章。

二、一缔约方如认为受到与另一缔约方服务贸易相关的补贴的不利影响，则可以请求与该缔约方就此类事项进行磋商。被请求方应当对此类请求给予积极考虑。

三、任何缔约方不得就根据本条提出的任何请求或进行的磋商，或者根据本条产生的任何其他争端诉诸第十九章（争端解决）项下的争端解决。

第二十三条　增加东盟成员国最不发达国家缔约方的参与

为提高东盟成员国最不发达国家缔约方的参与，本章应当便利：

（一）增强其国内服务能力、效率和竞争力，特别是通过在商业基础上获得技术；

（二）提高其进入分销渠道和接入信息网络的机会；以及

（三）在对其有出口利益的部门和提供方式方面实行市场准入的自由化，并在对其有利的部门提供市场准入。

第二十四条 承诺的审查

缔约方应当在必要但不迟于依照第二十章第八条（一般性审查）对本协定进行一般性审查前，审查其在服务贸易方面的承诺，以期进一步完善本章的承诺，从而逐步实现缔约方之间服务贸易的自由化。

第二十五条 合作

缔约方应当加强其在服务部门的合作，包括在目前的合作安排未涵盖的部门。缔约方应当讨论并就合作部门达成一致意见，并制定此类部门的合作方案，以提高其国内服务能力、效率和竞争力。

第九章　自然人临时移动

第一条　定义

就本章而言：

（一）移民手续指准予临时入境的签证、许可、通行证、其他文件或者电子授权；

（二）一缔约方的自然人指第八章第一条（定义）第十款中定义的一缔约方的自然人；以及

（三）临时入境指本章涵盖的一缔约方的自然人入境，并且没有意图永久居留。

第二条　范围

一、本章应当按照附件四（自然人临时移动具体承诺表）中每一缔约方的承诺表中列出的内容，适用于该缔约方影响另一缔约方自然人临时入境该缔约方的措施，此类自然人从事货物贸易、提供服务或者进行投资。此类自然人应当包括下列一人或多人：

（一）商务访问者；

（二）公司内部流动人员；或者

（三）附件四（自然人临时移动具体承诺表）中每一缔约方的承诺表中可能规定的其他类别。

二、本章不得适用于影响寻求进入一缔约方就业市场的自然人的措施，也不得适用于与国籍、公民身份、永久居留或者永久雇佣相关的措施。

三、本协定的任何规定不得阻止一缔约方对另一缔约方的自然人入境该缔约方，或在该缔约方境内临时停留采取管理措施，包括为保护其边境完整以及为保证自然人有序跨境流动而采取的必要措施，只要此类措施不以使任何缔约方在本章项下获得的利益丧失或减损的方式适用。

四、如一缔约方要求另一缔约方的自然人获得移民手续，该事实本身不得视为使任何缔约方在本章项下获得的利益丧失或减损。

第三条 配偶及家属

每一缔约方可以在附件四（自然人临时移动具体承诺表）中该缔约方的承诺表中对配偶及家属作出承诺。

第四条 准予临时入境

一、每一缔约方应当依照附件四（自然人临时移动具体承诺表）中该缔约方的承诺表，依照本章准予另一缔约方的自然人临时入境或临时停留的延期，只要此类自然人：

（一）遵守规定的申请程序办理所需的移民手续；以及

（二）符合临时入境准予缔约方，或者延长在准予缔约方临时停留的所有相关资格要求。

二、一缔约方根据其法律法规，对于办理移民手续而征收的任何费用应当是合理的，并且这些费用本身不得对本章项下另一缔约方的自然人移动构成不合理的障碍。

三、一缔约方可以拒绝不遵守第一款第（一）项或第（二）项规定的另一缔约方的任何自然人临时入境或者延长临时停留。

四、一缔约方根据本章准予另一缔约方的自然人临时入境，该事实本身不得被解释为免除该自然人在从事一项职业或者以其他方式进行商业活动时所需满足的任何适用许可或者其他要求，包括任何强制性行为守则。

第五条 自然人临时移动具体承诺表

每一缔约方应当在附件四（自然人临时移动具体承诺表）中该缔约方的承诺表中列出第九章第二条（范围）所涵盖的另一缔约方的自然人临时入境该缔约方和在该缔约方境内临时停留的承诺。此类承诺表应当对承诺表中包含的每一类别的自然人规定管理此类承诺的条件和限制，包括停留的时长。[①]

① 就本条而言，条件和限制包括任何经济需求测试要求，除非在附件四（自然人临时流动的具体承诺表）中一缔约方的承诺表中规定，否则任何缔约方不得设置此类条件和限制。

第六条　处理申请

一、如一缔约方要求办理移民手续的申请，该缔约方应当尽快处理从第九章第二条（范围）涵盖的另一缔约方的自然人处收到的完备的移民手续申请或者相关延期申请。

二、每一缔约方应当应请求，并且在收到第九章第二条（范围）涵盖的另一缔约方的自然人完备的移民手续申请后的合理期限内，向申请人通报：

（一）申请的收悉；以及

（二）与申请相关的决定，包括在批准申请的情况下，停留期限和其他条件。

三、每一缔约方应当应请求，并且在收到第九章第二条（范围）涵盖的另一缔约方的自然人完备的移民手续申请后的合理期限内，致力于向申请人通报申请的状态。

四、每一缔约方应当在其法律法规允许的范围内，致力于在与纸质形式提交的申请的真实性同等的条件下，接受以电子格式提交的移民手续申请。

五、在适当的情况下，每一缔约方应当在其法律法规允许的范围内，根据其法律法规接受经认证的文件的复印件以代替原件。

第七条　透明度

一、每一缔约方应当：

（一）公布或以其他方式使与本章相关或者影响本章运行的所有与移民手续相关的解释性材料可公开获得；

（二）在该缔约方境内并向其他缔约方公布或以其他方式使本章项下的临时入境要求可公开获得，包括使其他缔约方的自然人知晓此类要求的解释性材料以及相关表格和文件；

（三）在修改或修正影响另一缔约方的自然人临时入境的任何移民措施时，保证根据第（二）项公布或以其他方式可公开获得的信息尽快被更新；以及

（四）设立答复利害关系人咨询该缔约方影响自然人临时入境和临时停留的法律法规的机制。

二、每一缔约方应当在可行的范围内，致力于以英文公布第一款中所提

及的信息。

第八条　合作

缔约方可以就共同同意的合作领域进行讨论，以进一步便利其他缔约方的自然人临时入境和临时停留，在讨论中应当考虑缔约方在谈判过程中提议的领域或者可能经缔约方确认的其他领域。

第九条　争端解决

一、缔约方应当致力于通过磋商解决本章实施中出现的任何分歧。

二、任何缔约方不得就拒绝临时入境诉诸第十九章（争端解决）项下的争端解决机制，除非：

（一）该事项涉及一种习惯做法；以及

（二）对于该特定事项，受影响的自然人已经用尽所有可用的行政救济。

三、就第二款第（二）项而言，如该另一缔约方自启动救济程序之日后的合理期限内，包括任何审查或上诉程序，未能就该事项作出最终决定，并且无法作出此类决定的原因不能归咎于有关自然人的延误，行政救济应当视为已经用尽。

第十章　投资

第一条　定义

就本章而言：

（一）涵盖投资指，对于一缔约方而言，在本协定生效之日，已在该方领土内存在的另一缔约方投资者的投资，或已被东道国所接受①，②，并遵循其相关法律、法规和政策（如适用）所设立、获取或扩大的投资；③

（二）可自由使用货币指国际货币基金组织（IMF）在《国际货币基金组织协定》及其可能的修订所确定的可自由使用货币；

（三）投资指一个投资者直接或间接，拥有或控制的，具有投资特征的各种资产，此类特征包括承诺资本或其他资源的投入、收益或利润的期待或风险的承担。投资可以采取的形式包括：

1. 法人中的股份、股票和其他形式的参股，包括由此派生的权利；

2. 法人的债券、无担保债券、贷款④及其他债务工具以及由此派生的权利；⑤

3. 合同项下的权利，包括交钥匙、建设、管理、生产或收入分享合同；

4. 东道国法律和法规所认可的知识产权和商誉；

5. 与业务相关且具有财务价值的金钱请求权或任何合同行为的给付请求

---

① 就马来西亚和泰国而言，本章规定的保护在适用的情况下，应当适用于经各自主管机关依照其各自的法律、法规和政策以书面方式明确批准保护的涵盖投资。

② 就柬埔寨、印度尼西亚和越南而言，“已接受”是指“视情况而定，已经个案登记或书面批准”。

③ 就本定义而言，“政策”是指由一方政府以书面形式认可和宣布并以书面形式向公众提供的影响投资的政策。

④ 一缔约方向另一缔约方发行的贷款不是投资。

⑤ 一些形式的债务，如债券、无担保债券和长期票据，更可能具有投资的特征，而其他形式的债务，如因销售货物或服务而立即到期的付款请求权，则较不可能具有投资的特征。

权；[①]

6. 根据东道国法律法规或依合同授予的权利，如特许经营权、许可证、授权和许可，包括勘探和开采自然资源的权利；以及

7. 动产、不动产及其他财产权利，如租赁、抵押、留置或质押。[②]

“投资”不包括司法、行政行为或仲裁程序中的命令或裁决。

就本段中的投资定义而言，用于投资的投资回报应当被视为投资。投资或再投资资产发生任何形式上的变化，不得影响其作为投资的性质；

（四）非缔约方投资者指，对于一缔约方而言，试图[③]、正在或已经在该缔约方领土内进行投资，但不属于一缔约方的投资者；

（五）缔约一方投资者指试图[④]、正在或已经在另一缔约方领土内进行投资的另一缔约方的自然人或法人；

（六）法人指根据可适用的法律建立或组织的任何实体，无论是否以营利为目的，无论属于私营或政府所有，包括任何公司、信托、合伙、合资企业、个人独资企业、社团或类似组织，以及法人的分支机构；[⑤]，[⑥]，[⑦]

（七）一缔约方的法人指根据一缔约方的法律组建或组织的法人，以及设在该缔约方领土内并在该领土内从事商业活动的分支机构；[⑧]，[⑨]，[⑩]

（八）一缔约方的措施指由下列采取或维持的任何措施：

1. 该缔约方中央、地区或地方政府和主管机关；以及

2. 由该缔约方中央、地区或地方政府和主管机关授权行使职权的非政府

---

① 为进一步明确，投资并不是金钱请求权完全来源于：
1. 销售货物或服务的商业合同；或者
2. 与此类商业合同有关的授信。

② 为进一步明确，市场份额、市场准入、预期收益和盈利机会本身并不是投资。

③ 为进一步明确，缔约方理解当投资者已采取一项或多项具体行动进行投资时，则该投资者“试图”投资。如果进行投资需要通知或审批程序，则“试图”投资的投资者是指已启动此类通知或审批程序的投资者。

④ 为进一步明确，缔约方理解当投资者已采取一项或多项具体行动进行投资时，该投资者“试图”投资。如果进行投资需要通知或审批程序，则“试图”投资的投资者是指已启动此类通知或审批程序的投资者。

⑤ 为进一步明确，法人分支机构不得根据本协定向任何缔约方提出任何诉请。

⑥ 为进一步明确，在“法人”的定义中纳入“分支机构”，不影响缔约方根据其法律将分支机构视为不具独立法律存在和不是单独组织的实体的能力。

⑦ 非缔约方的法人分支机构不得视为一缔约方的法人。

⑧ 为进一步明确，法人分支机构不得根据本协定向任何缔约方提出任何诉请。

⑨ 为进一步明确，在“一缔约方的法人”的定义中纳入“分支机构”，不影响缔约方根据其法律将分支机构视为不具独立法律存在和不是单独组织的实体的能力。

⑩ 非缔约方的法人分支机构不得视为一缔约方的法人。

机构；以及

（九）一缔约方的自然人指，就第（五）款而言，根据该缔约方的法律：

1. 为该缔约方的国民或公民；或者

2. 享有该缔约方永久居留权的自然人，前提是该缔约方和投资所在地的另一缔约方均承认永久居民权制度，并且在影响投资的措施方面缔约方给予各自永久居民与给予各自国民实质上相同的待遇。

第二条　范围

一、本章应当适用于每一缔约方采取或维持的、与下列有关的措施：

（一）另一缔约方的投资者；以及

（二）涵盖投资。

二、本章不得适用于：

（一）政府采购；

（二）一缔约方提供的补贴或补助；

（三）一缔约方相关机构或主管机关行使政府职权时提供的服务。就本章而言，“行使政府职权时提供的服务”指既不基于商业基础，也不与一个或多个服务提供者竞争的任何服务；

（四）一缔约方采取或维持的措施属于第八章（服务贸易）所涵盖的范围；以及

（五）一缔约方采取或维持的措施属于第九章（自然人临时流动）所涵盖的范围。

为进一步明确，就本协议生效前发生的任何行为或事实或任何已停止存在的情况，本章对任何缔约方不具有约束力。

三、尽管有第二款第（四）项的规定，第十章第五条（投资待遇）、第十章第七条（高级管理人员和董事会）[①]、第十章第九条（转移）、第十章第十一条（损失的补偿）、第十章第十二条（代位）以及第十章十三条（征收）经必要调整后，应当适用于影响一缔约方服务提供者在任何其他缔约方境内通过第八章（服务贸易）的商业存在提供服务的任何措施，但仅限于与本章

① 第十章第七条（高级管理人员和董事会）仅适用于影响依照第八章第八条（不符措施承诺表）作出承诺的缔约方提供服务的措施。

涵盖投资和义务有关的任何此类措施。

第三条 国民待遇①

一、在投资的设立、取得、扩大、管理、经营、运营、出售或其他处路方面，每一缔约方给予另一缔约方投资者和所涵盖投资的待遇应当不低于在类似情形下其给予本国投资者及其投资的待遇。

二、为进一步明确，一缔约方根据第一款所给予的待遇，对于中央以外的政府层级而言，指不低于作为该缔约方一部分的该政府在类似情形下给予其投资者或投资的最优惠待遇。

第四条 最惠国待遇②，③

一、在投资的设立、取得、扩大、管理、经营、运营、出售或其他处路方面，每一缔约方给予另一缔约方投资者的待遇应当不低于其在类似情形下给予任何其他缔约方或非缔约方投资者的待遇。

二、在投资的设立、取得、扩大、管理、经营、运营、出售或其他处路方面，每一缔约方给予涵盖投资的待遇应当不低于其在类似情形下给予任何其他缔约方或非缔约方的投资者在其领土内的投资的待遇

三、为进一步明确，第一款和第二款所指的待遇不包含其他现存或未来国际协定项下的任何国际争端解决程序或机制。

第五条 投资待遇④

一、每一缔约方应当依照习惯国际法外国人最低待遇标准给予涵盖投资公平公正待遇以及充分保护和安全。

二、为进一步明确：

（一）公平公正待遇要求每一缔约方不得在任何司法程序或行政程序中拒

---

① 为进一步明确，本条所指的“类似情形”须视整体情况而定，包括相关待遇是否是基于合法的公共福利目标而在投资者或投资之间进行区别对待。

② 本条不适用于柬埔寨、老挝人民民主共和国、缅甸和越南。本条规定的待遇不得给予柬埔寨、老挝人民民主共和国、缅甸和越南的投资者以及此类投资者的涵盖投资。

③ 为进一步明确，本条所指的“类似情形”须视整体情况而定，包括相关待遇是否是基于合法的公共福利目标而在投资者或投资之间进行区别对待。

④ 本条应当依照第十章附件一（习惯国际法）进行解释。

绝司法；

（二）充分保护和安全要求每一缔约方采取合理的必要措施确保涵盖投资的有形保护与安全；以及

（三）公平公正待遇和充分保护和安全的概念不要求给予涵盖投资在习惯国际法关于外国人最低待遇标准之外或超出该标准的待遇，也不创造额外的实质性权利。

三、认定一项措施违反本协定其他条款或另一单独的国际协定并不能证明该措施构成对本条的违反。

第六条　禁止业绩要求

一、任何缔约方不得就其领土内缔约另一方投资者的投资进行设立、取得、扩大、管理、经营、运营、出售或其他处置方面施加或强制执行以下要求：①

（一）出口一定水平或比例的货物；

（二）达到一定水平或比例的当地含量；

（三）购买、使用其领土内生产的货物，或给予其领土内生产的货物优惠，或向其领土内的人购买货物；

（四）将进口产品的数量或价值与出口产品的数量或价值或与该投资者的投资有关的外汇流入金额相联系；

（五）通过将销售与出口产品的数量或价值或外汇收入相联系，以限制该投资生产的货物在其领土内的销售；

（六）向其领土内的人转让特定技术、生产流程或其他专有知识；

（七）仅从该缔约方领土内向一个特定地区市场或世界市场提供投资所生产的货物；或者

（八）对于在施加或强制执行该要求时业已存在的任何许可合同，或投资者与缔约方领土内的人自由达成的任何未来的许可合同，规定一定比率或金额的特许费，只要实施或强加该要求的方式构成一缔约方在行使非司法性质的政府职权下对该许可合同的直接干预。②为进一步明确，当许可合同由投资

---

① 为进一步明确，各缔约方可以维持现行措施或采取不符合其在本条项下义务的新的或更具限制性的措施，这些措施列在附件三（服务与投资保留及不符措施承诺表）承诺表清单一和清单二中。

② 就本项而言，“许可合同”指与技术许可、生产流程或者其他专有知识相关的任何许可合同。

者与一缔约方订立时，本项不适用。

尽管有本条，第（六）项和第（八）项不适用于柬埔寨、老挝人民民主共和国和缅甸。

二、任一缔约方不得就其领土内的缔约另一方投资者的投资在设立、取得、扩大、管理、经营、运营、出售或其他处路方面，要求以遵守下列要求作为获得或继续获得优惠的条件：

（一）达到一定水平或比例的当地含量；

（二）购买、使用其领土内生产的货物，或给予其领土内生产的货物优惠，或向其领土内的人购买货物；

（三）将进口产品的数量或价值与出口产品的数量或价值或与该投资者的投资有关的外汇流入金额相联系；或

（四）通过将该销售与出口产品的数量或价值或外汇收入相联系，以限制该投资生产的货物在其领土内的销售。

三、（一）第二款不得被解释为阻止一缔约方将在其领土内确定生产地点、提供服务、培训或雇佣员工、建设或扩大特定设施、开展研发的要求，作为缔约另一方的投资者在其领土内的投资获得或者继续获得优惠的条件。

（二）第一款第（六）项和第一款第（八）项不得适用于：

1. 如一缔约方依照《TRIPS 协定》[①] 第三十一条及第三十一条之一授权使用一项知识产权，或在《TRIPS 协定》第三十九条的范围内以符合该条规定的方式要求披露专有信息的措施；或者

2. 如一缔约方的法院、行政法庭或主管部门根据该缔约方的竞争法律和法规实施或强加该要求，以救济一项经司法或行政程序认定的限制竞争行为。

（三）如一法庭或主管部门根据该缔约方的著作权法律和法规将实施或强加该要求作为衡平补偿，则第一款第（八）项不适用于该措施。

（四）第一款第（一）项至第（三）项，第二款第（一）项以及第二款第（二）项不得适用于与出口促进和对外援助项目相关的货物的资质要求。

（五）第二款第（一）项和第（二）项不得适用于进口缔约方实施的为享受优惠关税或优惠配额所需而对货物成分施加的要求。

---

① 这包括 2001 年 11 月 14 日在多哈通过的《关于 TRIPS 协定与公共卫生的多哈宣言》（WT/MIN）（01）/DEC/2 对实施《TRIPS 协定》第六款的任何修正案。

四、为进一步明确，第一款和第二款不得适用于该两款所列之外的任何要求。

第七条　高级管理人员和董事会

一、缔约方不得要求属于涵盖投资的该缔约方的法人任命某一特定国籍的自然人担任高级管理职务。

二、一缔约方可以要求属于涵盖投资的该缔约方的法人的董事会或任何委员会的大部分成员，具有特定的国籍或为该缔约方领土内的居民，前提是该要求不得实质性损害投资者控制其投资的能力。

第八条　保留和不符措施

一、第十章第三条（国民待遇）、第十章第四条（最惠国待遇）、第十章第六条（禁止业绩要求）以及第十章第七条（高级管理人员和董事会）不得适用于：

（一）一缔约方在下列政府层级维持的任何现行不符措施：

1. 中央政府层级，由该缔约方在其附件三（服务与投资保留及不符措施承诺表）承诺表清单一中列明；

2. 地区政府层级，由该缔约方在其附件三（服务与投资保留及不符措施承诺表）承诺表清单一中列明；或者

3. 地方政府层级；

（二）第（一）项所指的任何不符措施的延续或即时更新；以及

（三）第（一）项所指的任何不符措施的修订，只要：

1. 对于柬埔寨、印度尼西亚、老挝人民民主共和国、缅甸和菲律宾，就涉及第十章第三条（国民待遇）、第十章第四条（最惠国待遇）、第十章第六条（业绩要求）和第十章第七条（高级管理人员和董事会）而言，该修订不降低该措施与本协定生效之日已经存在的措施的一致性；以及

2. 对于澳大利亚、文莱、中国、日本、韩国、马来西亚、新西兰、新加坡、泰国和越南，就涉及第十章第三条（国民待遇）、第十章第四条（最惠国待遇）、第十章第六条（业绩要求）和第十章第七条（高级管理人员和董事会）而言，该修订不降低与修订即刻前已经存在的措施的一致性。

二、第十章第三条（国民待遇）、第十章第四条（最惠国待遇）、第十章

第六条（禁止业绩要求）和第十章第七条（高级管理人员和董事会）不得适用于该缔约方在其附件三（服务与投资保留及不符措施承诺表）承诺表清单二中列明的，对于部门、分部门或活动采取或维持的任何措施。

三、尽管有第一款第（三）项第 2 目的规定，在本协定生效后五年后，第十章第三条（国民待遇）、第十章第四条（最惠国待遇）、第十章第六条（禁止业绩要求）和第十章第七条（高级管理人员和董事会）不得适用于第一款第（一）项所指的任何不符措施的修订，只要该修订不降低措施在本协定生效之日与第十章第三条（国民待遇）、第十章第四条（最惠国待遇）、第十章第六条（禁止业绩要求）和第十章第七条（高级管理人员和董事会）的一致性。

四、缔约方不得根据本协定生效后所采取的属于附件三（服务与投资保留及不符措施承诺表）承诺表清单二所涵盖的任何措施，基于国籍原因要求另一缔约方的投资者出售或以其他方式处路该措施生效时已存在的投资，但相关主管机关首次批准时另有规定的除外。

五、第十章第三条（国民待遇）和第十章第四条（最惠国待遇）不得适用于符合《TRIPS 协定》第五条规定的任何措施，以及本协定第十一章第七条（国民待遇）或《TRIPS 协定》第三条或第四条规定的义务的例外或减损所涵盖的任何措施。

第九条　转移

一、每一缔约方应当允许所有与涵盖投资有关的转移自由且无迟延地进出其境内。该等转移包括：

（一）投入的资本，包括初始投资；

（二）利润、资本所得、股息、利息、技术许可使用费、技术援助和技术及管理费、许可费以及涵盖投资产生的其他经常性收入；

（三）出售或清算全部或任何部分涵盖投资的所得；

（四）根据包括贷款协议在内的合同所支付的款项；

（五）根据第十章第十一条（损失的补偿）和第十章第十三条（征收）所获得的款项；

（六）因任何方式解决争端而产生的款项，包括司法判决、仲裁或争端方达成的协定；以及

（七）与涵盖投资有关的外籍员工的收入和其他报酬。

二、每一缔约方应当允许与涵盖投资有关的转移以任何可自由使用的货币按照转移时现行的市场汇率进行。

三、尽管有第一款和第二款的规定，一缔约方可以通过公正、非歧视和善意的适用与下列事项有关的法律和法规，以阻止或延迟转移：

（一）破产、资不抵债或保护包括雇员在内的债权人的权利；

（二）证券、期货、期权或其他衍生品的发行、买卖或交易；

（三）刑事或刑事犯罪以及追缴犯罪所得；

（四）在为执法或金融监管部门提供必要协助时，对转移进行金融报告或备案；

（五）确保遵守司法或行政程序中的裁定、命令或判决；

（六）税收；①

（七）社会保险、公共退休金、养老金、强制储蓄计划或提供退休金或类似退休福利的其他安排；

（八）雇员的遣散费；以及

（九）该缔约方中央银行和其他主管机关要求的登记和其他手续要求。

四、本章的任何规定不得影响一缔约方作为国际货币基金组织成员在《国际货币基金协定》及其可能的修正项下的权利和义务，包括采取符合《国际货币基金协定》及其可能的修订的汇兑行动，只要该方不对任何资本交易设路与其在本章中关于此类交易的义务不符的限制，除非该限制是根据第十七章第十五条（国际收支平衡保障措施）或应国际货币基金组织的要求作出。

第十条　特殊手续和信息披露

一、只要此类手续并不实质性损害该缔约方根据本章向另一缔约方的投资者以及涵盖投资提供的保护，第十章第三条（国民待遇）不得解释为阻止该缔约方采取或维持与涵盖投资相关的特殊手续的措施，包括要求该涵盖投资系根据其法律或法规合法设立。

① 为进一步明确，这也包括采取或执行旨在确保公平或有效征收或收取税款的任何税收措施，包括根据居住地或公司所在地对人进行区分的任何税收措施。

二、尽管有第十章第三条（国民待遇）和第十章第四条（最惠国待遇）的规定，一缔约方可以仅为信息收集或统计的目的，要求另一缔约方的投资者或其涵盖投资提供与该投资有关的信息。该缔约方应当尽可能保护已提供的任何保密信息不受任何可能损害投资者或涵盖投资的合法商业利益或竞争地位的披露的影响。本款不得解释为阻止一缔约方以其他方式获取或披露与其公正、善意地适用其法律和法规有关的信息。

第十一条　损失的补偿

对于因武装冲突、内乱或者国家紧急状态使其领土内的投资遭受损失而采取或维持的措施，每一缔约方应当给予另一缔约方投资者或者其涵盖投资不低于在类似情形下给予下列投资者或其投资的待遇：

（一）该缔约方本国的投资者及其投资；以及

（二）任何其他缔约方或非缔约方投资者及其投资。

第十二条　代位

一、如一缔约方或一缔约方指定的机构，根据与一项涵盖投资有关的担保、保险合同或其他形式的补偿，向该缔约方的投资者进行支付，该涵盖投资所在的另一缔约方应当承认关于该涵盖投资的任何权利或诉请的代位或转让。代位或被转让的权利或诉请不得超过该投资者的原有权利或诉请。

二、如一缔约方或其指定的机构已向该缔约方投资者进行了支付，并已接管该投资者的任何权利及诉请，则该投资者不得向涵盖投资所在的另一缔约方主张这些权利或请求，除非该投资者得到该缔约方或该缔约方指定的机构的授权，代表其采取行动。

三、在行使代位权或转让的权利或诉请时，行使此类权利或诉请的缔约方或其指定的机构应当向相关缔约方披露其与投资者达成的诉请安排的覆盖范围。

第十三条　征收[①]

一、缔约方不得对涵盖投资进行直接征收或国有化，或通过与之等效的

① 本条应当依照第十章附件二（征收）进行解释。

措施进行征收或国有化（本章以下简称“征收”），除非：

（一）为了公共目的；

（二）以非歧视的方式进行；

（三）依照第二款和第三款支付补偿；以及

（四）依照正当法律程序进行。

二、第一款第（三）项提及的补偿应当：

（一）无延迟支付；[①]

（二）相当于公开宣布征收时[②]或者征收发生时被征收投资的公平市场价值，两个时间以较早者为准。（本章以下简称“征收之日”）；[③]，[④]，[⑤]

（三）不反映任何因征收意图提前公开而引起的价值变化；以及

（四）可有效实现和可自由转移。

三、如发生迟延，支付的补偿应当包括依照实行征收的缔约方的法律、法规和政策规定的适当利息，只要此类法律、法规和政策在非歧视的基础上适用。

四、本条不得适用于与知识产权有关的强制许可的颁发或知识产权的撤销、限制或创设，只要此类颁发、撤销、限制或创设符合第十一章（知识产权）和《TRIPS协定》。[⑥]

五、尽管有第一款至第三款的规定，任何与土地相关的征收措施应当由实行征收的缔约方现行的法律和法规界定，并且为补偿的目的以及在支付补偿款时，应当依据上述法律和法规。此类补偿还应当遵循上述与补偿金额有关的法律和法规此后任何的修订，只要此类修订遵循土地市场价值的一般趋势。

---

① 缔约方理解，在支付补偿之前可能需要遵守缔约方法律和行政程序。

② 对于菲律宾而言，为了计算被征收投资的公平市场价值，公开宣布征收时是指提出征收申请的日期。

③ 对于澳大利亚、文莱达鲁萨兰国、韩国、马来西亚、新西兰和新加坡而言，为了计算被征收投资的公平市场价值，征收之日是指征收之前的即刻。

④ 对于柬埔寨、老挝人民民主共和国、缅甸和越南而言，为了计算被征收投资的公平市场价值，征收之日是指主管机关发布征收决定的日期。

⑤ 对于泰国而言，为了计算被征收投资的公平市场价值，征收之日是指征收发生的日期。

⑥ 为进一步明确，缔约方承认，就本条而言，知识产权的“撤销”包括取消或废止此类权利，知识产权的“限制”包括此类权利的例外。

第十四条 拒绝授惠[①]

一、一缔约方可以拒绝将本章下的利益授予作为另一缔约方的法人投资者以及该投资者的投资，如该法人：

（一）被一非缔约方或拒绝授予利益的缔约方的人拥有或控制；以及

（二）在拒绝授予利益的缔约方以外的任何缔约方领土内均无实质性经营活动。

二、一缔约方可以拒绝将本章下的利益授予作为另一缔约方的法人投资者以及该投资者的投资，如非缔约方的人拥有或控制该法人，并且拒绝授予利益的缔约方针对该非缔约方或该非缔约方的人采取或维持禁止与该法人交易的措施，或如本章下的利益被授予该法人或其投资，则将导致对该措施的违反或规避。

三、一缔约方可以拒绝将本章下的利益授予作为另一缔约方的法人投资者以及该投资者的投资，如非缔约方的人拥有或控制该法人，并且拒绝授予利益的缔约方与该非缔约方无外交关系。

四、尽管有第一款的规定，泰国可以根据其适用的法律法规，拒绝将本章中与投资的进入、设立、获取和扩大有关的利益授予另一缔约方的作法人投资者或者该投资者的投资，只要泰国证实该法人被泰国或非缔约方的自然人或法人拥有或控制。

五、就本条而言，对于泰国而言，法人是：

（一）由一缔约方或一非缔约方的自然人或法人“拥有”，是指其 50% 以上的股权由此类自然人或法人实质拥有；以及

（二）由一缔约方或非缔约方的自然人或法人“控制”，是指此类自然人或法人有权提名其多数董事或以其他方式合法地指示其行为。

六、菲律宾可以拒绝将本章的利益授予另一缔约方的投资者以及该投资者的投资，如经证实该投资者的投资违反了《惩治规避某些权利、特权或优先权的国有化法行为的法案》的第 108 号联邦法案的规定，该法案由第 715 号总统令修订，也被称为《反欺诈法》及其可能的修订。

七、一缔约方可以拒绝将本章的利益授予另一缔约方或非缔约方的一投资者以及该投资者的投资，如此类投资者的投资违反了拒绝授予利益的缔约

① 一缔约方可以随时行使本条规定的拒绝授予本章规定的利益的权利。

方实施《金融行动特别工作组建议》相关的法律法规。

第十五条　安全例外

尽管有第十七章第十三条（安全例外）的规定，本章的任何规定不得解释为：

（一）要求一缔约方提供或允许获得其确定披露会违背其基本安全利益的任何信息；或者

（二）阻止一缔约方为下列目的适用其认为必要的措施：

1. 履行其维持或恢复国际和平或安全的义务；或者

2. 保护其自身根本安全利益。

第十六条　投资促进

缔约方应当通过以下方式努力促进和提高本地区作为投资地区的认知：

（一）鼓励缔约方间的投资；

（二）在两个或多个缔约方之间组织联合投资促进活动；

（三）促进商业配对活动；

（四）组织和支持举办与投资机会以及投资法律法规和政策相关的各种介绍会和研讨会；以及

（五）就与投资促进有关的其他共同关心的问题进行信息交流。

第十七条　投资便利化

一、在遵守其法律法规的前提下，每一缔约方应当努力便利缔约方之间的投资，包括通过：

（一）为各种形式的投资创造必要的环境；

（二）简化其投资申请及批准程序；

（三）促进投资信息的传播，包括投资规则、法律、法规、政策和程序；以及

（四）设立或维持联络点、一站式投资中心、联络中心或其他实体，向投资者提供帮助和咨询服务，包括提供经营执照和许可方面的便利。

二、在遵循其法律法规的前提下，一缔约方在第一款第（四）项下的活

动在可能的范围内可以包括帮助任何其他缔约方的投资者和涵盖投资通过以下方式与政府机构友好地解决在其投资活动中产生的投诉或不满：

（一）接收并在可能的情况下适当考虑投资者提出的、与影响其涵盖投资的政府行为有关的投诉；以及

（二）在可能的范围内提供帮助，以解决投资者在与涵盖投资相关的方面遇到的困难。

三、在遵守其法律法规的前提下，每一缔约方可以在可能的情况下，考虑建立机制，以解决向影响另一缔约方投资者经常发生问题的相关政府机构提出建议。

四、缔约方应当努力便利其各自主管机关之间举行会议，通过交流信息和方法，更好地便利投资。

五、本条规定不受本协定项下的任何争端解决程序的约束或影响。

第十八条　工作计划

一、缔约方在不损害其各自立场的前提下，应当就下列事项进行讨论：

（一）一缔约方与另一缔约方投资者之间投资争端的解决；以及

（二）将第十章第十三条（征收）适用于构成征收的税收措施，

在不迟于本协定生效之日后的两年进行讨论，讨论结果须经所有缔约方同意。

缔约方应当在第一款所提及的讨论开始后三年内结束讨论。

第十一章　知识产权

第一节　总则和基本原则

第一条　目标

一、本章旨在通过有效和充分的创造、运用、保护和实施知识产权权利来深化经济一体化和合作，以减少对贸易和投资的扭曲和阻碍，同时认识到：

（一）缔约方间不同的经济发展水平和能力，以及各国法律制度的差异；

（二）促进创新和创造的需要；

（三）维持知识产权权利持有人的权利，知识产权使用者的合法权益，以及公共利益之间适当平衡的需要；

（四）便利信息、知识、内容、文化和艺术传播的重要性；以及

（五）制定和维持透明的知识产权制度，并推动和维持充分和有效的知识产权权利的保护和实施，为权利持有人和使用者提供信心。

二、知识产权权利的保护和实施应该有助于促进技术创新和技术转让及传播，以利于社会和经济福利的方式推动技术知识的创造者和使用者的共同利益，并且有助于权利与义务的平衡。

第二条　知识产权的范围

就本章而言，知识产权指《与贸易有关的知识产权协定》第二部分第一至七节所指的著作权和相关权利，商标、地理标志、工业设计和专利、集成电路布图设计（拓扑图）、保护植物品种，以及对未披露信息的保护。

第三条　与其他协定的关系[①]

关于知识产权，如本章的某一规定与《与贸易有关的知识产权协定》的

① 就本条而言，缔约方同意本章对知识产权的保护范围超出了《与贸易有关的知识产权协定》的要求，但这并不意味着本条和协定第二十章第二条（与其他协定的关系）的第二款所指存在不一致。

某一规定不一致时，在此类不一致的范围内应当以后者为准。

第四条 原则

一、一缔约方在制定或修订法律法规时，可以在对其社会经济和技术发展至关重要的领域采取必要措施，以保护公众健康与营养和促进公共利益，前提是相关措施与本章一致。

二、可能需要采取与本章一致的适当措施，以防止权利人滥用知识产权权利或采取不合理地限制贸易或对国际技术转让产生不利影响的做法。①

三、除第二款外，缔约方认识到促进竞争的需要。

第五条 义务

每一缔约方应当执行本章的规定。一缔约方可以，在其法律中执行比本章要求更广泛的保护，只要此类保护不违反本章的规定，但并无强制性义务。每一缔约方应当自由决定在其法律制度和实践中执行本章规定的适当方法。

第六条 知识产权权利用尽

每一缔约方应当有权建立其各自的知识产权权利用尽制度。

第七条 国民待遇

一、除一缔约方加入的《与贸易有关的知识产权协定》和世界知识产权组织（本章下称“WIPO”）管理的多边协定中规定的例外情况外，每一缔约方应给予其他缔约方的国民②不低于其本国国民在知识产权保护③方面的优惠待遇。

二、一缔约方可以借助第一款所提及的与其司法和行政程序相关的例外，

---

① 缔约方认识到，拥有知识产权权利本身并不一定产生市场支配地位。

② 就本款而言，一缔约方的“国民”应当包括，就晰关权利而言，在第一章第二条（一般定义）第（二十）项中定义的、符合第十一章第九条（多边协定）和《与贸易有关的知识产权协定》所列保护资格标准的该缔约方任何人。

③ 就本款而言，“保护”包括影响知识产权权利可获得性、取得、范围、维持和实施的事项，以及本章特别涵盖的影响知识产权权利使用的事项。

此外，就本款而言，“保护”还包括以下规定：

（一）第十一章第十四条（规避有效技术措施）所列的有效技术措施；以及

（二）第十一章第十五条（保护权利管理电子信息）规定的权利管理信息。

包括要求另一缔约方的国民在其领土内指定送达地址，或在其领土内指定代理人，只要此类例外：

（一）是确保遵守其与本章没有抵触的法律法规所必需的；以及

（二）不以对贸易构成变相限制的方式实施。

三、第一款项下的义务不得适用于在 WIPO 主持下缔结的多边协定中与取得或维持知识产权权利相关的程序。

第八条 《与贸易有关的知识产权协定》与公共健康

一、缔约方重申 2001 年 11 月 14 日通过的《关于 < 与贸易有关的知识产权协定 > 与公共健康多哈宣言》。具体而言，缔约方就本章达成如下谅解：

（一）缔约方确认《关于 < 与贸易有关的知识产权协定 > 与公共健康多哈宣言》中正式认可的充分利用灵活性的权利；

（二）缔约方同意本章不阻止且不应阻止一缔约方采取保护公共健康的措施；以及

（三）缔约方确认本章的解释和执行可以且应支持每一缔约方保护公共健康的权利，特别是促进所有人获得药品。

二、认识到缔约方在获得药品和公共健康方面的承诺，本章不阻止且不应阻止对《与贸易有关的知识产权协定》第三十一条之二以及《与贸易有关的知识产权协定》附件和附件附录的有效使用。

三、缔约方认识到为推动实施《与贸易有关的知识产权协定》第三十一条之二以及《与贸易有关的知识产权协定》附件和附件附录的国际努力作贡献的重要性。

第九条 多边协定

一、每一缔约方，如非下列多边协定的缔约方，应当批准或加入下列多边协定：

（一）《保护工业产权巴黎公约》，1883 年 3 月 20 日于巴黎签订，1967 年 7 月 14 日在斯德哥尔摩修订，并于 1979 年 9 月 28 日修正（本章下称《巴黎公约》）；

（二）《保护文学艺术作品伯尔尼公约》，1886 年 9 月 9 日于伯尔尼签订，1971 年 7 月 24 日在巴黎修订，并于 1979 年 9 月 28 日修正（本章下称《伯尔尼公约》)；

（三）《专利合作条约》，1970 年 6 月 19 日于华盛顿签订，1979 年 9 月 28 日修正，并于 1984 年 2 月 3 日及 2001 年 10 月 3 日修改（本章下称“PCT”）

（四）《商标国际注册马德里协定有关议定书》，1989 年 6 月 27 日于马德里通过，2006年10月3日及2007年11月12日修正（本章下称《马德里议定书》)；

（五）《世界知识产权组织著作权条约》，1996 年 12 月 20 日于日内瓦通过（本章下称“WCT”）；

（六）《世界知识产权组织表演和录音制品条约》，1996 年 12 月 20 日于日内瓦通过（本章下称“WPPT”）；以及

（七）《关于为盲人、视力障碍者或其他印刷品阅读障碍者获得已出版作品提供便利的马拉喀什条约》，2013 年 6 月 27 日于马拉喀什通过（本章下称《马拉喀什条约》)。

二、每一缔约方，如非下列协定的缔约方，应当致力于批准或加入下列多边协定:《国际承认用于专利程序的微生物保存布达佩斯条约》，1977 年 4 月 28 日于布达佩斯签订，于 1980 年 9 月 26 日修正。

三、如任一缔约方有意批准或加入下列任何多边协定，该缔约方可以寻求与其他缔约方合作以支持其批准或加入以及执行该多边协定：

（一）《国际植物新品种保护公约（1991 年文本）》，于 1991 年 3 月 19 日在日内瓦修订；

（二）《工业品外观设计国际注册海牙协定（日内瓦文本）》，于 1999 年 7 月 2 日在日内瓦签订；

（三）《保护表演者、音像制品制作者和广播组织罗马公约》，于 1961 年 10 月 26 日在罗马签订（本章下称“《罗马公约》”）；以及

（四）《商标法新加坡条约》，于 2006 年 3 月 27 日在新加坡签订。

第二节　著作权和相关权利

第十条　作者、表演者和录音制品制作者的专有权

一、每一缔约方应当授予作品的作者专有权，授权其以有线或无线的方式向公众传播作品，包括通过使公众可在个人选定的地点和时间获得其作品

的方式提供。

二、每一缔约方应当授予表演者和录音制品制作者①专有权，授权其以有线或无线的方式向公众提供以录音制品录制的表演和录音制品，使公众可在个人选定的地点和时间获得该作品。

三、每一缔约方应当授予作者、表演者和录音制品制作者专有权，授权或禁止对其作品、固定在录音制品中的表演和录音制品以任何形式或方式进行复制。

第十一条　获得广播报酬的权利②

录音制品的表演者和制作者，对于直接或间接使用为商业目的而发行的录音制品进行广播，应当享有获得一次性合理报酬或收取许可使用费的权利。

第十二条　保护广播组织和载有加密节目的卫星信号

一、每一缔约方应当授予广播组织专有权，禁止至少以无线方式转播其广播，固定其广播以及复制其广播录制品。③，④

二、每一缔约方应当致力于根据其法律法规，针对以下至少一种行为采取措施：

（一）故意接收⑤；

（二）故意传播⑥；或

（三）故意接收和进一步传播⑦

载有节目的信号，该信号最初为载有加密节目的卫星信号，明知该信号的解码未经该信号的合法分销方授权。

---

① 就本章而言，一缔约方可 m“录音制品制暗者”解释为“声音记录的暗者”。

② 晦一缔约方已加入或已成为 WPPT 的缔约方时，该缔约方在本条项下的义务应晦受该缔约方在 WPPT 项下已做出或 m 暗出的任何承诺和保留的约束。

③ 如果一缔约方未向广播组织授予此类权力，则应晦在遵守《伯尔尼公约》规定的情况下，向广播内容的著暗权所有权人提供阻止上述行为的可能性。

④ 任何成员可以就本款授予的权利，在《罗马公约》允许的限度内，规定条件、限制、例外和保留。

⑤ 为进一步明确，并就第二款第（一）项和第（三）项而言，一缔约方可规定，故意接收载有加密节目的卫星或有线电视信号，指接收和使用该信号或者指接收和解码该信号。

⑥ 为进一步明确，并就本款而言，一缔约方可将“传播”解释为“向公众再转播”。

⑦ 为进一步明确，并就本款而言，一缔约方可将“传播”解释为“向公众再转播”。

第十三条 集体管理组织

一、每一缔约方应当致力于促进建立适当的组织对著作权及相关权利进行集体管理。每一缔约方应当鼓励此类组织以公平、高效、公开透明和对其成员负责的方式运作，包括公开和透明地记录许可使用费①的收取和分配。

二、缔约方认识到促进各自集体管理组织间合作的重要性，以相互确保缔约方之间更容易地许可内容，并鼓励②相互转让使用另一缔约方国民的作品或其他受著作权保护的主体的许可使用费。

第十四条 规避有效技术措施

每一缔约方应当提供充分的法律保护和有效的法律救济以防止规避有效技术措施，该技术措施由作者、表演者、或录音制品制作者采取，与其行使本节项下的权利有关，以限制对其作品、表演、或录音制品的规避行为且该规避行为既未经作者、表演者或相关录音制品制作者授权，也不被该缔约方法律和法规所允许。

第十五条 保护权利管理电子信息

为保护权利管理电子信息（本章下称“权利管理电子信息”）③，针对任何人未经授权故意做出下列行为，而且明知或就民事救济而言有合理理由知道该行为会诱导、促成、便利或包庇侵犯本章项下的任何著作权或相关权利的，每一缔约方应当提供充分和有效的法律救济。

（一）去除或改变任何权利管理电子信息；或者

（二）分销、为分销目的进口、广播、向公众传播或提供明知已被未经许可去除或改变权利管理电子信息的作品、录制的表演或录音制品。

---

① 为进一步明确，“许可使用费”可以包括公平的报酬。

② 为进一步明确，“鼓励”并不要求一缔约方介入该缔约方集体管理组织之间的任何合同安排。

③ 就本条而言，权利管理信息指：

（一）识别暗品、表演或录音制品，暗品的暗者、表演的表演者、录音制品的制暗者的信息；或识别对暗品、表演或录音制品拥有任何权利的所有人的信息；

（二）有关暗品、表演或录音制品使用条款和条件的信息；或

（三）代表第（一）项或第（二）项所述信息的数字和代码，

如该各项信息均附于暗品、以录音制品录制的表演或录音制品的复制件上，或在向公众传播或提供暗品、以录音制品录制的表演或录音制品时出现。

第十六条　为技术措施和权利管理电子信息提供保护和救济的限制和例外

一、每一缔约方可以依照其法律法规为执行第十一章第十四条（规避有效技术措施）和第十一章第十五条（保护权利管理电子信息）中的措施提供适当的例外和限制。

二、第十一章第十四条（规避有效技术措施）和第十一章第十五条（保护权利管理电子信息）中规定的义务不得损害一缔约方法律法规规定的对任何著作权侵权或相关权利侵权规定的权利、限制、例外或抗辩。

第十七条　政府使用软件

每一缔约方确认其承诺：

（一）维持适当的法律、法规或政策，规定中央政府只能以与本章规定相一致的方式，使用非侵权计算机软件；以及

（二）鼓励其区域和地方政府采取或维持与第（一）项所提及的措施类似的措施。

第十八条　限制和例外

一、每一缔约方应将专有权的限制或例外限于某些特殊情况，且不得与作品、表演或录音制品的正常利用冲突，也不得不合理地损害权利持有人的合法权益。①

二、第一款不得减少也不得扩大一缔约方作为《与贸易有关的知识产权协定》《伯尔尼公约》《罗马公约》《世界知识产权组织著作权条约》或《世界知识产权组织表演和录音制品条约》的缔约方可获得的限制与例外的适用范围。

三、除其他方式外，每一缔约方应当致力于通过与第一款相一致的限制和例外，为合法目的在其著作权和相关权利制度中提供适当的平衡。合法目的包括但不限于：教育、研究、批评、评论、新闻报道和为盲人、视障者或其他印刷品阅读障碍者获得已出版作品提供便利。

四、为进一步明确，每一缔约方可以为合理使用而采取或维持第一款所

① 为进一步明确，本款不得阻止一缔约方根据其已加入或已经成为缔约方的与知识产权有关的多边协定对广播规定限制或例外。

提及的权利的限制或例外，只要此类限制或例外限于第一款所述的范围。

第三节 商标

第十九条 商标保护

每一缔约方应当确保能够将一个企业的货物和服务与其他企业的货物和服务区分开来的任何标记或任何标的组合都应当能够构成商标。此类标记，特别是包括人名、字母、数字、图形元素、立体形状、颜色组合在内的标记以及此类标记的任何组合，应当有资格注册为商标。如标记本身不能区分有关货物或服务，一缔约方可以将通过使用获得的显著性作为注册条件。缔约方不得将标记可被视觉感知作为一项注册条件，也不得仅因该标记由声音组成而拒绝商标注册。[①]

第二十条 证明商标和集体商标的保护

一、每一缔约方应当规定商标包括集体商标和证明商标。只要证明商标受到保护，一缔约方并无义务在其法律法规中将证明商标作为一个单独的类别对待。

二、每一缔约方也应当规定，可作为地理标志的标记能够依照其法律法规在商标制度下得到保护。

第二十一条 商标分类制度

一、每一缔约方应当建立或维持与 1957 年 6 月 15 日于尼斯签订并经多次修正的《商标注册用货物与服务国际分类尼斯协定》（本章下称《尼斯协定》）相一致的商标分类制度。

二、一缔约方遵循依据《尼斯协定》（本章下称“尼斯分类”）制定的分类系统的翻译版本，在尼斯分类更新版本的官方翻译已经发布和出版的情况下，该缔约方应当遵循该版本。

---

① 一缔约方可以要求以图片展示的方式来对商标进行充分的描述。

第二十二条　商标的注册和申请

一、每一缔约方应当设置商标注册制度，该制度应当包括：

（一）向申请人提供驳回商标注册理由的书面通知的要求，书面通知可以是电子文本；

（二）申请人享有回复商标主管机关的通知，对初步驳回决定提出复审，以及对最终驳回决定申请司法审查的机会；

（三）在商标注册之前，提供以下与商标相关行为中至少一项的机会：

1. 对商标申请提出异议；或者

2. 向主管部门提供商标申请不符合注册要求的信息；

（四）在商标注册之后，提供以下与商标相关行为中至少一项的机会：

1. 对商标注册提出异议；

2. 寻求撤销商标注册；

3. 寻求注销商标注册；或者

4. 寻求商标注册无效；以及

（五）异议、撤销、注销或无效程序的行政决定[①]应当说明理由并采取书面形式的要求。此类决定可以以电子方式提供。

二、每一缔约方应当提供：

（一）商标电子申请的处理、注册及维持制度；以及

（二）可以公开访问的商标申请和注册的在线电子数据库。

第二十三条　权利授予

每一缔约方应当规定，注册商标的所有权人享有专有权，以阻止在贸易活动中所有第三方未经其同意，在同一种或类似商标或服务上使用可能会造成混淆的与已注册商标相同或近似的标记。在同一种货物或服务上使用相同标记的情况下，应推定存在混淆的可能。本章的权利不得损害任何现有的在先权利，也不得影响缔约方在使用的基础上授予权利的可能性。

---

① 就本项而言，“行政决定”包括准司法决定。

第二十四条 例外

一缔约方可以对商标所赋予的权利规定有限的例外，如合理使用描述性术语，只要此类例外考虑到商标所有权人和第三方的正当利益。

第二十五条 先于地理标志的商标保护

每一缔约方应当根据《与贸易有关的知识产权协定》保护其管辖范围内先于地理标志的商标。

第二十六条 驰名商标的保护

一、每一缔约方应当规定适当措施，驳回、注销商标注册申请，以及禁止在相同或类似货物或服务上使用[①]与该驰名商标[②]，[③]相同或近似的商标，若该商标的使用可能造成与在先驰名商标的混淆。

二、缔约方认识到由保护工业产权巴黎联盟大会和 WIPO 大会在 1999 年 9 月 20 日至 29 日的 WIPO 成员国大会第 34 届系列会议上通过的《关于保护驰名商标规定的联合建议》的重要性。

三、缔约方不得要求将一商标已在该缔约方领土内或其他司法辖区内注册、已列入驰名商标目录或已被在先认定为驰名商标作为决定该商标是否为驰名商标的条件。

第二十七条 恶意商标[④]

每一缔约方应当规定其主管机关有权驳回申请或注销注册根据其法律法规属于恶意的商标申请或商标注册。

第二十八条 与多个类别货物或服务相关的同一份申请

每一缔约方应当规定同一份商标注册申请可以涉及多个类别的货物或服务，或其任何组合，无论它们属于尼斯分类项下的一个类别或多个类别。

---

① 为进一步明确，一缔约方可以通过向司法机关授予禁止使用该商标的权力，来履行规定采取适当措施以禁止使用与本款中的驰名商标相同或近似的商标的义务。

② 就本款而言，一缔约方可以将“对驰名商标的复制、摹仿或者翻译”视为“驰名商标相同或近似”。

③ 缔约方理解，驰名商标指的是首次提及的商标申请、注册或使用之前经一缔约方确定已经驰名的商标。

④ 就本条而言，一缔约方的主管机关可以考虑该商标是否与他人的驰名商标相同或者近似。

第四节　地理标志

第二十九条　地理标志的保护

每一缔约方应当确保在其法律法规中有充分和有效的保护地理标志的方式。每一缔约方认识到地理标志可以通过商标制度或专门制度或其他法律途径得到保护，只要其符合《与贸易有关的知识产权协定》中的所有要求。

第三十条　保护地理标志的国内行政程序

一、如一缔约方规定了保护地理标志的国内行政程序①，无论是通过商标制度或者专门制度，对于该保护的申请，该缔约方应当：

（一）接受保护地理标志的申请，无需一缔约方代表其国民进行调解；②

（二）按照合理的程序和手续处理该种申请；③

（三）确保其关于保护地理标志的法律法规随时可供公众使用，并且明确规定与该地理标志保护相关的程序，包括与提交申请有关的程序；

（四）提供信息，让公众获得与地理标志保护申请程序相关的指引，并且使申请人或其代表能确定具体申请的状态；以及

（五）确保公布该申请，以供提出异议，并且规定对申请的地理标志提出异议的程序。该异议的接受不要求一缔约方代表其国民进行调解。

二、对于第一款提及的地理标志保护，一缔约方应当规定注销④地理标志保护的程序。

第三十一条　异议和注销的理由

一、关于第十一章第三十条（保护地理标志的国内行政程序）第一款第五项所提及的异议程序，每一缔约方应当规定至少允许利害关系人对地理标志保护提出异议的程序，以及至少以地理标志是通用语言中的惯用术语为该

---

① 就本条而言，“行政程序”包括准司法程序。

② 为进一步明确，一缔约可以要求源自另一缔约方的地理标志保护申请需包括令前一缔约方满意的证据，该证据能表明该地理标志在该另一缔约方受保护。

③ 缔约方理解，就本项而言，合理的程序和手续可能被认为是不过于繁琐的程序和手续。

④ 为进一步明确，就本节而言，可以通过无效或撤销程序执行注销。

缔约方领土内相关该货物的通用名称[①]而驳回此类保护。

二、如一缔约方规定通过第十一章第三十条（保护地理标志的国内行政程序）所提及的程序为该地理标志的翻译或音译提供了地理标志保护，则该缔约方应当至少提供与第一款所提及的理由相同的反对保护该翻译或音译的理由。[②]

三、对于本条第一款所提及的程序，在确定某一术语是否为一缔约方领土内相关货物通用名称时，每一缔约方应当确保其主管机关有权考虑消费者在该缔约方领土内对该术语的理解情况。与消费者的理解相关的因素可以包括：

（一）该术语在例如词典、报纸及相关网站等可靠来源中是否用于指代所涉货物的类型；以及

（二）该术语所指代的货物在该缔约方领土内的贸易中如何推广和使用。[③]

四、对于第十一章第三十条第二款（保护地理标志的国内行政程序）所提及的注销程序，任何缔约方不得排除地理标志保护被注销或者停止的可能性，该注销或者停止基于该受保护的术语不再满足其最初在该缔约方获得保护的条件。

第三十二条　复合用语

对于第十一章第三十条（保护地理标志的国内行政程序）和第十一章第三十一条（异议和注销的理由）所提及的程序，如作为地理标志保护的复合用语的单独组成部分是以通用语文中的惯用术语作为该缔约方领土内相关货物通用名称的，则该单独组成部分不得在该缔约方受到保护。

第三十三条　地理标志的保护日期

通过第十一章第三十条（保护地理标志的国内行政程序）所提及的一缔

① 当一缔约方将本条适用于葡萄酒和烈酒的地理标志或对这些地理标志的申请时，各方理解本节的任何规定不得要求一缔约方在其相关标志与该缔约方领土内存在的葡萄品种通用名称相同时，保护任何其他缔约方关于葡萄产品的地理标志。

② 一缔约方不得被要求将本款适用于葡萄酒和烈酒的地理标志申请。

③ 就本项而言，在适当的情况下，一缔约方的主管机关可以考虑，各缔约方认可的相关国际标准中是否使用该用语以指代该缔约方领土内的某一类型或某一种类的商品。

约方的国内行政程序[①]对地理标志的保护，如适用，其开始日期不得早于该保护申请在该缔约方的提交日期[②]或者在该缔约方的注册日期。

第三十四条　根据国际协定保护或承认地理标志

如一缔约方根据涉及另一缔约方或一非缔约方的国际协定来保护或承认一地理标志，并且该协定在本协定对该缔约方生效之日后缔结，而且该地理标志不通过第十一章第三十条（保护地理标志的国内行政程序）所提及的程序进行保护，该缔约方应当：

（一）向公众公布与保护或认可地理标志有关的信息，以及如适用，允许至少是利害关系人确定保护或承认的请求的状态；

（二）确保公布正在考虑保护或承认的地理标志，以供提出异议，并且为至少是利害关系人提供异议程序，对于此类程序，异议的理由涉及第十一章第三十一条（异议和注销的理由）第一款，并且适用于第十一章第三十二条（复合用语），以及

（三）向公众公布该缔约方正在考虑通过一项涉及一缔约方或一非缔约方的国际协定来保护或承认的条款细节。

第三十五条　根据已缔结的国际协定保护或承认地理标志

一、任何缔约方不得被要求将第十一章第三十四条（根据国际协定保护或承认地理标志）适用于在一涉及另一缔约方或一非缔约方的国际协定中已经明确认定，并且已经根据该协定被保护或承认的地理标志，只要该协定缔结的日期早于本协定对该缔约方生效的日期。

二、对于第一款所提及的允许保护或承认新地理标志的国际协定，一缔约方应当：[③]

（一）适用第十一章第三十四条（根据国际协定保护或承认地理标志）第三项；以及

---

① 就本条而言，“行政程序”包括准司法程序。

② 为进一步明确，当一缔约方通过其商标制度保护地理标志时，本条中所提及的提交日期，如适用，包括《巴黎公约》项下的优先权的提交日期。

③ 缔约方可以通过遵守第十一章第三十条（保护地理标志的国内行政程序）和第十一章第三十一条（异议和注销的理由）项下的义务来遵守本款。

（二）在该用语获得保护或认可之前的合理期限内，确保至少给利害关系人提供机会对该新地理标志的保护或承认进行评论。

第五节　专利

第三十六条　可授予专利的客体

一、在符合第二款和第三款规定的前提下，每一缔约方应当规定所有技术领域的任何发明，无论产品还是方法，只要此类发明具有新颖性、包含创造性步骤并且能用于产业应用的[①]，都可以获得专利。在遵循本条第三款以及第十三节（过渡期和技术援助）规定的情况下，每一缔约方应当规定专利是可获得的以及专利权是可享有的，不因发明地点、技术领域、产品是进口或当地生产而受到歧视。

二、一缔约方可以排除特定发明的可专利性，如在其领土内阻止这些发明的商业利用是为维护公共秩序或道德，包括保护人、动物或植物的生命或健康，或者避免对环境造成严重损害所必需的，只要此种排除不是仅仅因为此种利用被其法律法规所禁止。

三、一缔约方可以排除下列各项的可专利性：

（一）医治人或动物的诊断、治疗和外科手术方法；

（二）除微生物外的植物和动物，以及除非生物学方法和微生物学方法外的生产植物或动物的主要生物学方法。但是，每一缔约方应当规定通过专利或一种有效的专门制度或通过这两者的任何组合以保护植物品种。缔约方应当根据《与贸易有关的知识产权协定》的第二十七条第三款第（二）项做出的任何修订审议本项，以决定是否对本项采取类似的修正。

第三十七条　授予的权利

一、每一缔约方应当规定一专利应当赋予其所有权人下列专有权：

（一）如一专利的客体为产品，为阻止第三方未经所有权人同意而制造、

---

① 就本节而言，缔约方可以认为“创造性步骤”和“可供工业应用”分别与“非显而易见性”和“实用性”的含义相同。

使用、许诺销售、销售或为此类目的而进口[①]该产品的行为；

（二）如一专利的客体为方法，为阻止第三方未经所有权人同意而使用该方法的行为，以及防止使用、许诺销售、销售或为这些目的而进口至少是通过该方法直接获得的产品的行为。

二、专利所有权人也应当有权转让或以继承方式转移其专利和订立许可合同。

第三十八条　授予权利的例外

一缔约方可以规定专利专有权的有限的例外，只要在顾及第三方合法利益的前提下，该例外不会不合理地与专利的正常利用相冲突，也不会不合理地损害专利所有人的合法权益。

第三十九条　未经权利持有人授权的其他使用

为进一步明确，本协定中的任何内容不得限制一缔约方依据《与贸易有关的知识产权协定》第三十一条和第三十一条之二以及其附件和附件的附录的权利和义务。

第四十条　专利的实验性使用

在不限制第十一章第三十八条（授予权利的例外）的情况下，每一缔约方应当规定，任何人可以出于与专利发明的客体有关的实验目的[②]而作出在其他情况下可能侵犯一项专利的行为。

第四十一条　审查、注册的程序事项

一、缔约方认识到提高各自专利制度的质量和效率以及简化和精简各自主管机关的程序的重要性，以造福于各自专利制度的所有使用者和全体公众。

二、每一缔约方应当规定一项专利制度，该制度包括：

（一）向申请人提供一份有关驳回专利授权理由的书面通知的要求；

---

① 本权利，同本章授予的其他所有关于商品的使用、销售、进口或其他分销的权利一样，遵循第十一章第六条（知识产权权利用尽）。

② 为进一步明确，每一缔约方可以决定，在符合第十一章第三十八条（授予权利的例外）规定的前提下，何种行为属于“实验目的”。

（二）提供一次对其专利申请进行修正和陈述意见的机会；[①]

（三）在专利获得授权之前，提供进行以下至少一项行为的机会：

1. 提交专利申请异议；或者

2. 向主管机关提供可以否定专利申请中主张的新颖性和创造性步骤的信息；

（四）在专利获得授权之后，提供进行以下至少一项行为的机会：

1. 对授权提出异议；

2. 寻求撤销；

3. 寻求注销；或者

4. 寻求使该专利无效；以及

（五）异议、撤销、注销或无效程序的行政决定[②]应当说明理由并采取书面形式的要求。此类决定可以以电子方式提供。

第四十二条　专利宽限期

缔约方认识到，在认定一项发明是否新颖以支持创新时，专利宽限期在不用考虑发明的特定方面公开披露信息的优势。

第四十三条　专利电子申请制度

鼓励每一缔约方采用专利电子申请制度，以便利专利申请人申请。

第四十四条　18 个月公布

一、每一缔约方应当在专利申请提交日或者在主张优先权的情况下，在最早的优先权日起的 18 个月届满后，迅速公布任何专利申请，除非该申请已被提前公布或者已经被撤回、放弃或者驳回[③]。

二、如一项未决申请未依照第一款的规定迅速公布，该缔约方应当尽快公布该申请或相应的专利。

三、本条不得被解释为要求一缔约方公布其认为如披露则会有违其国家

---

① 就本项而言，缔约方理解“修正”可以包括更正，“陈述意见”可以包括对主管机关就其申请作出的决定的解释或回复，不论该回复是否与该申请的修正或更正同时提出。

② 就本项而言，“行政决定”可以包括准司法决定。

③ 缔约方理解，就本条而言，根据缔约方各自的的法律和法规撤回，放弃或驳回申请。

安全、公共秩序或道德的任何信息。

四、每一缔约方应当规定，申请人可以请求在第一款所提及的期限届满前提前公布申请。

第四十五条　在互联网上向公众提供的在先技术的信息

缔约方认识到在互联网上向公众提供的信息可以构成在先技术的一部分。

第四十六条　快速审查

每一缔约方应当致力于规定专利申请人要求依照该缔约方的法律、法规和规章加速对其专利申请进行审查的国内程序。

第四十七条　引入国际专利分类制度

每一缔约方应当致力于使用与 1971 年 3 月 24 日在斯特拉斯堡签订的《国际专利分类斯特拉斯堡协定》及其不时的修正相一致的专利分类制度。

第四十八条　保护植物新品种[①]

每一缔约方应当规定通过一项有效的专门的植物品种保护制度保护植物新品种。

第六节　工业设计

第四十九条　工业设计的保护

一、每一缔约方应当对新的或原创的独立创作的工业设计提供保护。一缔约方可以规定，如果工业设计不能显著区别于已知的设计或已知设计特征的组合，则不属于新的或原创的设计。一缔约方可以规定此类保护不得延伸至主要出于技术或功能上的考虑而进行的设计。

二、每一缔约方应当确保对纺织品设计进行保护的要求，特别是有关任何费用、审查或公布的要求，不得不合理地损害寻求和获得此种保护的机会。

---

① 为进一步明确，对于植物品种的保护，第十一章第三十六条（可授予专利的客体）第三款第二项遵循本条。

每一缔约方应当有权选择通过工业设计法或著作权法满足该项义务。

三、每一缔约方应当规定，受保护的工业设计的所有权人有权阻止第三方未经所有权人同意，为商业目的，制作、销售或进口所载或所含设计属受保护设计的复制品或实质上属复制品的物品的行为。

四、每一缔约方可以对工业设计的保护规定有限的例外，只要此例外不会与受保护的工业设计的正常利用产生不合理的冲突，且不会不合理地损害受保护工业设计所有权人的合法权益，同时考虑到第三方的合法权益。

五、每一缔约方确认下列设计可以获得工业设计保护：

（一）体现在一个物品的一个部分上；或者，作为替代，

（二）在适当的情况下，依照其法律法规，在物品作为整体的情况下，特别代表该物品的一部分。

第五十条　在互联网上向公众提供设计的在先技术信息①

缔约方认识到在互联网上向公众提供的信息可以构成工业设计在先技术的一部分。

第五十一条　工业设计的注册或授权及申请

每一缔约方应当规定工业设计注册制度，该制度应当包括：

（一）向申请人提供一份驳回工业设计注册或授权理由的书面通知的要求，该书面通知可以以电子方式提供；

（二）向申请人提供对其主管机关的通知作出回复的机会，以及对一项工业设计的授予或驳回提出异议、挑战或上诉；

（三）撤销，无效或注销注册或授权的机会；以及

（四）撤销、无效、或注销程序的行政决定②应当说明理由并采取书面形式的要求。此类决定可以以电子方式提供。

第五十二条　引入国际工业设计分类制度

每一缔约方应当致力于使用工业设计分类制度，该制度与 1968 年 10 月

① 为进一步明确，本条中的任何规定不得要求一缔约方确保其行政机关对工业设计进行实质性审查。

② 就本项而言，“行政决定”可以包括准司法决定。

8 日在洛迦诺签订的《建立工业品外观设计国际分类洛迦诺协定》及其不时的修正保持一致。

第七节　遗传资源、传统知识和民间文学艺术[①]

第五十三条　遗传资源，传统知识和民间文学艺术

一、在遵循其国际义务的前提下，每一缔约方可以制定适当的措施[②]保护遗传资源、传统知识和民间文学艺术。

二、作为一缔约方专利制度的一部分，如该缔约方对遗传资源[③]的来源或起源有披露要求，该缔约方应当努力使与此类要求相关的法律、法规和程序可获得，包括在可行的情况下通过互联网提供，以使利害关系人和其他缔约方能够了解这些要求。

三、每一缔约方应当致力于进行专利质量审查，可以包括：

（一）当确定在先技术时，可以考虑可公开获得的与遗传资源相关的传统知识的文献信息。

（二）第三方以书面形式向主管审查机关引用可能与可专利性有关的在先技术披露，包括与遗传资源相关的传统知识相关的在先技术披露的机会；以及

（三）在适用和适当的情况下，使用与遗传资源相关的传统知识的数据库或数字图书馆。

---

① 为进一步明确，本节不损害任何缔约方在遗传资源、传统知识和民间文学艺术方面的立场，包括通过任何活动进行的任何双边或多边谈判中的立场，例如 WIPO 知识产权与遗传资源、传统知识和民间文学艺术政府间委员会。

② 为进一步明确，缔约方理解，此类“适当措施”是每一缔约方需要确定的事项，不一定包括其知识产权制度。

③ 缔约方认识到，一些缔约方在其专利制度中，如适用，还要求提供事先知情同意的证据，以及遗传资源和相关传统知识的获取和利益分享。

第八节　不正当竞争

第五十四条　有效防范不正当竞争

每一缔约方应当依照《巴黎公约》[①]，规定对不正当竞争行为的有效防范。

第五十五条　域名

依据各自国家顶级域名（ccTLD）管理制度中的域名，根据其法律和法规，以及如适用，其有关保护隐私和个人数据的相关管理员政策，每一缔约方应当提供下列各项：

（一）基于互联网名称与数字地址分配机构批准的《统一域名争议解决政策》中确立的原则或仿照该原则建立适当的争端解决程序，或者：

1. 旨在以迅速且合理的费用解决争端；

2. 公平合理的；

3. 不过度繁琐；以及

4. 不排除诉诸司法程序的可能性；以及

（二）至少在有人以营利为目的恶意注册或持有一与商标相同或足以导致混淆的近似域名的情况下，提供适当的救济[②]。

第五十六条　未披露信息的保护

一、每一缔约方应当根据《与贸易相关的知识产权协定》第三十九条第二款的规定对未披露的信息提供保护。

二、对于第一款，缔约方认识到保护与第十一章第一条（目标）第二款所提及的目标相关的未披露信息的重要性。

---

① 为进一步明确，缔约方理解，如相关，《巴黎公约》第十条之二涵盖与提供商品和服务有关的不正当竞争行为。

② 缔约方理解，除其他外，此类救济可以但不必包括撤销、注销、转让、损害赔偿或禁令救济。

第九节　国名

第五十七条　国名的使用

每一缔约方应当为利害关系人提供法律途径，防止以在货物原产地方面误导消费者的方式在货物上商业性地使用一缔约方的国名。

第十节　知识产权权利的实施

第一小节　一般义务

第五十八条　一般义务

一、每一缔约方应当确保其法律法规中包括本节规定的执法程序，以便对任何侵犯本章所涵盖的知识产权权利的行为采取有效行动，包括阻止侵权的快速救济和阻遏进一步侵权的救济措施。这些程序的实施方式应当避免对合法贸易形成障碍并为防止此类程序滥用提供保障。

二、有关知识产权权利的实施程序应当公平和合理。这些程序不应不必要的复杂或成本过高，也不得设定不合理的时限或造成不合理的延迟。

三、在实施本节时，每一缔约方应当考虑知识产权侵权行为的严重性与可适用的救济措施及惩罚措施之间比例适当，并且，如适用，考虑第三方利益。

四、缔约方理解本节未就知识产权建议本章统一为实施设定不同于一般法律执法的司法制度的义务，也不影响每一缔约方执行其一般法律的能力。本节未就知识产权执法与一般法律执法的资源分配方面设定任何义务。

五、在涉及作者著作权的民事诉讼中，每一缔约方应当规定，如无相反证据，则推定[①]以通常方式署名为作品作者的人是作品的作者。如适用，前一句包含的上述义务应当适用于一缔约方的国内法律法规的刑事和行政程序。

① 为进一步明确，一缔约方可以基于誓词或具有证据价值的文件，例如法定声明，实施本款。一缔约方还可以规定，这些推定是可以用相反证据予以反驳的可反驳推定。

第二小节　民事救济[①]

第五十九条　公平和合理的程序

一、每一缔约方应当使权利持有人[②]可获得有关执行本章涵盖的任何知识产权权利的民事司法程序。被告应当有权获得及时的和包含足够细节的书面通知，包括权利请求的根据。应当允许程序的所有当事方由独立的法律顾问代表，并且程序不得施加强制本人出庭的繁重要求。此类程序的所有当事方应当有权证明其权利请求并提供所有相关证据。该程序应当规定一种确认和保护机密信息的方法，除非这会违背该缔约方的宪法性要求。

二、每一缔约方均可以允许使用替代性争端解决程序解决与知识产权权利有关的民事争端。

第六十条　损害赔偿

一、每一缔约方应当规定[③]，在关于知识产权权利实施的民事司法程序中，其司法机关有权责令明知或有合理理由知道自己从事侵权活动的侵权人向权利持有人支付足以补偿其因知识产权权利侵权行为所受损害的赔偿金。

二、在确定第一款的赔偿金额时，除了其他因素，一缔约方的司法机关有权考虑权利持有人提出的任何合法的价值评估。[④]

三、在著作权侵权或相关权利侵权和假冒商标案件中，司法机关有权责令明知或有合理理由知道自己从事侵权活动的侵权人向权利持有人支付因侵权获得的利润。[⑤]

第六十一条　诉讼费用和律师费

每一缔约方应当规定，至少在侵犯著作权或相关权利和商标权的民事司

---

① 一缔约方可以根据《与贸易有关的知识产权协定》第二十三条脚注四规定与地理标志的实施有关的民事司法程序来履行本小节项下的义务。

② 就本条而言，“权利持有人”包括具有维护此类权利的法律地位的联合会和协会。

③ 一缔约方还可以规定，如发现未使用商标，权利持有人可能无权享有第一款和第三款规定的任何救济。为进一步明确，缔约方没有义务规定第一款和第三款中的任何救济措施并用的可能性。

④ 为进一步明确，在适当的情况下，一缔约方的司法机关可以在确定损害赔偿额时，考虑以市场价格衡量被侵权商品或服务的价值。

⑤ 一缔约方可以通过将该利润推定为第一款所指的损害赔偿来履行本款规定的义务。

法程序结束时，其司法机关在适当的情况下有权判令[①]败诉方向胜诉方支付诉讼成本或费用和合理的律师费，或该缔约方法律规定的任何其他费用。

第六十二条　销毁侵权货物、材料和工具

一、每一缔约方应当规定，在民事司法程序中，至少在权利持有人提出请求时，其司法机关有权责令销毁盗版货物和假冒商标货物，除非例外情况，不作任何补偿。[②]

二、每一缔约方应当进一步规定，在民事司法程序中其司法机关有权在不作任何补偿的前提下，责令将主要用于制造此种侵权货物的材料和工具清除[③]出商业渠道，以此尽可能降低进一步侵权的风险。

三、就假冒商标货物而言，除非例外情况，仅简单移除非法加贴的商标不足以允许将该货物放行进入商业渠道。

第六十三条　民事司法程序中的机密信息

每一缔约方应当规定，在涉及知识产权权利实施的民事司法程序中，对违反关于保护该程序中产生或交换的机密信息的司法命令[④]的程序当事方、当事方法律顾问、专家或受法院管辖的人，司法机关有权对其进行处罚。

第六十四条　临时措施

一、在关于商标假冒的民事司法程序中，每一缔约方应当规定，其司法机关有权采取临时措施责令扣押涉嫌侵权货物，或以其他方式扣押涉嫌侵权货物，以及以下两者：

（一）主要用于被指控侵权行为的材料和工具；以及

（二）与被指控的侵权有关的书面证明。

二、在关于著作权或相关权利侵权的民事诉讼中，每一缔约方应当规定，

---

① 一缔约方的司法机关在民事司法程序结束后，有权通过单独的程序作出此类裁定。

② 为进一步明确，缔约方理解，虽然司法机关有权责令销毁商品，但他们也有权责令在商业渠道以外处置此类商品而不作销毁，且不作任何补偿，以避免对权利持有人造成任何损害。

③ 为进一步明确，缔约方理解，虽然司法机关有权责令处置这些材料和工具，但他们也有权责令销毁这些材料和工具，而不作任何补偿。

④ 为进一步明确，就本条而言，缔约方理解一缔约方的法律可以使用“司法裁定”的替代术语，例如“法院裁定”。

其司法机关有权采取临时措施责令扣押涉嫌侵权货物或以其他方式扣押涉嫌侵权货物，以及至少以下一项：

（一）主要用于被指控侵权行为的材料和工具；

（二）与被指控的侵权有关的书面证据。

三、每一缔约方应当规定，其司法机关有权在适当时采取不作预先通知的临时措施，特别是当任何迟延可能对权利持有人造成难以弥补的损害，或当有证据被销毁的明显风险。

四、每一缔约方应当规定，其司法机关有权要求一申请人就临时措施提供任何可合理地获得的证据，使司法机关充分确定申请人是权利持有人，以及申请人的权利正在受到侵犯或即将受到侵犯，并责令申请人提供足以保护被告和防止滥用的保证金或同等的担保，并避免不合理的阻碍诉诸该等临时措施程序。

五、为进一步明确，缔约方理解临时措施应当根据《与贸易相关的知识产权协定》第五十条第四款至第八款实施。

第三小节　边境措施

第六十五条　依权利人申请中止放行涉嫌盗版货物或假冒商标货物

一、每一缔约方应当设立或维持有关进口装运的程序①，权利持有人如有正当理由怀疑可能存在盗版货物或假冒商标货物进口，可以根据《与贸易相关的知识产权协定》第五十一条，向该缔约方主管机关提出中止放行涉嫌盗版货物或假冒商标货物②的申请。

---

① 缔约方理解，其没有义务对权利持有人或经权利持有人同意在另一缔约方或非缔约方市场上投放的进口商品或过境商品适用此类程序。

② 就第一小节（一般义务）、第二小节（民事救济）、第三小节（边境措施）和第四小节（刑事救济）而言：

（一）“假冒商标商品”是指未经授权而带有与此类商品有效注册的商标相同的商标，或者在本质上不能与此类商标进行区分的任何商品，包括包装，上述商标侵犯了所涉商标的所有人根据此类小节中缔约方法律和法规提供的程序所享有的权利；以及

（二）“盗版商品”是指未经权利持有人或生产国权利持有人正式授权的人同意而复制的任何商品，以及直接或间接地从一件物品中复制的商品，且根据此类小节中缔约方法律和法规提供的程序，复制该物品将构成对著作权或相关权利的侵权；以及

二、就本节而言，“主管部门”可以包括一缔约方法律法规规定的适当的司法、行政或执法机关。

第六十六条　申请中止或扣押

每一缔约方应当致力于规定，已接受的中止或扣押申请①在适当期限内继续有效，以期将权利持有人的行政负担减少到最低限度。

第六十七条　保证金或同等的担保

每一缔约方应当规定，其主管机关有权要求权利人启动第十一章第六十五条（依权利人申请中止放行涉嫌盗版货物或假冒商标货物）中所述的程序，以提供足以保护被告和主管机关并防止滥用的保证金或同等担保。每一缔约方应当规定，保证金或同等的担保不得不合理的阻碍诉诸这些程序。

第六十八条　主管机关向权利持有人提供的信息

在不损害一缔约方关于信息保密的法律法规的前提下，如果其主管机关扣押或中止放行涉嫌侵权的盗版货物或假冒商标货物，该缔约方可以规定，其主管机关有权将发货人、进口商或收货人的名称和地址、货物的描述、货物的数量，以及，如已知，货物的原产地，告知权利持有人。

第六十九条　依职权中止放行涉嫌盗版货物或假冒商标货物

一、每一缔约方应当设立或维持关于进口装运的程序，使其主管机关可以根据该程序自行采取行动，中止放行涉嫌②盗版货物或假冒商标货物。每一缔约方应当规定，如其主管机关自行采取行动，进口商和权利持有人应当被迅速通知该中止放行。

二、一缔约方可以设立或维持关于出口装运的程序，使其主管机关可以根据该程序自行决定中止放行涉嫌盗版货物或假冒商标货物。该缔约方应当规定，如其主管机关自行采取行动，出口商和权利持有人应当被迅速通知该中止放行。

---

① 就本小节而言，一缔约方可以将“申请”等同于“备案”。

② 一缔约方可以在其主管部门有合理理由相信商品是盗版商品或假冒商标商品的基础上履行这一义务。

三、每一缔约方只应当在采取或打算采取善意行动的情况下，免除公共机关和官员对适当补救措施的责任。

第七十条 权利持有人在依职权采取行动的情况下向主管机关提供的信息

每一缔约方应当规定，其主管部门有权自行采取行动，要求权利持有人提供相关信息，以协助主管部门采取本小节所指的边境措施。一缔约方也可以允许权利持有人向其主管部门提供相关信息。

第七十一条 主管机关在合理期限内作出侵权认定①

每一缔约方应当采取或维持一程序，通过此程序其主管机关可在启动第十一章第六十五条（依权利人申请中止放行涉嫌盗版货物或假冒商标货物）和第十一章第六十九条（依职权中止放行涉嫌盗版货物或假冒商标货物）所述程序后的合理期限内认定涉嫌盗版货物或假冒商标货物是否侵犯知识产权权利。

第七十二条 主管机关的销毁令

每一缔约方应当规定，在不损害权利持有人可采取的其他诉讼权利并在遵守被告有权向司法机关请求审查的情况下，其主管部门有权下令销毁并处置被认定为盗版货物或假冒商标货物的货物。在这些货物未被销毁的情况下，除特殊情况外，每一缔约方应当确保这些货物在商业渠道外以避免对权利持有人造成任何损害的方式处置。对于假冒商标货物，除例外情况外，仅简单移除非法加贴的商标不足以允许该货物进入商业渠道。

第七十三条 费用

在设立或确定与执行知识产权权利的边境措施有关的申请费、储存费或销毁费时，每一缔约方应当规定此类费用设定的数额不得不合理地妨碍诉诸此类程序。

① 一缔约方可以通过确定涉嫌商品带有虚假商品说明，根据第十一章第六十九条（依职权中止放行涉嫌盗版商品或假冒商标商品）的规定确定涉嫌商品侵犯知识产权权利遵守本条规定的义务。

第四小节 刑事救济

第七十四条 刑事程序和处罚

一、每一缔约方应当规定至少对具有商业规模的故意的著作权或相关权利盗版或商标侵权的情况适用刑事程序和刑罚。[①]

二、每一缔约方应当将具有商业规模的故意进口盗版货物或假冒商标货物视为非法行为，适用第一款所指的刑事程序和处罚。一缔约方可以通过规定以商业规模分销或销售该货物为应受刑事处罚的违法行为，来履行本条项下关于进口的义务。

三、对于第一款和第二款所述的违法行为，每一缔约方应当规定下列内容：

（一）刑事处罚包括与适用于同等严重程度犯罪的刑罚水平的威慑力相一致的有期徒刑和罚金；[②]

（二）其司法机关有权责令扣押[③]涉嫌盗版货物和假冒商标货物，主要用于实施犯罪的相关材料和工具以及与被指控的罪行有关的书面证据；以及

（三）其司法机关有权在不给予被告任何补偿的情况下责令没收或销毁下列货物：

1. 盗版货物或假冒商标货物；

2. 主要用于制造盗版货物或者假冒商标货物的材料和工具；以及

3. 用于实施犯罪的任何其他使用假冒商标的标签或包装。

四、认识到有必要解决未经授权以商业规模从电影院放映中复制[④]电影作品，从而在市场上对该作品的权利持有人造成重大损害的问题，并认识到阻止该种损害的必要，每一缔约方应当采取或维持措施，其中应当至少包括适当的刑事程序和刑事处罚。[⑤]

---

① 就本条的适用而言，第一款不得阻止一缔约方根据其法律法规认定对具有商业规模的故意侵犯相关权利的盗版行为的刑事诉讼和处罚的适用范围。

② 本条任何规定不得被解释为一缔约方规定同时处以有期徒刑和罚款的可能性。

③ 对于诉前扣押，一缔约方可以通过赋予其刑事执法机关责令扣押的权力来遵守本项规定项下的义务。

④ 就本款而言，一缔约方可以将“复制（copy）”视为“复制（reproduce）”的同义词。

⑤ 就本款而言，一缔约方可以依照其国内法律法规，确定未经授权复制的电影暗品的具体犯罪门槛。

第五小节 数字环境下的执法

第七十五条 数字环境反侵权的有效行动

每一缔约方确认，第二小节（民事救济）和第四小节（刑事救济）规定的实施程序应当在相同的范围内适用于数字环境中侵犯著作权或相关权利以及商标的行为。

第十一节 合作与磋商

第七十六条 合作和对话

一、缔约方认识到利用保护知识产权和实施知识产权权利对进一步促进缔约方之间贸易和投资的重要性。

二、缔约方认识到部分缔约方在知识产权领域的能力存在重大差异。

三、为促进本章的有效实施，每一缔约方应当在知识产权领域与其他缔约方开展合作，并就知识产权问题开展对话和信息交流。

四、缔约方应当努力合作，以促进关于有效利用和保护知识产权以及知识产权权利实施方面的教育和认识。

五、缔约方应当就边境措施开展合作，以期消除侵犯知识产权权利的国际货物贸易。

六、缔约方应当酌情在各自专利机关之间开展合作，以便利查询和审查工作的共享以及质量保证体系信息的交流，以期增进对缔约方专利制度的理解。[①]

七、缔约方应当努力合作，分享各缔约方为阻止互联网著作权侵权所采取步骤的信息。

八、缔约方可以就涉及第十一章第九条（多边协定）第三款或第十一章第四十八条（保护植物新品种），包括育种者权利例外的植物新品种保护体系管理进行合作。

---

① 本款可以适用于多边信息共享系统，以支持工作共享的倡议。

九、缔约方应当努力在专利宽限期相关的问题上进行合作，以支持创新。

十、缔约方可以就各自专利机关的程序和手续问题进行合作，以期降低获得专利授权的成本。

十一、缔约方可以交换其各自保护的地理标志的信息，包括关于制度、程序和货物的信息。

十二、缔约方可以合作培训专利审查员，以审查与遗传资源有关传统知识的专利申请。

十三、本章项下的所有合作活动应当应一缔约方的请求，按照共同同意的条款进行，并遵循相关法律法规以及有关缔约方资源可及性。

第十二节　透明度

第七十七条　透明度

一、每一缔约方应当规定，关于知识产权权利的效力、范围、取得、实施和阻止滥用的终局司法裁决和普遍适用的行政裁定应当至少以该缔约方的一种官方语言公布，或者当这种公布不可行时，以能够让其他缔约方和权利持有人知悉的方式公布。每一缔约方应当努力规定，在可行的情况下，此类终局司法裁决在网上公布。①

二、每一缔约方应当在其法律法规允许的范围内，采取适当措施向公众公布或使公众获得有关知识产权权利的申请和注册信息。如适用，公布关于其法律状况的信息，如注册日期和失效日期。

第十三节　过渡期和技术援助

第七十八条　最不发达国家缔约方的过渡期

本章的任何规定不得减损任何缔约方利用《与贸易有关的知识产权协定》项下，已经或可能在本协定生效前、生效时或生效后在WTO中商定的，适用

① 为进一步明确，本款中的任何规定不得要求一缔约方在其法律和法规中详细说明网上公布。

任何过渡期的权利。

第七十九条　特定缔约方过渡期

一、注意到每一缔约方各自不同的发展阶段，在不损害第十一章第七十八条（最不发达国家缔约方的过渡期）的前提下，在《与贸易有关的知识产权协定》项下，一缔约方可以依照第十一章附件一（特定缔约方过渡期）的规定暂缓本章某些条款的实施。

二、在第十一章附件一（特定缔约方过渡期）所列的相关期限内，一缔约方不得以与其在第十一章附件一（特定缔约方过渡期）条款的规定中针对该缔约方所规定的义务比在本协定签署之日有效的相关措施更不一致的方式修改一项措施，或采取比该缔约方在本协定签署之日有效的有关措施更不符合这些义务的新措施。本条不得影响一缔约方在与另一缔约方均为成员的国际协定项下的权利和义务。

第八十条　与缔约方特定过渡期有关的通知

一、在第十一章附件一（缔约方特定过渡期）所列本章规定的任何义务的任一缔约方，应当在本协定对该缔约方生效之日后，向商业环境委员会提交以下关于其履行每项此类义务的计划和进展的通知：

（一）对于任何五年或五年以下的过渡期，该缔约方应当在过渡期届满前六个月提交通知；以及

（二）对于任何超过五年的过渡期，该缔约方应当在本协定对该缔约方生效第五个周年开始，在周年之日提交年度通知，并在过渡期届满前六个月提交一份通知。①

二、任何缔约方可以请求另一缔约方对履行义务的进展提供补充信息。被请求缔约方应当迅速回复该请求。

三、有特定缔约方过渡期的一缔约方应当在不迟于过渡期届满之日，通知其他缔约方其为履行过渡期义务所采取的措施。

四、如一缔约方不能按第三款提交通知，该事项应当自动列入营商环境委员会下次例会的议程。

---

① 为进一步明确，该项应晦适用于第十一章附件一（缔约方特定过渡期）所列的过渡期的任何延期。

第八十一条　技术援助

一、依照第十五章（经济和技术合作）的目标，缔约方同意根据第十一章附件二（技术援助请求清单）中所列为执行本章而确定的需求，提供必要的技术援助。

二、第一款所指的技术援助应当根据共同同意的条款，并遵循相关法律法规以及各缔约方资源可及性。

第十四节　程序事项

第八十二条　改善知识产权管理程序

缔约方认识到为其知识产权制度提供有效管理的重要性，为此，每一缔约方应当继续审查，如适当，并努力改进其知识产权管理程序。

第八十三条　简化书面程序要求

在第十一章第八十二条（改善知识产权管理程序）之上，每一缔约方应当致力于简化其维持的下列任何程序要求：

（一）与专利申请有关的翻译证明；以及

（二）专利、工业设计和商标申请的签名认证。

第十三章 竞争

第一条 目标

本章的目标是，通过采取和维持禁止反竞争行为的法律和法规，以及通过缔约方在制定和实施竞争法律和法规方面的区域合作，促进市场竞争，提高经济效率和消费者福利。追求此类目标将有助于缔约方从本协定中获益，包括便利缔约方之间的贸易和投资。

第二条 基本原则

一、每一缔约方应当以与本章的目标一致的方式实施本章。

二、在承认每一缔约方在本章项下的权利和义务的情况下，缔约方认识到：

（一）每一缔约方拥有制定、规定、管理和执行其竞争法律、法规和政策的主权权利；以及

（二）缔约方在竞争法和竞争政策领域的能力和发展水平存在重大差异。

第三条 针对反竞争行为的适当措施①

一、每一缔约方应当采取或维持禁止反竞争活动②的竞争法律和法规，并

---

① 本条应符合：

（一）第十三章附件一（第十三章第三条（针对反竞争行为的适当措施））和第十三章第四条（合作）对文莱达鲁萨兰国的适用）；

（二）第十三章附件二（第十三章第三条（针对反竞争行为的适当措施））和第十三章第四条（合作）对柬埔寨的适用）；

（三）第十三章附件三（第十三章第三条（针对反竞争行为的适当措施））和第十三章第四条（合作）对老挝人民民主共和国的适用）；

（四）第十三章附件四（第十三章第三条（针对反竞争行为的适当措施））和第十三章第四条（合作）对缅甸的适用）。

② 例子可包括反竞争协议、滥用支配地位、以及反竞争性的兼并和收购。

且应当相应地执行此类法律和法规。

二、每一缔约方应当建立或维持一个或多个有效实施其竞争法律和法规的主管机关。

三、每一缔约方应当保证其一个或多个主管机关在执行其竞争法律和法规方面的决策独立性。

四、每一缔约方应当以不基于国籍进行歧视的方式适用和实施其竞争法律和法规。

五、每一缔约方应当对所有从事商业活动的实体适用其竞争法律和法规，而不考虑其所有权。每一缔约方竞争法律和法规的任何排除适用或者豁免适用应当透明并且基于公共政策或公共利益的理由。

六、每一缔约方应当使其竞争法律和法规，以及实施此类法律和法规的任何指南可公开获得，但内部操作程序除外。

七、在遵循下列情况下，每一缔约方应当使在其竞争法律和法规项下作出的处罚或者救济的最终决定或命令的理由，以及由此提出的任何上诉可公开获得：

（一）

1. 其法律和法规；

2. 其保护保密信息的需要；或者

3. 其出于公共政策或者公共利益的理由保护信息的需要；以及

（二）根据第（一）项第 1 目至第 3 目中所提及的任何理由对最终决定或命令作出修订。

八、每一缔约方应当保证在对违反其竞争法律或法规的任何人或者实体进行处罚或者救济之前，向此类人或者实体提供关于违反竞争法律或法规而受到指控的原因，在可能的情况下，该原因应当以书面形式提供，并且向此类人或实体提供公平的机会以听取其意见以及使其提交证据。

九、每一缔约方应当在遵循保护机密信息所需的任何修订的情况下，使受到处罚或救济的人或者实体获得其竞争法律和法规项下作出处罚或救济的任何最终决定或命令的理由，以及由此提出的任何上诉。①

十、每一缔约方应当保证，在其竞争法律和法规项下受到处罚或救济的

① 本条规定不得适用于刑事审判中由陪审团作出的判决。

任何人或者实体可以获得对该处罚或该救济的独立审查或上诉。

十一、每一缔约方认识到及时处理竞争案件的重要性。

第四条　合作[①]

缔约方认识到其各自竞争主管机关之间相互合作对于促进有效竞争执法的重要性。为此，缔约方可通过各自的竞争主管机关，以符合各自法律、法规和重大利益的方式，并且在各自可获得的资源范围内，就竞争执法相关问题进行合作。合作的形式可以包括：

（一）一缔约方认为其竞争执法活动可能对另一缔约方重大利益产生实质影响的，应当尽快通报另一缔约方；[②]

（二）应请求，缔约方之间进行讨论，以解决任何与竞争执法相关的事项，该事项对提出请求的缔约方的重大利益有实质影响；

（三）应请求，缔约方之间交换信息，以增进谅解或便利有效竞争执法；以及

（四）应请求，协调缔约方之间就相同或相关的反竞争行为采取的执法行动。

第五条　信息保密

一、本章不得要求缔约方共享与其法律、法规和重大利益相抵触的信息。

二、如一缔约方在本章项下请求提供保密信息，提出请求的缔约方应当通报被请求的缔约方：

（一）请求的目的；

---

① 本条应符合：

（一）第十三章附件一（第十三章第三条（针对反竞争行为的适当措施）和第十三章第四条（合作）对文莱达鲁萨兰国的适用）；

（二）第十三章附件二（第十三章第三条（针对反竞争行为的适当措施）和第十三章第四条（合作）对柬埔寨的适用）；

（三）第十三章附件三（第十三章第三条（针对反竞争行为的适当措施）和第十三章第四条（合作）对老挝人民民主共和国的适用）；

（四）第十三章附件四（第十三章第三条（针对反竞争行为的适当措施）和第十三章第四条（合作）对缅甸的适用）。

② 在根据本项向日本竞争主管机关通报的情况下，通报应该通过外交途径书面确认。此类确认应该在有关缔约方竞争主管机关完成涵盖的沟通后尽快作出。

（二）被请求信息的预期用途；以及

（三）提出请求的缔约方可能影响信息保密性的任何法律或法规，或者可能要求将信息用于被请求的缔约方未同意的目的的任何法律或法规。

三、任何缔约方之间共享保密信息以及对此类信息的使用应当基于有关缔约方同意的条款和条件。

四、如本章项下共享的信息是在保密基础上共享，则除遵守其法律和法规外，接收该信息的缔约方应当：

（一）对收到的信息保密；

（二）收到的信息仅能用于请求时披露的目的，除非提供信息的缔约方另行授权；

（三）不得在法院或法官进行的刑事诉讼中使用收到的信息作为证据，除非应接收信息的缔约方的请求，此类信息是为了在刑事诉讼中使用而提供，并且是通过外交渠道或根据有关缔约方的法律和法规设立的其他渠道提供；

（四）不向未经提供信息的缔约方授权的任何其他机关、实体或者人披露收到的信息；以及

（五）遵守提供信息的缔约方要求的任何其他条件。

第六条　技术合作和能力建设

缔约方同意在考虑缔约方资源可获得性的情况下，就技术合作活动方面开展多边或者双边合作，以建设必要的能力用以增强竞争政策制定和竞争执法工作符合其共同利益。技术合作活动可以包括：

（一）共享制定和实施竞争法律和政策相关的经验和非保密信息；

（二）竞争法律和政策方面的顾问和专家之间的交流；

（三）为培训目的而进行的竞争主管机关官员之间的交流；

（四）竞争主管机关官员参与倡议项目；以及

（五）缔约方同意的其他行动。

第七条　消费者保护

一、缔约方认识到消费者保护法律和此类法律执法的重要性，以及缔约方就消费者保护相关事项开展合作以实现本章目标的重要性。

二、每一缔约方应当采取或维持禁止在贸易中使用误导性做法、虚假或

误导性描述的法律或法规。

三、每一缔约方也认识到提高对消费者投诉机制的认识和利用这些机制的重要性。

四、缔约方可以在具有共同利益的与消费者保护相关的事项上进行合作。此类合作应当以符合缔约方各自法律和法规的方式，在其各自可获得的资源范围内进行。

第八条　磋商

为促进缔约方之间的谅解，或解决本章项下出现的具体事项，应一缔约方的请求，被请求的缔约方应当与提出请求的缔约方进行磋商。提出请求的缔约方应当在请求中表明，如果相关，该事项如何影响其重大利益，包括所涉缔约方之间的贸易或投资。被请求的缔约方应当对提出请求的缔约方的关注给予充分和积极的考虑。

第九条　不适用争端解决

任何缔约方不得将本章项下产生的任何事项诉诸第十九章（争端解决）项下的争端解决。

第十四章　中小企业

第一条　目标

一、缔约方认识到，包括微型企业在内的中小企业为经济增长、就业和创新做出了重大贡献，为此缔约方寻求促进信息共享与合作，以提高中小企业利用并受益于本协定创造的机会的能力。

二、缔约方承认本协定多个章节中的条款有助于鼓励和便利中小企业参与本协定。

第二条　信息共享

一、每一缔约方应当促进与本协定相关的关于中小企业的信息共享，包括通过建立和维持一个可公开访问的信息平台，以及通过信息交流在缔约方之间共享知识、经验和最佳实践。

二、根据第一款可公开访问的信息包括：

（一）本协定全文；

（二）缔约方认为与中小企业有关的贸易和投资相关法律和法规的信息；以及

（三）缔约方认为对有兴趣从本协定提供的机会中获益的中小企业有用的其他与商业相关的信息。

三、每一缔约方应当采取合理的步骤，以保证第二款所指的信息准确且为最新版本。

第三条　合作

一、缔约方应当加强本章项下的合作，可包括：

（一）鼓励高效且有效地执行涉及便利性和透明度的贸易规章制度；

（二）改善中小企业市场准入以及全球价值链参与度，包括促进和便利企业之间的合作关系；

（三）促进中小企业使用电子商务；

（四）探索缔约方创业计划经验交流的机会；

（五）鼓励创新和使用技术；

（六）提高中小企业对知识产权制度的认识、理解和有效使用；

（七）推广良好的管理实践和有关制定有助于中小企业发展的法规、政策和计划方面的能力建设；以及

（八）共享加强中小企业能力和竞争力的最佳实践。

第四条　联络点

每一缔约方应当在本协定对其生效之日起 30 天内指定一个或多个联络点，以便利本章项下的合作和信息共享，并将该一个联络点或多个联络点的联系细节向其他缔约方通报。每一缔约方应当将此类联系细节的任何变动向其他缔约方通报。

第五条　不适用争端解决

本协定中的争端解决机制不得适用于本章项下产生的任何事项。